Le pèlerin et le converti

Du même auteur

De la mission à la protestation. L'évolution des étudiants chrétiens en France (1965-1970). Paris, Le Cerf, 1973

Le retour à la nature. Au fond de la forêt, l'Etat. (avec B. Hervieu) Paris, Le Seuil, 1979.
(Trad. en italien)

Le féminisme en France. Paris, Sycomore, 1982.

Des communautés pour les temps difficiles. Néo-ruraux ou nouveaux moines (avec B. Hervieu), Paris, Centurion, 1983

Vers un nouveau christianisme? Introduction à la sociologie du christianisme occidental, Paris, Le Cerf, 1986, 395 p. (Trad. en italien)

De l'émotion en religion, (éd. avec F. Champion) Paris, Centurion, 1990.

Christianisme et Modernité (éd., avec R. Ducret et P. Ladrière) Paris, Le Cerf, 1990

La religion au Lycée, (éd.) Paris, Le Cerf, 1991

Religion et écologie, (éd.) Paris, Le Cerf, 1993

La religion pour mémoire. Paris, Le Cerf, 1993.
Trad. en italien, anglais et polonais

Les identités religieuses en Europe, (éd. avec G. Davie), Paris, La Découverte, 1996

Danièle Hervieu-Léger

Le pèlerin et le converti

La religion en mouvement

Flammarion

© Flammarion, 1999.
ISBN : 978-2-0808-0017-6
Imprimé en France

Introduction

Une parabole de la modernité religieuse
Une Université d'été organisée en Andorre il y a quelques années me donna l'occasion de découvrir les charmes et les contrastes de la Principauté, cet Etat miniature niché au cœur des Pyrénées. Les vallées andorranes, qu'il faut pénétrer à pied en abandonnant les routes livrées au flot ininterrompu des touristes, abritent des villages perchés, très largement désertés, mais qui furent, au siècle dernier, densément peuplés. Il n'y a pas besoin d'avoir beaucoup d'imagination pour se représenter ce que pouvait être la vie de leurs habitants dans ces conditions d'isolement, surtout pendant les mois d'un interminable hiver de montagne. Or chacun de ces villages est l'écrin d'une merveilleuse église, de ce roman lombard si caractéristique de la région. Au centre de cet univers qui fut semblable à lui-même pendant des siècles, l'église était le point fixe, l'endroit où se concentrait la vie de la communauté. On s'y réunissait, pour prier mais aussi pour discuter des affaires com-

munes. La religion était au cœur de l'existence quotidienne. Les cloches rythmaient le temps. Les fêtes religieuses réglaient les cycles de la vie des individus et du groupe. Aujourd'hui, plus personne ne fréquente encore ces églises, sauf pour admirer les traces culturelles d'un monde évanoui. On célèbre encore la messe ici ou là, mais de loin en loin. L'animation épisodique de tel ou tel lieu de culte confirme l'évanouissement de la vie religieuse locale en temps ordinaire, bien plus qu'elle ne la réactive. Même la fête de la Vierge de Meritxell qui, jusque dans les années 60, rassemblait la totalité de la population andorrane à la fin de l'été, a perdu de sa capacité de mobilisation. On marque encore l'événement avec solennité, comme il convient s'agissant d'un lieu de mémoire majeur du peuple andorran, mais les familles ne trouvent plus ce jour-là l'occasion d'un rassemblement qui constituait pour les générations précédentes un événement social de première importance. Certes, ce lieu attire les amateurs de tourisme vert, les randonneurs ou les pèlerins d'un genre nouveau, à la découverte des hauts lieux spirituels pyrénéens. Rien à voir, cependant, avec la ferveur des foules fermement encadrées par le clergé dont un petit musée, installé sur les lieux du sanctuaire, garde l'image. Aujourd'hui, la vraie vie est à l'évidence ailleurs, du côté sans doute des artères polluées par le flot des automobiles et des cars qui traversent le centre-ville d'Andorra-la-Vela. Le changement de décor, dans ce fond de vallée pyrénéenne, est complet : les boutiques hors taxes succèdent aux banques, engloutissant les maisons anciennes, églises comprises. Les touristes, occupés avant tout à faire de bonnes affaires, débordent sur la chaussée et

Introduction

entassent pêle-mêle dans leurs sacs cartouches de cigarettes, parfums ou alcools détaxés. Les soucis de la religion semblent complètement absents de cet univers envahissant de la consommation et de l'échange marchand. Et pourtant... On a la surprise de découvrir qu'une cathédrale de cristal, d'une facture architecturale vaguement futuriste, dresse depuis peu de temps une immense flèche de verre au-dessus de cette activité commerciale intense. Sur les parvis de l'édifice, qui impressionne par ses dimensions, une foule nombreuse se presse : familles, enfants, jeunes gens, personnes âgées. Est-ce la religion qui les rassemble? On ne peut pas douter qu'une forme particulière de piété est engagée là, nourrie de croyances, capable de susciter des pratiques rituelles, des efforts d'ascèse et même des expériences d'extase inédites. Le centre «thermoludique» qu'abrite en fait la «cathédrale» d'acier et de cristal, avec ses piscines chaudes et froides, ses «bains égyptiens», ses bassins bouillonnants, ses saunas et ses salles de musculation, est bien, en un sens, le lieu d'un culte : culte du corps, de la forme physique, de la jeunesse indéfiniment préservée, de la santé et de l'épanouissement personnel, dans lequel s'exprime quelque chose des attentes et des espoirs de nos contemporains. Quelque chose auquel le monde traditionnel de la religion semble bien étranger, et qui n'est pourtant pas sans lien avec lui.

Beaucoup d'autres exemples auraient pu être choisis pour évoquer ces impressions contrastées : souvenirs d'un monde religieux disparu, présence massive de la sécularisation, cultes d'un genre nouveau. Le cas d'Andorre offre simplement – dans un mouchoir de

La religion en mouvement

poche, si l'on peut dire – la matière d'une parabole de la modernité religieuse. Dans celle-ci peuvent s'inscrire, de façon exemplaire, les questionnements et les doutes de la sociologie contemporaine des faits religieux. Ces interrogations peuvent se résumer ainsi : lorsque la présence sociale de la «religion au plein sens du terme» s'impose de façon évidente à l'observateur, elle est en train de s'évanouir, ou elle a déjà disparu et ne subsiste plus qu'à travers les traces du passé; en revanche, lorsque les croyances et pratiques rituelles qui caractérisent la modernité la plus avancée se manifestent de façon particulièrement éclatante, personne ne sait si l'on peut légitimement parler de «religion» à leur propos. Ce paradoxe marque l'histoire du développement de la réflexion sur les faits religieux depuis un quart de siècle. Longtemps incertaine d'un objet dont elle constatait et mesurait l'effacement social en même temps que s'imposait sur tous les fronts une modernité définitivement a-religieuse, la sociologie des religions s'est trouvée prise à contre-pied en découvrant, au tournant des années 70, que cette modernité séculière, gouvernée en principe par la raison scientifique et technique, était aussi une nébuleuse de croyances. Comment identifier ce qui relève en propre de la «religion» des sociétés modernes? Et quelle est la place de cette réalité «religieuse» dans la vie de sociétés qui revendiquent, sous des formes diverses, d'être des sociétés laïques dans lesquelles l'adhésion croyante est devenue une affaire individuelle et privée? Ces questions ont une portée qui déborde très largement la poignée de spécialistes qui se consacrent à plein temps à tenter de leur apporter une réponse. Lorsque l'opinion s'alarme de la montée de

Introduction

l'islam dans les banlieues, lorsque des intellectuels s'affrontent dans les magazines pour savoir si le foulard des jeunes musulmanes est un «signe religieux ostentatoire» à proscrire ou non dans l'enceinte de l'école publique, lorsque les juges se risquent à déterminer si tel ou tel groupe, dont ils doivent évaluer les pratiques au regard de la loi, peut ou non être considéré comme un groupe «religieux», lorsque les controverses se déchaînent sur le point de savoir s'il est opportun que les funérailles solennelles d'un chef de l'Etat socialiste et notoirement agnostique soient célébrées par l'Eglise catholique, ce sont bien ces mêmes questions concernant la définition de la religion, sa régulation sociale, son rapport à la modernité politique, qui sont au cœur du débat public. L'objectif de ce livre n'est pas d'apporter des réponses définitives à ces questions, mais de fournir quelques repères permettant d'éclairer les conditions dans lesquelles elles se posent. Si les discussions touchant à la religion prennent couramment un tour idéologique et passionnel, si les médias ne retiennent des phénomènes religieux que leurs aspects les plus spectaculaires et les plus superficiels, c'est que l'on manque d'outils pour évaluer les transformations qui ont affecté le paysage religieux contemporain. Leur rapidité a pris la réflexion de court. Occupés durant des années à scruter la fin d'un monde religieux hérité du passé, les spécialistes de la sociologie des religions sont placés aujourd'hui devant des interrogations nouvelles.

La religion expulsée
Au lendemain de la Seconde Guerre mondiale, l'intérêt sociologique pour la religion, inauguré par l'appel du

doyen Gabriel Le Bras en 1931 «pour un examen détaillé et une explication historique de l'état du catholicisme en France», trouva à s'épanouir dans un ensemble de travaux qui s'attachaient à observer et à mesurer la vie religieuse des 40 000 paroisses de France. L'étude des formes géographiquement et socialement différenciées de l'observance, ou encore celle des rapports entre la pratique (ou la non-pratique) catholique et les préférences politiques des électeurs, fournirent des résultats de grande valeur. Ces travaux sont encore, à bien des égards, le «fonds de cuve» méthodologique dans lequel puisent des recherches plus récentes sur l'état religieux de la France. Ce premier développement a correspondu exactement au moment où le catholicisme français, fort d'un enracinement historique séculaire, mais chaviré par les secousses marquant l'entrée de la France dans la modernité, prenait acte, non sans trouble, de l'effondrement de la civilisation paroissiale. La sociologie française des religions s'est constituée comme sociologie du catholicisme au moment précis où s'évanouissait définitivement le rêve d'une société catholique territorialement unifiée autour de ses clochers et de son clergé.

Ce n'est probablement pas seulement parce que la France était alors un pays massivement catholique que la sociologie du catholicisme, occupée avant tout par l'analyse raffinée de la pratique cultuelle, y a connu une telle fortune, au point d'imposer ses problématiques, de façon parfois intempestive, aux sociologues et historiens qui s'intéressaient aux minorités protestante et juive. Si le catholicisme fut ainsi pris pour objet central, c'est aussi parce que les sociologues pouvaient montrer

Introduction

à quel point il était soumis à la corrosion inéluctable d'un environnement définitivement séculier. C'est en effet en consacrant l'essentiel de leurs investigations empiriques à la mesure de la perte du catholicisme dans une société en pleine modernisation que les spécialistes français des religions sont parvenus à imposer, sur la scène sociologique d'alors, la légitimité de l'étude scientifique de la religion. Il faut se souvenir qu'à l'époque, on imaginait rarement de faire une sociologie scientifique de la religion autrement qu'en s'efforçant de «réduire» le religieux à l'ensemble de ses déterminations sociales. Cet objectif correspondait à des orientations héritées d'une sociologie classique des phénomènes religieux, placée sous le double parrainage de Marx et de Durkheim. Il s'accordait également avec le postulat qui dominait alors le paysage de la sociologie, selon lequel la société peut être traitée comme un corps organisé à partir d'un centre et dont les différentes fonctions s'ajustent entre elles. Pour une bonne part, l'activité sociologique s'attachait à repérer les avancées et les retards de l'intégration de ce «système social», voué à une rationalisation toujours plus poussée. Ce mouvement impliquait la résorption des dissonances «irrationnelles» présentes au sein de la vie sociale, et bien entendu, la religion était saisie comme la première d'entre elles. Pour beaucoup de chercheurs, l'analyse de la rationalisation du social passait donc d'abord par l'élucidation des modalités de l'expulsion de la religion hors des sociétés modernes. Ce faisant, ils inscrivaient leur travail même dans la cohérence d'un mouvement de sécularisation, impliqué par l'histoire de la modernisation. La mesure de l'effondrement des pratiques religieuses venait opportunément confirmer et conforter la problématique de la «réduction» sociologique de la religion qui s'imposait à eux comme la seule approche scientifique possible. L'étude des faits religieux s'authentifiait sociologiquement en déclinant empiriquement, à partir du catholicisme pris comme forme par excellence de la religion, la perte religieuse de la société moderne. Pour témoigner de la légitimité scientifique de leur intérêt pour la religion, les chercheurs étaient tenus, en quelque sorte, de confirmer sa disparition.

De la «religion perdue» au «religieux partout»
La fin des années 60 et le début des années 70 ont marqué, par rapport à la période précédente, un tournant décisif. Tous les chercheurs occupés à l'analyse des faits religieux ont commencé, à partir de ce moment, à réévaluer et à reformuler le modèle de l'incompatibilité et de l'exclusion mutuelle qui gouvernait jusque-là l'analyse des rapports entre la religion et la modernité. Ce déplacement théorique ne correspondait pas seulement à une révision intellectuelle affectant la seule sociologie des religions. La sociologie dans son ensemble était alors engagée dans une remise en question de la problématique de la rationalité du social impliquée par le modèle fonctionnaliste dominant. La sociologie des religions s'est impliquée dans ces débats à travers les réévaluations théoriques que lui imposait l'avancée des recherches empiriques sur la modernité religieuse. Des débats sur la religion dite «populaire» engagés dès le début des années 70 jusqu'aux recherches récentes sur les croyances contemporaines, la sociologie des religions a progressivement abordé,

Introduction

dans des termes nouveaux, la question des rapports entre les expériences religieuses des individus, les institutions sociales du religieux et la modernité. Le retour en force de la religion sur la scène publique au cœur même des sociétés occidentales, là où la privatisation du religieux était supposée être la plus avancée; la mise en évidence, à travers l'explosion des nouveaux mouvements sociaux, des investissements croyants liés à la mobilisation politique et culturelle; la dispersion des croyances révélées par la montée des religiosités parallèles et des nouveaux mouvements religieux : tous ces phénomènes battaient en brèche l'idée d'une modernité «rationnellement désenchantée», définitivement étrangère à la religion. Au moment même où la modernité, secouée par les conséquences du premier choc pétrolier, se voyait contrainte de réviser son eschatologie séculière du progrès et de la croissance, l'accent était mis sur la prolifération des croyances dans des sociétés qui sont aussi, du fait de la rapidité du changement dans tous les domaines, des sociétés soumises à la tension d'une permanente incertitude. En même temps qu'émergeait un vif intérêt pour les formes de religiosité associées à l'individualisme moderne, la voie s'ouvrait pour une nouvelle lecture des rapports entre religion et politique, et entre institutions religieuses et Etat.

En procédant à une remise en question à la fois théorique et empirique du modèle linéaire de la sécularisation, entendue de façon inséparable comme processus de réduction rationnelle de l'espace social de la religion et comme processus de réduction individualiste des choix religieux, la sociologie des religions a été amenée à reconsidérer plus largement sa vision du rapport de la modernité à la religion. Elle a entrepris de saisir ce rapport sous le double aspect de la dispersion des croyances et des conduites d'une part, et de la dérégulation institutionnelle du religieux d'autre part. En même temps qu'on cesse de penser la religion à travers le prisme exclusif du désenchantement rationnel, on s'intéresse davantage aux processus de décomposition et de recomposition des croyances qui ne relèvent pas du domaine de la vérification et de l'expérimentation, mais qui trouvent leur raison d'être dans le fait qu'elles donnent un sens à l'expérience subjective des individus. On redécouvre que ces croyances sont inscrites dans des pratiques, dans des langages, des gestes, des automatismes spontanés, qui constituent le «croire» contemporain[1]. On s'attarde alors sur la singularité des constructions croyantes individuelles, sur leur caractère malléable, fluide et dispersé, en même temps que sur la logique des emprunts et réemplois dont font l'objet les grandes traditions religieuses historiques. A travers la thématique du «bricolage», du «braconnage» et autres «collages», on s'engage progressivement dans la voie d'une description extensive du paysage croyant de la modernité.

Une question décisive s'est alors posée, qui est loin aujourd'hui d'être résolue : est-il possible de reconnaître la pluralité et la singularité des agencements du croire dans la modernité sans renoncer pour autant à rendre intelligible le fait religieux comme tel? Toutes les réponses à cette question rencontrent, sous des formes diverses, le problème de la «définition» de la religion. Mais c'est là une question à laquelle il est impossible d'apporter une fois pour toutes une réponse.

Introduction

Le sociologue ne cherche pas à isoler définitivement l'essence de la religion. Il reprend continuellement le travail d'identification et de construction de son objet à partir de la diversité inépuisable des faits qu'il observe. Or, si l'on s'engage dans la voie de l'exploration des croyances contemporaines, on doit rapidement admettre que le religieux ne se définit pas uniquement à travers les objets sociaux (les «religions») dans lesquels il se manifeste de façon compacte et concentrée. Le religieux est une dimension transversale du phénomène humain, qui travaille, de façon active ou latente, explicite ou implicite, toute l'épaisseur de la réalité sociale, culturelle et psychologique, selon des modalités propres à chacune des civilisations au sein desquelles on s'efforce d'identifier sa présence. L'un des traits distinctifs des sociétés modernes occidentales est précisément que cette dimension religieuse s'est progressivement cristallisée, au fil d'un parcours historique de longue durée, dans des «institutions religieuses» spécifiques, différenciées, nettement séparées d'autres institutions politiques, familiales, sociales, culturelles ou autres. La sociologie rend compte des logiques et des modalités de cette «condensation» du religieux dans des «religions» institutionnalisées, en même temps qu'elle étudie les processus du refoulement progressif de l'emprise des institutions religieuses dans les sociétés modernes laïcisées/sécularisées. Les outils conceptuels de la sociologie des religions ont été forgés avant tout pour permettre l'inventaire et l'analyse des fonctionnements de cette «sphère religieuse» spécialisée. Cette configuration particulière du religieux, saisie spontanément comme «la religion au sens propre du terme», renvoie

La religion en mouvement

les autres configurations attestées dans le temps et l'espace, soit (en amont) à l'enfance de l'humanité, soit (en aval) à un processus de dégénérescence inéluctable du religieux. Du côté des sociétés traditionnelles que leur indifférenciation institutionnelle oppose typiquement aux sociétés modernes, la religion se confond, en s'y diluant, avec la culture. Du côté des sociétés de la haute modernité, une religiosité flottante se diffuse à travers des «ersatz» de religions[2], pâles copies des grandioses constructions symboliques offertes par les systèmes religieux dignes de ce nom. Dans un cas comme dans l'autre, les sociologues ne savent pas, si l'on ose dire, par quel bout prendre la religion. Si l'on veut formuler les choses de façon moins cavalière, on dira qu'en opérant à partir de cette configuration particulière du religieux qui est celle des «grandes religions», la sociologie des religions survalorise le fruit d'un processus historique éminemment localisé dans le temps et l'espace. De ce fait, elle refoule hors de son champ d'appréhension des pans immenses d'une réalité religieuse qui lui devient, de fait, inintelligible.

Il y a longtemps que les anthropologues, ou les spécialistes des religions anciennes, ont souligné ce point. Ils l'ont fait en marquant avec force que, là où eux-mêmes opèrent, le religieux est «tout autre chose» que la «religion» dont traitent les sociologues. Dans ces sociétés, «la religion est partout» : elle n'est pas séparée de l'ensemble des rapports sociaux et des pratiques sociales. Les instruments d'identification de la spécificité des phénomènes religieux, élaborés à partir du modèle de la religion institutionnalisée qui nous est familière, sont dès lors inadéquats. Ainsi, dans l'univers

Introduction

grec ancien, la notion de dieu ne renvoie à aucun des attributs auxquels ce mot fait référence dans l'univers des religions différenciées, où «il est associé à une série d'autres notions qui lui sont proches, le sacré, le surnaturel, la foi, l'Eglise et son clergé». Comme l'a souvent souligné J.-P. Vernant, les dieux multiples du polythéisme grec ne possèdent pas les caractères qui définissent communément le divin. «Ils ne sont ni éternels, ni parfaits, ni omniscients, ni tout-puissants; ils n'ont pas créé le monde; ils sont nés en lui et par lui; surgissant par générations successives au fur et à mesure que l'univers, à partir de puissances primordiales comme Chaos, Béance et Gaia, Terre, se différenciait et s'organisait, ils résident en son sein. Leur transcendance est toute relative; elle ne vaut que par rapport à la sphère humaine. Comme les hommes, mais au-dessus d'eux, les dieux font partie intégrante du cosmos[3]». Avec ces dieux, les hommes n'entretiennent aucune relation personnelle, de l'ordre d'une expérience de communication surnaturelle : «On entre en rapport avec le divin en tant que chef de maison, en tant que membre d'un dème, en tant que membre d'une cité, en tant que magistrat, etc. C'est toujours à travers une fonction sociale que s'établit le rapport avec le divin. La religion n'est ni dans le dedans de l'homme, ni dans une sphère de vie intérieure particulière, ni au-delà de l'univers (...). Les frontières de la religion ne peuvent donc pas être fixées avec précision par rapport à la vie socio politique.[4]»

Si ces considérations des anthropologues ou des historiens des religions revêtent une importance particulière pour les sociologues de la modernité religieuse, c'est parce qu'eux-mêmes sont confrontés à la dérégulation institutionnelle du religieux dans les sociétés modernes. La «sécularisation» de ces sociétés ne se résume plus uniquement, on le sait désormais, au rétrécissement d'une sphère religieuse différenciée. Elle se marque tout autant dans la dissémination des phénomènes de croyance, qui confère une pertinence inattendue à la formule appliquée classiquement aux sociétés non modernes : «il y a du religieux partout». Religieux «à la carte[5]», religieux «flottant», croyances «relatives», nouvelles élaborations syncrétiques : le religieux «en vadrouille» dont parla un jour J. Séguy[6] est désormais placé, dans son indétermination spécifique, au centre de toute réflexion sur le religieux des sociétés modernes. Le renouveau présent des débats sur la «définition» sociologique de la religion s'inscrit précisément dans cette conjoncture de la recherche. Comment identifier l'objet religieux, au-delà des identifications savantes ou courantes de la religion qui sont devenues inopérantes? Tel est le défi auquel les sociologues de la modernité religieuse sont tous désormais confrontés. Mais cette question – on le voit par exemple lorsqu'il s'agit de qualifier ces fameuses «sectes» qui émeuvent tant l'opinion – concerne tout le monde aujourd'hui : les juges, les politiques et chaque citoyen.

Au cœur de la «religion» : la lignée croyante
Il serait bien présomptueux de s'engager ici à résoudre ce dilemme majeur posé aujourd'hui à la société et à la sociologie de la modernité religieuse. L'objectif que l'on peut raisonnablement poursuivre n'est pas de donner le fin mot du devenir de la religion dans la moder-

Introduction

nité. Il est de dégager quelques cohérences explicatives partielles à partir d'un «fil rouge», qui dépend entièrement d'un point de vue que l'on prend sur la réalité et que l'on explicite comme tel. Un choix de ce genre a déjà été mis en œuvre dans un ouvrage paru en 1993, sous le titre *La Religion pour mémoire*[7]. Je proposais alors de prendre pour «fil rouge» ce lien particulier de continuité que la religion établit toujours entre les croyants des générations successives. Je choisissais de m'attacher, pour parler de «religion», aux spécificités d'un mode du croire, sans préjuger du contenu des croyances qui en sont l'enjeu. Contrairement au point de vue le plus courant qui identifie des croyances religieuses par le fait qu'elles font référence à une puissance surnaturelle, à une transcendance ou à une expérience qui dépasse les frontières de l'entendement humain, cette approche «désubstantivée» de la religion ne privilégie aucun contenu particulier du croire. Elle fait l'hypothèse au contraire que n'importe quelle croyance peut faire l'objet d'une mise en forme religieuse, dès lors qu'elle trouve sa légitimité dans l'invocation de l'autorité d'une tradition. Plus précisément, c'est cette mise en forme du croire qui, comme telle, constitue en propre la religion. «Comme nos pères ont cru, nous aussi nous croyons…» Cette formule, qui peut s'exprimer en des versions diverses, donne la clé du point de vue que l'on choisit de prendre ici sur les faits «religieux». Si l'on suit cette démarche, on admet que ce n'est pas le fait de «croire en Dieu» qui fait l'homme religieux. Il est parfaitement possible de «croire en Dieu» de façon non religieuse, au nom de l'illumination surgie d'une expérience mystique, de la certitude née

La religion en mouvement

d'une contemplation esthétique ou de la conviction issue d'un engagement éthique. La croyance se dessine comme «religieuse» dès lors que le croyant met en avant la logique d'engendrement qui le conduit aujourd'hui à croire ce qu'il croit. Si l'invocation formelle de la continuité de la tradition est essentielle à toute «religion» instituée, c'est parce que cette continuité permet de représenter et d'organiser, dès lors qu'elle est placée sous le contrôle d'un pouvoir qui dit la mémoire vraie du groupe, la filiation que le croyant revendique. Celle-ci le fait membre d'une communauté spirituelle qui rassemble les croyants passés, présents et futurs. La lignée croyante fonctionne comme référence légitimatrice de la croyance. Elle est également un principe d'identification sociale : interne, parce qu'elle incorpore les croyants à une communauté donnée; externe, parce qu'elle les sépare de ceux qui n'en sont pas. Une «religion» est, dans cette perspective, un dispositif idéologique, pratique et symbolique par lequel est constitué, entretenu, développé et contrôlé le sens individuel et collectif de l'appartenance à une lignée croyante particulière.

Ce choix place donc au centre de l'étude du fait religieux l'analyse des modalités spécifiques selon lesquelles celui-ci institue, organise, préserve et reproduit une «chaîne de la mémoire croyante». L'hypothèse principale qui traverse *La Religion pour mémoire* est qu'aucune société, fût-elle inscrite dans l'immédiateté qui caractérise la modernité la plus avancée, ne peut, pour exister comme telle, renoncer entièrement à préserver un fil minimum de la continuité, inscrit, d'une façon ou d'une autre, dans la référence à la «mémoire autorisée» qu'est une tradition. Cette hypothèse permet de dépasser l'opposition classique entre les sociétés traditionnelles, où «la religion est partout», et les sociétés modernes, où la religion se concentre dans une sphère spécialisée vouée par la logique de la rationalisation à un effacement toujours plus poussé. Elle offre surtout la possibilité d'analyser quelques-unes des modalités de l'activation, de la réactivation, de l'invention ou de la réinvention d'un imaginaire religieux de la continuité, dans nos sociétés dites «sur-modernes.[8]»

L'objectif de ce livre est de reprendre cette perspective pour tenter d'éclairer la façon dont ces phénomènes de recomposition s'inscrivent concrètement dans le paysage religieux de la fin de ce siècle, et plus particulièrement dans le paysage religieux français. Ce paysage est, comme partout dans les sociétés d'Europe occidentale et d'Amérique du Nord, marqué par l'éparpillement individualiste du croire, par la disjonction des croyances et des appartenances confessionnelles et par la diversification des trajectoires parcourues par des «croyants baladeurs». Cette pulvérisation des identités religieuses individuelles n'implique pas l'effacement ou même la disparition à terme de toute forme de vie religieuse communautaire. Bien au contraire, alors que les appareils des grandes institutions religieuses apparaissent de moins en moins capables de régler la vie de fidèles qui revendiquent leur autonomie de sujets croyants, on assiste à une efflorescence de groupes, réseaux et communautés, au sein desquels les individus échangent et valident mutuellement leurs expériences spirituelles. Les formes de ce déploiement associatif, qui se manifeste autant à l'intérieur qu'à l'extérieur des grandes confessions religieuses, sont extrêmement variées. Du réseau mobile qui ne requiert de ses membres aucune appartenance formelle et assure simplement des liens minimum entre eux à travers une brochure ou un bulletin, jusqu'à la communauté intensive qui règle la vie quotidienne des adeptes jusque dans ses moindres détails : toutes les formes d'organisation existent, de façon plus ou moins stable et durable. La gestion de ces formes inédites ou rénovées de groupements spirituels pose des problèmes redoutables aux institutions religieuses, lorsqu'elles émergent en leur sein. Elle interroge tout autant la puissance publique, peu équipée pour traiter de ces phénomènes qui sortent du cadre juridique habituel des relations entre l'Etat et les Eglises. Si la qualification même de bon nombre de ces groupes est incertaine (est-ce bien de «religion» qu'il s'agit?), le contrôle des pratiques alternatives qu'ils inspirent l'est plus encore, dès lors que la liberté de croyance demeure un principe intangible.

Dérégulation des identités religieuses «historiques», prolifération des nouveaux mouvements spirituels, incertitudes juridiques et politiques de la gestion publique du religieux : tous les pays occidentaux doivent faire face aujourd'hui à ces problèmes en mobilisant les ressources juridiques et culturelles qu'ils tiennent de l'histoire. En France, cette redistribution de la donne religieuse intervient dans un pays qui découvre, non sans inquiétude, qu'il est devenu un pays multiculturel et multireligieux. Les identités communautaires qui s'affichent au nom de la démocratie dans ce contexte culturel et social nouveau transforment la définition même de l'identité nationale, et avec elle l'ensemble des rapports du religieux, du politique et du

Introduction

moderne tels qu'ils se sont historiquement stabilisés depuis deux siècles. Pour comprendre l'enjeu de cette mutation, il faut rappeler que la construction de l'identité française, depuis la Révolution, repose sur l'idée que la citoyenneté doit transcender les appartenances communautaires, et définir, au-delà de tous les particularismes, un «nous» national auquel chacun puisse s'identifier. Cette construction identitaire est aujourd'hui soumise à une transformation qui l'ébranle dans toutes ses dimensions : religieuse, culturelle, sociale et politique. Sur le terrain religieux, le fait majeur est la diversification du paysage qui est en train de s'opérer, en même temps que continuent de se distendre les liens socioreligieux tissés pendant des siècles par le catholicisme. Certes les minorités religieuses anciennes (juive et protestante) ont toujours joué un rôle extrêmement important dans la vie nationale. Mais c'est évidemment la présence d'une communauté musulmane nombreuse, et qui manifeste de façon de plus en plus claire son identité propre, qui relance dans des termes complètement nouveaux la question de la relation entre ces réalités communautaires diverses et l'identité française construite depuis des siècles sous le signe de l'assimilation des minorités.

Comment penser à la fois le mouvement de la dissémination individualiste des croyances et ces processus multiformes de recomposition et de pluralisation des identités religieuses communautaires qui prennent à contre-pied la tradition politique nationale? Comment comprendre en même temps le processus historique de la sécularisation des sociétés modernes et le déploiement d'une religiosité individuelle, mobile et modulable qui donne lieu à des formes inédites de sociabilité religieuse? Ces questions sont à l'horizon de ce livre. Pour tenter d'y répondre, il faudrait mobiliser la diversité des recherches qui traitent de façon approfondie de la pluralisation des croyances, des logiques complexes de la formation des identités socioreligieuses en situation de dérégulation institutionnelle du croire, du problème de la transmission religieuse et de celui de la religion des jeunes générations, ou encore de la nouvelle donne des rapports de l'Etat et des groupes religieux. Par la force des choses, j'évoquerai de façon trop rapide ces travaux empiriques qui nourrissent, en amont, la réflexion présentée ici. On ne s'étonnera pas de l'attention particulière portée au catholicisme, même si des enquêtes portant sur d'autres terrains religieux sont également mobilisées. En tout état de cause, le projet n'est pas de fournir une description complète des tendances à l'œuvre dans le paysage religieux contemporain, même en se limitant au cas de la France. Je me contenterai, plus modestement, de proposer quelques notions qui peuvent servir à en organiser l'étude, sous le signe du changement et de la mobilité. Ce livre ne veut rien être d'autre qu'une boîte à outils : mis au point «sur le tas» dans l'analyse de situations d'enquête concrètes, ces outils révèleront à l'usage s'ils méritent d'être conservés, perfectionnés, utilisés sur d'autres terrains ou au contraire rejetés.

La religion éclatée

Réflexions préalables sur la modernité religieuse

Qu'est-ce que la modernité?
Pour éclairer la complexité des rapports entre la modernité et la religion, il est indispensable de revenir un moment sur la théorie de la «sécularisation» qui a longtemps dominé la réflexion sur le devenir religieux des sociétés occidentales. Quels sont les traits spécifiques de la modernité qui expliquent que son développement ait été constamment associé à l'effacement social et culturel de la religion? Trois éléments apparaissent ici déterminants :

La première caractéristique de la modernité est de mettre en avant, dans tous les domaines de l'action, la rationalité, c'est-à-dire l'impératif de l'adaptation cohérente des moyens aux fins que l'on poursuit. Sur le plan des rapports sociaux, cela signifie que les individus ne devraient, en principe, tenir leur statut social que de leur seule compétence, acquise par l'éducation et la formation, et non de leur héritage ou attributs personnels. Dans le domaine de l'explication du monde et des phénomènes naturels, sociaux ou psychiques, la rationalité moderne exige que tous les énoncés explicatifs répondent aux critères précis de la pensée scientifique. Evidemment, les sociétés modernes sont loin de réaliser parfaitement cet idéal. Ainsi, la science, dont on attend qu'elle dissipe les ignorances génératrices de croyances et de comportements «irrationnels», fait surgir en même temps des interrogations nouvelles, toujours susceptibles de constituer de nouveaux foyers d'irrationalité. Les économistes ont progressivement intégré dans leurs analyses la dimension «irrationnelle» des comportements des agents économiques. Par ailleurs, les sociétés modernes demeurent inéluctablement travaillées par des conflits entre plusieurs types de rationalité. Reste qu'elles ont fait de cette rationalité pourtant hautement problématique leur emblème et leur horizon : l'idée selon laquelle le développement de la science et de la technique est une condition du progrès et du développement humain global y reste une idée force, même à l'heure de la critique des illusions du scientisme et du positivisme. La rationalité est loin de s'imposer uniformément dans tous les registres de la vie sociale et nous en sommes, à bien des égards, plus conscients que jamais. Elle n'en demeure pas moins la référence mobilisatrice des sociétés modernes.

A travers ce rêve d'un monde entièrement rationalisé par l'action des hommes, s'exprime un type particulier de rapport au monde. Celui-ci se résume dans une affirmation fondamentale : celle de l'autonomie de l'individu-sujet, capable de «faire» le monde dans lequel il

La religion éclatée

vit et de construire lui-même les significations qui donnent un sens à sa propre existence. L'opposition supposée entre des sociétés traditionnelles vivant sous l'empire de croyances «irrationnelles» et des sociétés modernes rationnelles révèle rapidement son inconsistance, dès que l'on examine d'un peu plus près la réalité complexe des unes et des autres. En revanche, on ne peut pas minimiser le contraste fondamental qui existe entre une société régie par la tradition, dans laquelle un code global de sens s'impose à tous de l'extérieur, et une société qui place dans l'homme lui-même le pouvoir de fonder l'histoire, la vérité, la loi et le sens de ses propres actes. Il s'agit évidemment là de deux modèles de société «purs», et donc fictifs. Toute société concrète associe toujours, dans des proportions variables, des éléments relevant de l'un et de l'autre. Mais en soulignant cette opposition, on touche probablement du doigt le trait le plus fondamental de la modernité, celui qui marque la césure avec le monde de la tradition : l'affirmation selon laquelle l'homme est législateur de sa propre vie, capable également, en coopérant avec d'autres au sein du corps citoyen qu'il forme avec eux, de déterminer les orientations qu'il entend donner au monde qui l'entoure[1].

La modernité implique, en troisième lieu, un type particulier d'organisation sociale, caractérisé par la différenciation des institutions. Le processus de rationalisation, aussi relatif et contradictoire soit-il, se manifeste notamment dans la spécialisation des différents domaines de l'activité sociale. Dans ces sociétés, le politique et le religieux se séparent; l'économique et le domestique se dissocient; l'art, la science, la morale, la

La religion en mouvement

culture constituent autant de registres distincts dans lesquels les hommes exercent leurs capacités créatrices. Chacune de ces sphères d'activité fonctionne selon une règle du jeu qui lui est propre : la logique du politique ne se confond pas avec celle de l'économie ou avec celle de la science; le domaine de la morale n'est pas régi par les mêmes règles que celui de l'art. Certes, de multiples relations et interférences mettent en rapport ces différents domaines, et leur autonomie propre n'est que relative. On sait bien que le développement de la science dépend pour partie de l'économie, et que les orientations de l'économie sont liées au politique et réciproquement. Néanmoins, la distinction de ces différents registres d'activité constitue un principe de fonctionnement de la société dans son ensemble, et une donnée de la vie de chacun d'eux. Dans sa réalisation historique, cette différenciation des institutions est le résultat d'une longue trajectoire, marquée de conflits et de retours en arrière, dont les étapes et l'allure ont varié selon les pays. Mais elle apparaît partout inséparable du processus par lequel l'autonomie de l'ordre temporel s'est progressivement constituée en s'émancipant de la tutelle de la tradition religieuse.

Des sociétés «laïcisées»
Pour désigner ce processus d'émancipation, on parle de «laïcisation» des sociétés modernes. Dire que la société entière se laïcise, cela implique que la vie sociale n'est plus, ou de moins en moins, soumise à des règles édictées par une institution religieuse. La religion cesse de fournir aux individus et aux groupes l'ensemble des références, des normes, des valeurs et des symboles qui

leur permettent de donner un sens à leur vie et à leurs expériences. Dans la modernité, la tradition religieuse ne constitue plus un code de sens qui s'impose à tous. Cela signifie-t-il que les sociétés dites traditionnelles vivaient sous l'empire absolu de la religion, et que les normes religieuses s'y imposaient de façon complète? Certainement pas : les travaux des anthropologues et des historiens montrent au contraire que les sociétés traditionnelles ou prémodernes passent leur temps à composer avec la loi religieuse qui est supposée les régir. Ce «jeu avec le code» fait la dynamique de la tradition et sa capacité de se transformer dans le temps[2]. Ce n'est pas le fait que les hommes «en prennent et en laissent» avec la religion qui est spécifiquement «moderne» : c'est que la prétention de la religion à régir la société entière et à gouverner toute la vie de tout individu est devenue illégitime, même aux yeux des croyants les plus convaincus et les plus fidèles. Dans les sociétés modernes, la croyance et la participation religieuses sont «matière à option» : ce sont des affaires privées, qui relèvent de la conscience individuelle, et qu'aucune institution religieuse ou politique ne peut imposer à quiconque. Inversement, l'appartenance religieuse d'un individu et ses croyances ne sauraient constituer un motif valable pour l'exclure de la vie sociale, professionnelle ou politique, dans la mesure où elles ne remettent pas en question les règles de droit qui régissent l'exercice de ces différentes activités. Cette distinction des domaines s'inscrit dans la séparation entre la sphère publique et la sphère privée qui est la pierre d'angle de la conception moderne du politique. Dans sa *Réponse à la question : qu'est-ce que les Lumières*? Kant établissait un lien direct entre cette séparation et le processus par lequel l'homme s'affirme comme sujet, et sort de sa minorité. Et il plaçait la religion et l'enseignement des prêtres du côté de la sphère privée. D'un côté, il y a l'Etat et l'ensemble des règles formelles qui lui correspondent; de l'autre, l'individu et ses «libertés». Cette séparation de l'Etat politique et de la vie privée n'appartient qu'aux temps modernes. Elle renvoie, en amont, à la séparation entre le sujet et l'objet, entre la conscience, placée au centre, et l'univers.

Cette longue trajectoire de la «sortie de la religion» signifie-t-elle que, dans les sociétés modernes, religion et modernité s'excluent mutuellement, qu'elles n'ont rigoureusement rien à voir l'une avec l'autre? Les choses sont en fait beaucoup plus compliquées. Le grand paradoxe des sociétés occidentales tient au fait que celles-ci ont puisé en partie leurs représentations du monde et leurs principes d'action dans leur propre terreau religieux. En s'efforçant de comprendre pourquoi c'est en Occident, et non pas dans d'autres civilisations au moins aussi riches et savantes (telles l'Inde, la Chine ou le monde arabe), que certains phénomènes culturels devenus universels ont pris naissance, le sociologue allemand Max Weber a été amené à construire son tableau des affinités électives que les croyances religieuses entretiennent avec les principes de l'action dans le monde, et particulièrement avec l'*ethos* économique des différentes sociétés. De ce tableau, on retient surtout le célèbre ouvrage *L'Ethique protestante et l'esprit du capitalisme,* dans lequel Weber met l'accent sur le lien entre le puritanisme protestant et une manière d'agir rationnellement dans le monde correspondant au style

La religion éclatée

de l'activité économique capitaliste[3]. Ainsi la recherche systématique du profit et la discipline du travail qui caractérisent le capitalisme occidental ont-elles trouvé un support spirituel favorable dans l'inscription de l'action dans le monde qui résulte elle-même d'une conception théologique particulière du salut et de la grâce. Mais au-delà du rapport entre protestantisme et capitalisme, c'est le problème plus vaste des relations entre les traits de la modernité et la tradition religieuse occidentale qui est posé. Cette question a mobilisé beaucoup de réflexions philosophiques, historiques et sociologiques, qui portent notamment sur la contribution du judaïsme et du christianisme à l'émergence de la notion d'autonomie qui caractérise la modernité. Le judaïsme, en plaçant la notion d'Alliance (*Brith*, en hébreu) au centre de la relation de Dieu à son peuple, pose le principe de l'autonomie de l'histoire humaine : le peuple, selon qu'il se montre ou non fidèle à l'Alliance, a entre les mains le choix de son devenir. Toute l'histoire du peuple d'Israël, telle que la Bible la met en scène, est celle des luttes et des tribulations qui accompagnent la fidélité à Dieu ou bien son refus. L'Alliance n'aurait aucun sens si chacun des partenaires ne se voyait pas reconnaître une capacité effective d'en accepter les termes, c'est-à-dire de s'engager dans un sens ou un autre. Les prophètes sont là, tout au long du parcours, pour rappeler au peuple tenté par l'infidélité les implications de son choix, mais leurs injonctions mettent précisément en évidence la capacité qu'il a d'orienter, de façon autonome, sa propre histoire. Associée à la représentation d'un Dieu partenaire des hommes dans l'Alliance, cette capacité prépare de façon décisive la conception moderne de l'autonomie. Le christianisme en déploie toutes les implications en élargissant l'Alliance à l'humanité entière et non plus au seul peuple élu : c'est désormais à la conscience de chaque individu que l'enjeu de la fidélité ou du refus est soumis. Même si l'Eglise est conçue comme institution médiatrice entre Dieu et les hommes, c'est de la conversion de chaque individu que dépend un salut personnellement offert à chacun. Le protestantisme, particulièrement dans sa version calviniste, a poussé jusqu'à son terme la logique de l'universalisation et de l'individualisation de l'Alliance, en réduisant radicalement tous les intermédiaires (institutions, rites, saints intercesseurs, etc.) qui occultent l'enjeu de ce face-à-face décisif entre un homme doté d'une capacité autonome de choix et un Dieu qui lui propose de choisir pour lui ou contre lui. Cette conception religieuse d'une foi personnelle est une pièce maîtresse de l'univers de représentations dont la figure moderne de l'individu, sujet autonome qui gouverne sa propre vie, a progressivement émergé.

Le paradoxe religieux des sociétés séculières

L'ambiguïté des sociétés occidentales à l'égard de la religion tient à ce que le mouvement d'émancipation par rapport à l'univers religieux traditionnel qui les a constituées comme des sociétés «séculières» a son origine, pour une part seulement mais pour une part importante, dans le terreau religieux juif et chrétien de leurs cultures. La «sécularisation» des sociétés modernes ne se résume donc pas dans le processus d'éviction sociale et culturelle de la religion avec lequel on la confond couramment. Elle combine, de façon complexe, la perte

La religion éclatée

d'emprise des grands systèmes religieux sur une société qui revendique sa pleine capacité d'orienter elle-même son destin, et la recomposition sous une forme nouvelle des représentations religieuses qui ont permis à cette société de se penser elle-même comme autonome.

Résumons cette approche en formulant quatre propositions :

— Première proposition : la modernité des sociétés occidentales, et précisément celle des sociétés européennes, s'est construite historiquement sur les décombres de la religion. En proclamant que l'histoire humaine est celle des hommes qui la font, en affirmant que le monde des hommes est un monde à faire, et à faire par eux seuls, la modernité a rompu radicalement avec toutes les représentations d'un dessein divin se réalisant inéluctablement dans l'histoire. L'affirmation de l'autonomie de l'homme et de sa raison a été associée, à partir des Lumières, avec l'émancipation de la religion. Les pays anglo-saxons ont vécu cette émancipation à travers la privatisation de la religion, formellement séparée des enjeux de la vie publique. En France, où les marques du combat de la République contre l'Ancien Régime ont été profondes et durables, cette libération a été fréquemment comprise comme un processus d'élimination de la religion, associée à l'obscurantisme et au rejet de la démocratie politique.

— Mais – seconde proposition – la façon qu'a eu la modernité de penser l'histoire est demeurée intérieure à la vision religieuse dont elle s'est arrachée pour conquérir son autonomie. Dans les sociétés modernes, on a longtemps pensé l'histoire «séculière» sur le modèle de l'avènement du Royaume : on a placé, à l'horizon d'un progrès scientifique et technique toujours plus poussé, la récapitulation complète de l'histoire humaine et l'accomplissement total des potentialités humaines, dans le domaine matériel, dans celui de la connaissance et même dans le domaine moral. Les représentations libérales du développement économique illimité et la conception marxiste de la société communiste du futur ne donnent pas le même contenu à la vision d'un monde où pourrait régner définitivement la prospérité économique et l'harmonie sociale. Mais elles ont en commun d'être orientées par une conception de l'accomplissement de l'histoire qui présente de multiples affinités avec les représentations juives et chrétiennes de la fin des temps. La vision religieuse du Royaume de Dieu à venir (l'«eschatologie») et celle, moderne, de l'histoire, ont des relations qui marquent autant la continuité que la rupture de la modernité d'avec l'univers juif et chrétien dont elle sort.

— Troisième proposition : si la vision grandiose de l'histoire et du progrès s'est effritée au cours d'un XXe siècle traumatisé par les guerres, les catastrophes économiques et les expériences totalitaires, les valeurs fondatrices de la modernité – la raison, la connaissance, le progrès, etc. – demeurent. Elles tirent leur capacité mobilisatrice du fait qu'on ne peut précisément pas leur assigner de limites. L'accomplissement total ne peut être, du point de vue de la modernité elle-même, qu'un horizon qui recule toujours. Les sociétés modernes vivent dans un état permanent d'anticipation : c'est vrai dans le domaine de la science, où chaque découverte nouvelle fait surgir autant de nouvelles questions qui appellent un effort redoublé de connaissance; c'est vrai

La religion éclatée

de l'économie, où l'augmentation des biens produits et des moyens de production fait continuellement surgir de nouveaux besoins, etc. La dynamique «utopique» de la modernité se situe tout entière dans cette valorisation de l'innovation, elle-même liée à un état permanent d'inassouvissement. M. Gauchet parle à ce propos de «l'impératif du changement[4]» propre aux sociétés modernes. Plus celles-ci se développent, et plus s'aiguise leur ambition de maîtriser parfaitement la nature et les incertitudes inhérentes à la vie humaine. Ainsi la modernité affirme toujours plus avant l'autonomie créatrice de l'humanité en disqualifiant une utopie religieuse qui place l'accomplissement de toutes les aspirations humaines dans un «autre monde», hors de portée des efforts humains, même si elle requiert leur collaboration. Mais cette modernité se réapproprie le rêve d'accomplissement dont était porteuse l'utopie religieuse, en projetant et en promettant, sous des formes séculières diverses, un monde d'abondance et de paix enfin réalisé.

— Quatrième proposition : le paradoxe de la modernité tient à cette aspiration utopique, continuellement réouverte au fur et à mesure que les connaissances et les techniques se développent à un rythme accéléré[5]. Il faut produire toujours plus, connaître toujours plus, communiquer toujours plus et toujours plus vite. Cette logique d'anticipation crée, au cœur d'une culture moderne dominée par la rationalité scientifique et technique, un espace toujours renouvelé pour des productions imaginaires que cette rationalité décompose en permanence.

C'est par l'imaginaire, en effet, que les hommes comblent l'écart qu'ils vivent entre le monde quotidien ordinaire, avec ses contraintes et ses routines, et cette

La religion en mouvement

aspiration à l'abolition de toutes les obscurités et de toutes les limites, que la modernité ne cesse de relancer au fur et à mesure des conquêtes qu'elle réalise. L'opposition entre les contradictions du présent et l'horizon d'un accomplissement futur crée, au cœur même de la modernité, un espace d'attentes, dans lequel se développent, le cas échéant, de nouvelles formes de religiosité permettant de surmonter cette tension : représentations nouvelles du «sacré» ou appropriations renouvelées des traditions des religions historiques. Cette tension «croyante» d'une modernité prise en tenaille entre l'ambition d'une rationalisation du monde tel qu'il est et l'aspiration mobilisatrice à un futur toujours neuf, peut se dire dans le langage séculier du progrès et du développement. C'est le cas dans les périodes d'expansion et de croissance qui sont aussi celles de l'émergence de ce qu'on a parfois appelé des «religions séculières» : religions politiques, religions de la science et de la technique, religions de la production, etc. Ce fut le cas au XIXe siècle, dans la fièvre de la révolution industrielle, ou pendant les «Golden Sixties», ces années 60 où l'expansion économique de l'Occident semblait devoir se déployer sans fin. Mais, en secrétant sa propre utopie motrice, la modernité produit aussi un univers d'incertitudes. La dynamique de son avancée implique qu'elle suscite continuellement sa propre crise, cet effet de vide social et culturel produit par le changement, et vécu comme une menace par les individus et par les groupes. Dans certaines périodes de mutations profondes, comme celle que nous traversons, il peut y avoir inadéquation durable entre l'utopie moderne et cet espace évidé par le processus du chan-

La religion éclatée

gement. Cette crise culturelle accompagne souvent des déséquilibres économiques, sociaux, politiques plus ou moins profonds, plus ou moins structurels. Elle peut aussi les anticiper : cela a été le cas, en France, en Mai 1968, alors que la prospérité construite dans les années 60 n'était pas encore remise en question par la crise économique inaugurée, au début des années 70, par le premier choc pétrolier. Dans ces périodes de trouble, les systèmes religieux traditionnels, formidables réservoirs de la protestation symbolique contre le non-sens, retrouvent, sous des formes nouvelles, un grand pouvoir d'attraction sur les individus et sur la société.

On a parlé fort inadéquatement de «retour du religieux» ou de «revanche de Dieu» pour désigner, en vrac, le développement actuel des nouveaux mouvements spirituels, la montée des courants charismatiques, le renouveau des pèlerinages ou encore le succès en librairie des livres d'inspiration ésotérique. Loin de renouer avec l'univers religieux des sociétés du passé, ces phénomènes mettent au jour au contraire le caractère paradoxal de la modernité du point de vue de la croyance. D'un côté, les grandes explications religieuses du monde dans lesquelles les hommes du passé trouvaient un sens global sont disqualifiées. Les institutions religieuses continuent de perdre leur capacité sociale et culturelle d'imposition et de régulation des croyances et des pratiques. Le nombre de leurs fidèles s'amenuise, et les fidèles eux-mêmes «en prennent et en laissent», non seulement en matière de prescriptions morales mais également en matière de croyances officielles. D'un autre côté, cette même modernité sécularisée offre, parce qu'elle est génératrice à la fois d'utopie et d'opacité, les conditions les plus favorables à l'expansion de la croyance. Plus l'incertitude de l'avenir est grande, plus la pression du changement est intense, et plus ces croyances prolifèrent, en se diversifiant et en se disséminant à l'infini. Le principal problème, pour une sociologie de la modernité religieuse, est donc d'essayer de comprendre ensemble le mouvement par lequel la modernité continue de saper la crédibilité de tous les systèmes religieux, et celui par lequel elle fait en même temps surgir de nouvelles formes de croyance. Pour répondre à ce problème, il faut avoir compris que la sécularisation, ce n'est pas d'abord la perte de la religion dans le monde moderne. C'est l'ensemble des processus de réaménagements des croyances qui se produisent dans une société dont le moteur est l'inassouvissement des attentes qu'elle suscite, et dont la condition quotidienne est l'incertitude liée à la recherche interminable des moyens de les satisfaire.

Le «bricolage» des croyances
Contrairement à ce qu'on nous dit, ce n'est donc pas l'indifférence croyante qui caractérise nos sociétés. C'est le fait que cette croyance échappe très largement au contrôle des grandes églises et des institutions religieuses. Très logiquement, c'est à travers l'inventaire de cette prolifération incontrôlée des croyances que s'engage le plus couramment la description du paysage religieux actuel. A quoi croient donc nos contemporains? A quelles valeurs ces croyances sont-elles associées? Pour répondre à ces questions, les sociologues ne sont pas démunis. De grandes enquêtes menées à l'échelle européenne ont donné lieu, ces dernières années, à une vaste

La religion éclatée

littérature. Le traitement par pays des données recueillies ouvre la voie à des comparaisons qui confirment l'existence de «tendances lourdes» à l'échelle du continent. Ces résultats convergent avec ceux d'enquêtes du même genre menées aux Etats-Unis et au Canada. Malgré les différences des cultures, des enracinements historiques et des distributions confessionnelles dans les différents pays, le paysage religieux occidental offre des traits suffisamment homogènes pour que la notion de «modernité religieuse» ait en effet un sens.

La description de cette modernité religieuse s'organise à partir d'une caractéristique majeure, qui est la tendance générale à l'individualisation et à la subjectivisation des croyances religieuses. Toutes les enquêtes confirment que ce double mouvement travaille à la fois les formes de l'expérience, de l'expression et de la sociabilité religieuses. Elle se marque depuis longtemps dans la distorsion entre les croyances affichées et les pratiques obligatoires qui lui sont en principe associées. Il existe, dans toutes les religions, des «croyants non pratiquants». Ceux-ci forment même, en Europe, le gros des troupes de ceux qui se déclarent «catholiques» ou «protestants». Le découplage de la croyance et de la pratique constitue le premier indice de l'affaiblissement du rôle des institutions gardiennes des règles de la foi. Mais l'aspect le plus décisif de cette «dérégulation» apparaît surtout dans la liberté que s'accordent les individus de «bricoler» leur propre système croyant, hors de toute référence à un corps de croyances institutionnellement validé. Ce double phénomène apparaît de façon particulièrement lisible dans les pays qui sont supposés

La religion en mouvement

être les plus sécularisés en Europe, à savoir les pays scandinaves. En Suède, par exemple, où la pratique religieuse effective est inférieure à 5%, 9% des individus se déclarent «chrétiens pratiquants», et 26% se définissent comme «non chrétiens». Mais 63% se désignent eux-mêmes comme «chrétiens à leur façon». La croyance autodéfinie de ces fidèles d'un genre nouveau s'éloigne en effet substantiellement de la croyance luthérienne officielle. La plupart du temps, ils parlent de Dieu comme d'une «force supérieure» et «impersonnelle», et ils formulent leur adhésion au christianisme essentiellement comme l'acceptation d'un ensemble de valeurs morales[6]. En Belgique, pays où l'institution ecclésiastique – toujours présente dans de nombreux secteurs de la vie sociale profane (écoles, universités, institutions de loisirs, hôpitaux, etc.) – a longtemps disposé d'une forte visibilité, on repère également les signes multiples du passage d'une «religion instituée» à une «religion recomposée». Les individus font valoir leur liberté de choix, «chacun retenant les pratiques et les croyances qui lui conviennent.[7]» Les significations données par les intéressés à ces croyances et à ces pratiques s'écartent fréquemment de leur définition doctrinale. Elles sont triées, remaniées et souvent librement combinées à des thèmes empruntés à d'autres religions ou à des courants de pensée de genre mystique ou ésotérique. C'est ainsi par exemple, selon les données fournies en 1990 par l'enquête européenne sur les valeurs, qu'un Belge sur huit déclare croire à la réincarnation. Ces bricolages multiples brouillent la frontière entre catholiques et non-catholiques, et, plus encore, entre ceux qui se déclarent religieux et ceux qui ne le sont

La religion éclatée

pas. Une recherche menée en Suisse confirme ces tendances. Elle montre en même temps que la diversification des systèmes individuels de signification ne signifie pas leur pure et simple pulvérisation, en raison de la présence forte d'une double culture chrétienne protestante et catholique dans la société helvétique[8]. Quoiqu' il en soit des nuances qu'il faut apporter à l'idée devenue trop courante d'une complète atomisation des systèmes du sens produits par les individus, cette rupture des croyances orthodoxes qui accompagne la dissolution du lien stable et contrôlé entre des croyances et des pratiques obligatoires est une tendance typique du paysage religieux contemporain. La croyance ne disparaît pas, elle se démultiplie et se diversifie, en même temps que se fissurent, plus ou moins profondément selon les pays, les dispositifs de son encadrement institutionnel.

Le paysage religieux français est lui aussi en profonde évolution, marqué de façon croissante par l'individualisation, la relativisation et le pragmatisme. La question de l'autre monde perd de son importance au profit d'un souci croissant du devenir de chacun dans le monde tel qu'il est. Les croyances s'expriment sur un mode probabiliste («peut-être bien, mais je ne suis pas sûr») et de moins en moins conforme aux dogmes des grandes religions[9]. Une sorte de tolérance tranquille pour les croyances des autres semble s'installer. Selon l'enquête sur les valeurs des Européens conduite en 1981, seulement 14% de l'ensemble des Français considéraient qu'il existe une seule vraie religion, alors que trente ans plus tôt, selon un sondage de l'IFOP de 1952, 51% des baptisés dans la religion catholique estimaient que «la religion catholique est la seule vraie[10]». En 1990, la fluidité des croyances s'accentue encore. En témoignent les réponses à la question : «laquelle de ces opinions se rapproche le plus de ce que vous croyez? / il y a un Dieu personnel? (20%) / il y a une sorte d'espoir ou de force vitale (32%) / je ne sais pas trop quoi penser (25%) / je ne pense pas qu'il existe quelque chose comme un esprit, un Dieu ou une force vitale (16%) / non réponses (7%). Alors que la croyance à l'âme demeure élevée (50%), la croyance au péché (40%) apparaît nettement dissociée de la notion d'une damnation future. La croyance en l'enfer est tombée à 16% en 1990, alors que celle, plus gratifiante, au paradis demeure attestée par 30% des réponses. La croyance dans la résurrection des morts s'établit à 27%, tandis que 24% des personnes interrogées déclarent croire à la réincarnation. Il n'est pas inintéressant de remarquer que 34% des catholiques déclarant croire en un Dieu personnel disent aussi croire dans la réincarnation, 62% professant leur croyance dans la résurrection des morts[11].

Aussi détaillées soient-ils, les sondages consistent la plupart du temps à interroger les individus sur la croyance qu'ils accordent ou non aux propositions doctrinales des grandes religions, et plus spécifiquement aux éléments du credo chrétien. Ils donnent, de ce point de vue, surtout lorsqu'ils sont répétés à plusieurs reprises, des indications précieuses sur l'affaissement de la conformité institutionnelle des croyances. Mais il faut aller plus loin pour mesurer l'ampleur des bricolages effectués à partir des éléments empruntés au dogme officiel des grandes religions. L'observation de

La religion éclatée

l'imbrication des croyances venues d'ailleurs et du fonds chrétien ouvre en fait une nouvelle question, qui est celle de la nature de cette «confusion». Lorsqu'on parle de «réincarnation», s'agit-il de la substitution d'un mot à un autre, sur fond d'effritement d'une culture chrétienne élémentaire affectant les croyants catholiques eux-mêmes? L'étudiant qui souhaitait discuter de la «réincarnation chrétienne» pendant les Journées mondiales de la jeunesse tenues à Paris autour du pape à l'été 1997 relevait sans doute de ce cas de figure... La référence à la réincarnation permet-elle de reformuler, sur un mode réaliste, la notion obscure de «résurrection», en représentant la vie après la mort comme une «revitalisation», un retour à la vie première? Ou bien sert-elle à la réinterpréter en lui conférant un certain degré de plausibilité «expérimentale» attestée par les récits de ceux qui sont revenus des frontières de la mort, et donc à la rendre plus acceptable dans un environnement culturel marqué par la science? La réincarnation est-elle pensée comme une rétribution de la vie menée précédemment ou bien comme «nouvelle chance» donnée dans ce monde à un individu qui aurait manqué les bons choix dans sa vie antérieure? Ou bien encore, est-on en présence de manifestations d'un réincarnationnisme chrétien théologiquement construit? Des entretiens auprès de sujets catholiques déclarant croire en la réincarnation montrent que toutes ces possibilités existent. Ils font apparaître en même temps toute la distance entre cette croyance et la problématique de la réincarnation (épreuve, plutôt que «nouvelle chance») dans l'hindouisme et le bouddhisme. Entendons bien que ces réinterprétations multiples que l'Occident se donne de la succession des existences (samsâra), qui sont, selon la tradition hindouiste et bouddhiste, un mal douloureux dans lequel s'inscrit l'emprisonnement humain, ne sont pas nouvelles en elles-mêmes. Au XVIIIe siècle, Lessing avait déjà élaboré une conception positive de la réincarnation, moyen pour l'homme de compléter à l'infini ses savoirs et ses expériences. Les courants ésotériques, spirites, théosophes et anthroposophes qui ont le plus contribué à populariser cette croyance en Occident, en ont également développé des approches résolument optimistes, qui pouvaient rendre l'idée de réincarnation compatible avec une vision de l'histoire orientée vers l'accomplissement humain. La nouveauté réside non seulement dans la diffusion de masse de la croyance en la réincarnation qui ne touchait jusque-là que des franges intellectuelles, mais surtout dans la diversité des combinaisons croyantes dans lesquelles elle est aujourd'hui susceptible d'entrer.

Des «compétences bricoleuses» différenciées
L'intérêt d'identifier finement ces constructions n'est pas seulement de faire apparaître leur variété. Il est aussi de repérer qu'il existe des «compétences bricoleuses» socialement diversifiées. Tous les individus ne disposent pas des mêmes moyens et des mêmes ressources culturelles pour produire leur propre récit croyant. Les bricolages se différencient selon les classes, les milieux sociaux, les sexes, les générations. On observe, d'un côté, une tendance à la métaphorisation et à l'intellectualisation des croyances traditionnelles, à laquelle participent les théologiens des grandes églises afin de restaurer la crédibilité culturelle de leur

La religion éclatée

message dans un environnement séculier. On tend en effet couramment, jusque dans la prédication et la catéchèse chrétiennes, à décliner dans un sens symbolique le récit de la Création, celui de la chute et de la rédemption, la description du jugement ou l'évocation de l'au-delà. D'un autre côté, on observe une tendance inverse à la désymbolisation des croyances notamment, mais pas exclusivement, chez des individus issus de couches sociales économiquement et culturellement démunies, confrontés à l'opacité du monde et à l'imprévisibilité menaçante de leur propre avenir.

De cette diversification sociale des bricolages croyants, la poussée de la croyance au diable dans la France contemporaine offre un exemple particulièrement éclairant, au-delà des faits divers horribles et parfois sanglants qui révèlent l'existence ici ou là de pratiques sataniques, voire de groupes sataniques organisés. Le fait qu'elle résiste à la démagification caractéristique des sociétés modernes rationnelles est d'autant plus surprenant que l'Eglise catholique s'est appliquée, après en avoir assuré la gestion pendant des siècles, à refouler les représentations réalistes de la présence personnalisée d'une force malfaisante agissant dans le monde. Le diable avec cornes et fourche qui a peuplé les tympans des cathédrales n'a plus cours depuis longtemps dans la catéchèse et la prédication. Mais le travail de métaphorisation du Malin va plus loin. Le rituel du sacrement des malades de 1972, qui a remplacé l'ancien rituel des mourants ou extrême-onction, en offre un exemple particulièrement clair. A la représentation du combat entre Jésus et Satan au pied du lit du mourant s'est substituée celle du rassemblement intercesseur de la communauté entourant avec Jésus un de ses membres souffrant. F. A. Isambert a bien mis en évidence l'ambiguïté du nouveau rituel, oscillant constamment entre littéralité et allégorie [12]. On comprend dès lors que l'augmentation des demandes d'exorcismes qui lui sont adressées depuis une dizaine d'années prenne de court l'institution catholique. Certains diocèses ne comptaient pas jusqu'à une date récente d'exorciste en titre, et beaucoup de ceux qui ont été nommés entendent exercer (à supposer qu'ils soient sollicités de le faire) un rôle de soutien spirituel et d'écoute psychologique, voire d'orientation psychiatrique, davantage qu'une fonction proprement rituelle. Mais la croissance de la demande indique qu'il n'est plus possible de répondre au coup par coup à des sollicitations individuelles émanant de personnes fragiles ou perturbées. En 1997, la Conférence des évêques de France, confrontée à ces attentes embarrassantes, a réuni l'ensemble des exorcistes des diocèses, avec les équipes de laïcs qui assurent l'accueil des demandeurs, afin de réfléchir à la signification sociale et aux implications pastorales du phénomène. Prodiguer à ceux qui se disent «possédés» les marques de compassion et au besoin les conseils pratiques qui leur permettront de trouver auprès d'un médecin ou d'un psychologue un suivi thérapeutique indispensable demeure la plupart du temps l'objectif principal. Mais c'est rarement ce qu'attendent les requérants : eux s'adressent à l'exorciste comme à quelqu'un qui est investi d'une puissance, inséparable d'une compétence technique lui permettant de maîtriser les forces surnaturelles. Ce qu'ils veulent, c'est qu'il mette en œuvre cette puissance, pour leur bénéfice immédiat. Reste à com-

La religion éclatée

prendre ce que signifie, dans un monde gouverné en principe par la rationalité, la poussée d'une croyance que la prédication de l'Eglise a largement cessé d'alimenter. Les dossiers de demandes d'exorcisme montrent que la croyance contemporaine au diable ne fait pas référence, sauf exception, à ce que l'Eglise dit ou disait du Tentateur. Elle renvoie à l'expérience quotidienne que des individus font de la complexité d'un monde où ils ne trouvent plus leurs marques, où ils éprouvent le sentiment d'être agis par des forces qui les dépassent et sur lesquelles ils n'ont aucune prise. Expérience d'autant plus traumatisante qu'ils vivent dans une société qui alimente en même temps les mythes médiatisés de l'accès de tous à la consommation, à la santé, au bien-être, à la réalisation de soi, à l'éternelle jeunesse, à la sécurité. La crise économique, la disqualification du politique et l'absence de perspectives exaspèrent les frustrations psychologiques et sociales que ce conflit génère. Croire au diable est une manière d'extérioriser ce sentiment d'impuissance en identifiant, au-delà du malaise personnel, l'action d'une puissance mauvaise qui vous manipule et vous «possède». La grande majorité des demandeurs sont des personnes en situation de vulnérabilité psychologique, mais également de précarité sociale extrême, dépourvus le plus souvent de moyens économiques et culturels pour faire face à une condition qui les écrase. Les immigrés, venus notamment d'univers culturels – l'Afrique, les Antilles – où la familiarité avec les esprits s'est établie dans des pratiques connues de possession et de divination, sont nombreux dans cette population. De façon générale, celle-ci s'adresse à l'exorciste catholique en dernier recours, après un parcours où tous les spécialistes supposés de la manipulation des forces surnaturelles, du magnétiseur au marabout africain, ont été consultés en vain. Mais on notera que cette croyance est moins distante de l'univers moderne qu'il n'y paraît : le «diable» en question est toujours appréhendé dans les termes physiques d'une «force négative», qu'on expérimente et sur laquelle on peut agir avec des techniques appropriées que des spécialistes savent mettre en œuvre. Cette affinité paradoxale des croyances flottantes contemporaines de genre magique avec le mythe moderne de la puissance de la technique mérite l'attention : elle peut expliquer que des individus nourris d'une culture moderne parfois sanctionnée par des diplômes puissent, contre toute attente, y adhérer[13]. Il existe d'ailleurs – par exemple à travers la thématique des «vibrations» ou des «ondes» positives ou négatives à l'œuvre dans un monde lui-même conçu comme un tissu de forces contradictoires – des formes de continuité et de passage entre la croyance au diable des demandeurs d'exorcisme et les croyances attestées au sein de courants relevant de la «nébuleuse mystique-ésotérique[14]». Le degré et les modalités de mobilisation des références «scientifiques» constituent, sur ce continuum, un indicateur possible des différenciations sociales de la croyance au paranormal. Il n'est pas indifférent enfin de noter les correspondances qui existent entre ce «retour du diable» et les diverses modalités de la diabolisation de l'autre (l'étranger, l'Arabe ou le Juif, mais aussi les technocrates ou les politiques) à travers lesquelles se dit sous d'autres formes, pas plus rationnelles, mais socialement souvent plus menaçantes, le sentiment de n'avoir

La religion éclatée

aucune responsabilité personnelle dans le monde tel qu'il est, ni aucune capacité d'agir sur son avenir.

Eclatement du croire et dérégulation de la religion
Les croyances se disséminent. Elles se conforment de moins en moins aux modèles établis. Elles commandent de moins en moins des pratiques contrôlées par les institutions. Ces tendances sont les symptômes majeurs du processus de «dérégulation» qui caractérise le champ religieux institutionnel à la fin du XXe siècle. Si la croyance et l'appartenance ne «tiennent» plus, ou de moins en moins, ensemble, c'est qu'aucune institution ne peut durablement, dans un univers moderne caractérisé à la fois par l'accélération du changement social et culturel et par l'affirmation de l'autonomie du sujet, prescrire aux individus et à la société un code unifié du sens, et encore moins leur imposer l'autorité de normes qui en sont déduites. Parce qu'aucune d'elles n'échappe à la confrontation avec l'individualisme, il n'y a pas de nation occidentale qui soit épargnée par les effets de la contradiction croissante entre l'affirmation du droit des individus à la subjectivité et les systèmes traditionnels de régulation de la croyance religieuse. Selon l'excellente formule employée par la sociologue britannique G. Davie pour caractériser l'attitude post-religieuse en passe de devenir dominante en Grande-Bretagne, il est effectivement devenu possible et courant, dans toutes les sociétés avancées, de croire sans adhérer à une église ou à une institution : «Believing, without belonging[15]».

Ce constat n'implique pas – on y reviendra – que cette privatisation de la croyance efface le besoin d'exprimer cette croyance dans un groupe au sein duquel

La religion en mouvement

l'individu trouve la confirmation de ses croyances personnelles. En matière religieuse, comme dans l'ensemble de la vie sociale, le développement du processus d'atomisation individualiste produit paradoxalement la multiplication des petites communautés fondées sur les affinités sociales, culturelles et spirituelles de leurs membres. Ces communautés relaient, sur le terrain de l'affectivité et de la communication, ces «communautés naturelles» dans lesquelles se construisait autrefois un imaginaire partagé. Dans la mesure même où la représentation de la continuité et de la solidarité du groupe n'est plus vécue au jour le jour dans la famille, le métier, la communauté de voisinage, le groupe confessionnel, elle procède nécessairement de l'engagement volontaire et personnel des individus.

Cela ne signifie pas non plus que ce double processus d'individualisation de la croyance et d'autonomisation communautaire fasse disparaître purement et simplement la réalité des identifications confessionnelles. Ce serait même une erreur considérable d'en déduire que les institutions religieuses ont perdu, ou sont en passe de perdre, toute capacité de contribuer à la formation des identités sociales. En fait, la dissémination des croyances coexiste avec la préservation de ces identités, au moins jusqu'à un certain point. Il semble même que l'expansion du pluralisme et du relativisme produise, en sens inverse, le renforcement des aspirations communautaires, en même temps qu'une certaine réactivation des identifications confessionnelles. Mais celles-ci ne coïncident plus nécessairement avec des identifications religieuses clairement assumées par les individus. Ceci n'implique pas qu'il n'y ait plus de lien

La religion éclatée

du tout, par exemple, entre la croyance chrétienne et des appartenances institutionnelles, des pratiques rituelles, des styles de vie familiale, des logiques d'alliance matrimoniale, des comportements sexuels, des choix politiques, etc. Mais on observe que la dimension identitaire de la référence confessionnelle n'est pas toujours mise en rapport avec le contenu de la foi qui est supposée formellement la fonder. En Suisse, par exemple, l'identification confessionnelle (catholique ou protestante) demeure une dimension importante de l'identification sociale individuelle et collective : on continue de se marier entre catholiques, ou entre protestants (et même entre «sans-religion»); on se fait des amis plutôt parmi des individus du même bord; on cultive de fait, et même sur son lieu de travail, un certain degré d'entre-soi confessionnel. Mais ces clivages confessionnels ne s'ancrent qu'exceptionnellement dans des distinctions théologiques reconnues comme telles. Seulement 2,9 % des personnes interrogées considèrent que «si toutes les religions chrétiennes méritent le respect, la leur seule est vraie». Les autres, tout en soulignant, de manière souvent très floue, les raisons de leur «préférence personnelle», s'accordent pour reconnaître aux différentes religions chrétiennes une égale dignité, et même un statut égal du point de vue de la vérité. Les appartenances confessionnelles continuent donc de déterminer des réseaux différenciés de sociabilité, alors même que l'ancrage proprement religieux de ces différences ne cesse de s'affaiblir[16].

C'est évidemment dans les pays où la capacité régulatrice des institutions religieuses est la plus faible que cet écart entre la dimension croyante et la dimension

La religion en mouvement

identitaire des références religieuses est également la plus nette. Si le croyant anglais se sent de moins en moins tenu de se comporter comme le «fidèle» d'une église, l'appartenance à l'Eglise d'Angleterre, qui n'implique, dans l'immense majorité des cas, ni conformité croyante, ni régularité observante, demeure un élément essentiel dans la formation de son identité. Une des manières les plus fortes de le signifier est de revenir à l'Eglise anglicane pour y être enterré. Cette fonction identitaire de l'Eglise établie est renforcée par le processus de pluralisation culturelle qui caractérise la Grande-Bretagne. L'Eglise est officiellement en charge de représenter l'identité collective d'une nation plurielle. Personne ne contesta, par exemple, qu'elle relaie sur le terrain proprement rituel les immenses manifestations spontanées du deuil auxquelles donna lieu le décès accidentel de la princesse Diana. Pourtant la foule bigarrée qui rendit hommage à la «princesse du peuple» était loin de pouvoir s'identifier tout entière aux pompes liturgiques organisées à Westminster. Quant à la princesse elle-même, que son divorce éloignait en principe des rituels dus aux membres de la famille royale, on la savait intéressée à des quêtes spirituelles bien éloignées de la tradition anglicane. Il revint néanmoins à l'Eglise officielle d'exprimer solennellement une émotion collective dont la famille royale de son côté avait fort maladroitement omis, au moins dans un premier temps, d'anticiper le déferlement.

Le désemboîtement de la croyance, de l'appartenance et de la référence identitaire est encore plus net dans les pays scandinaves, où la propension croissante à «croire sans en être» se double d'une tendance également croissante à «en être sans croire» («belonging without believing»). Comment l'appartenance confessionnelle peut-elle continuer d'aller de soi, lorsque la fréquentation de l'Eglise atteint un niveau aussi faible et quand se manifeste une réticence généralisée à accepter ses enseignements? Pourquoi – s'interroge le sociologue O. Riis à propos du cas danois – si peu d'individus envisagent-ils de faire acte de retrait et de signaler aux autorités concernées qu'ils n'entendent plus être comptés au nombre des fidèles? L'explication d'un maintien «par inertie» de l'appartenance, dans un pays où le détachement requiert une démarche administrative active, est à l'évidence un peu courte. Pour justifier le fait de rester membre de l'Eglise luthérienne, un tiers seulement des Danois font référence à la foi chrétienne. 7 % choisissent – négativement – de demeurer dans l'Eglise pour éviter que ne se propage l'influence d'autres groupes religieux. 35 % font référence aux offices, aux cérémonies qui marquent les grands passages de la vie et qu'ils veulent préserver. Beaucoup soulignent le bienfait de la tradition dans la vie nationale (38 %), et leur désir que le patrimoine monumental du pays soit convenablement entretenu (37%). Un quart des personnes interrogées considèrent que l'Eglise est porteuse de valeurs populaires, et un huitième qu'elle aide à l'intégration de la nation. Un tiers enfin déclarent qu'il serait simplement mal de la quitter[17].

Œcuménisme des valeurs et réaffirmations identitaires
En mettant en évidence l'écart croissant entre les identités croyantes et les identités confessionnelles, on touche au centre d'une contradiction majeure de la

La religion en mouvement

modernité religieuse. D'un côté, le paysage occidental apparaît marqué par un processus d'homogénéisation spirituelle et éthique. Celui-ci s'inscrit partout dans l'affaiblissement de la référence à un Dieu personnel, dans la subjectivisation des croyances, et dans la métaphorisation des objets de la croyance religieuse traditionnelle. Un «œcuménisme des valeurs» dans lequel l'idéal de fraternité entre les hommes absorbe et dilue toute référence à la transcendance, paraît être en passe de s'imposer à travers une morale, très généralement acceptée, des droits de l'homme. On pourrait imaginer que ce processus d'homogénéisation éthique des traditions religieuses historiques accomplisse la visée universaliste dont ces traditions sont porteuses et qu'il les rende moins accessibles aux instrumentalisations identitaires dont elles ont pu faire l'objet dans le passé. Pourtant, parallèlement, une tendance exactement contraire à la montée des demandes communautaires tend à se manifester. Les causes du phénomène sont facilement identifiables. La crise économique et l'ampleur du chômage ont entraîné, en même temps que la précarisation de nombreuses situations individuelles, l'effondrement des certitudes portées par les idéologies modernistes du développement illimité. Dans le même temps, l'implosion du bloc soviétique a rompu la stabilité des repères symboliques et politiques par rapport auxquels les sociétés de l'Ouest ont construit, depuis la fin de la Seconde Guerre mondiale, leur image d'elles-mêmes. Au point qu'on peut considérer qu'elles sont toutes, aujourd'hui, des sociétés post-communistes[18]. Mais ces bouleversements historiques qui ébranlent les structures mentales des individus, en même temps que

La religion éclatée

les structures des sociétés dans lesquelles ils vivent, fonctionnent aussi comme révélateurs des contradictions de la modernité. Ils mettent au jour, en particulier, l'antinomie qui existe et s'accentue entre l'individualisme, compris et vécu comme «l'indépendance de chacun dans sa vie privée[19]», et le développement d'un sens collectif de l'interdépendance entre les membres de la société, indispensable à la régulation des sociétés pluralistes. Le recours à des emblèmes identitaires qui permettent de sauver la fiction de l'appartenance communautaire est l'un des moyens par lesquels les individus s'efforcent de conjurer les effets de déstabilisation psychologique et d'affaissement du lien social qui en résultent. Précisément parce qu'elles ont été transformées, au sein de la culture moderne de l'individu, en un réservoir de signes et de valeurs qui ne s'inscrivent plus dans des appartenances précises ni dans des comportements réglés par les institutions, les religions tendent à se présenter comme une matière première symbolique, éminemment malléable, qui peut donner lieu à des retraitements divers, selon les intérêts des groupes qui y puisent. Cette matière première est susceptible d'être incorporée à d'autres constructions symboliques, et en particulier à celles qui entrent en jeu dans l'élaboration des identités ethniques et nationales. Ainsi, le patrimoine symbolique des religions historiques n'est pas seulement mis à la libre disposition des individus qui «bricolent», selon la formule désormais consacrée, les univers de significations capables de donner un sens à leur existence. Il est aussi disponible pour les réemplois collectifs les plus divers, au premier rang desquels on trouve la mobilisation identitaire des symboles confessionnels.

La religion en mouvement

Les chapitres qui suivent vont s'efforcer de préciser cette première approche descriptive du paysage religieux de la modernité. Il apparaît déjà que la crise qui touche toutes les grandes églises n'est pas d'abord liée à la perte de plausibilité du contenu des croyances qu'elles diffusent. Cette observation ne remet évidemment pas en question l'idée selon laquelle les sociétés modernes ont assuré leur autonomie politique et intellectuelle en s'arrachant à l'emprise des grands systèmes religieux qui fournissaient aux sociétés du passé des explications hétéronomes du monde et de la vie humaine. Mais la disqualification ne vient pas d'abord de l'«irrationalité» supposée de ces explications. Si expulsion de la religion il y a, elle est bien davantage le fait du processus de dé-totalisation de l'expérience humaine qui résulte de la différenciation des institutions. La vie domestique, professionnelle ou politique, l'expérience affective, esthétique ou spirituelle de chacun relèvent désormais de domaines d'activité segmentés. Engagé dans ces expériences disjointes les unes des autres, l'individu peine à reconstruire l'unité de sa vie personnelle. Les systèmes religieux qui se présentent comme des codes globaux du sens à l'intérieur desquels toute expérience humaine individuelle et collective est supposée trouver sa cohérence perdent, dans ce processus, l'essentiel de leur crédibilité. Le développement proliférant des croyances auquel nous assistons actuellement répond, pour une large part, au besoin de recomposer, à partir de l'individu et de ses problèmes, quelque chose de ces univers perdus du sens.

La fin des identités religieuses héritées

Comment s'assure, dans ce contexte de dissémination des croyances, la transmission des identités religieuses d'une génération à une autre? Cette question ne mobilise pas seulement les parents soucieux de l'éducation religieuse de leur progéniture, ou les institutions qui tentent de renouveler leur pédagogie en direction des jeunes générations dont les comportements et les attentes les déroutent. Elle sollicite aussi les chercheurs parce qu'elle condense, d'une certaine façon, tous les aspects du devenir des religions historiques dans la modernité.

La «crise» de la transmission
De façon générale, la transmission régulière des institutions et des valeurs d'une génération à une autre est, pour toute société, la condition de sa survie dans le temps. Dans les sociétés traditionnelles, des rituels d'initiation marquent solennellement l'entrée des jeunes dans la communauté des adultes. En même

La religion en mouvement

temps que ces rites effectuent et signifient l'incorporation sociale et symbolique des nouveaux initiés dans le groupe, ils confèrent aux jeunes la responsabilité d'en assurer à leur tour la continuité, de génération en génération. Entendons bien, cependant, que «continuité» ne signifie pas «immuabilité». Dans toutes les sociétés, la continuité s'assure toujours dans et par le changement. Et ce changement oppose inévitablement les nouvelles générations aux anciennes. Dans l'Antiquité où la socialisation des jeunes générations aux normes et coutumes garanties par l'autorité des anciens faisait l'objet d'une minutieuse surveillance, on a gardé les traces, dans les écrits des philosophes et des Pères de l'Eglise notamment, de la plainte récurrente des générations anciennes devant le relâchement des mœurs et de la piété des plus jeunes... Si l'idéal de la transmission veut que les fils soient la parfaite image des pères, il est clair qu'aucune société ne l'a jamais atteint, simplement parce que le changement culturel ne cesse pas d'agir, y compris dans les sociétés régies par la tradition. Il n'y a, en ce sens, pas de transmission sans qu'il y ait en même temps «crise de la transmission».

Cependant, dans nos sociétés, cette crise de la transmission a profondément changé de nature. Les écarts repérables entre les univers culturels des différentes générations ne correspondent plus seulement aux ajustements que l'innovation et l'adaptation aux données nouvelles de la vie en société rendent nécessaires. Elles localisent de véritables fractures culturelles qui atteignent en profondeur les identités sociales, le rapport au monde et les capacités de communication des individus. Elles correspondent à un remaniement global des réfé-

La fin des identités religieuses héritées

rences collectives, à des ruptures de la mémoire, à une réorganisation des valeurs qui mettent en question les fondements mêmes du lien social. Il n'est pas utile d'insister sur le fait que toutes les institutions dans lesquelles s'inscrivait la continuité des générations perdent aujourd'hui leur importance au profit d'une sociabilité de l'expérience partagée, de la communication directe, de l'engagement ponctuel. L'école, l'université, les partis politiques, les syndicats, les églises sont également touchés. Mais c'est évidemment la mutation de la famille, institution de socialisation par excellence, qui fait apparaître le plus directement l'ampleur de ses implications sociales aussi bien que psychologiques. Les sociologues de la famille s'attachent moins désormais à l'analyse des mécanismes de la reproduction des rôles institutionnels familiaux et des rapports entre les sexes qu'à celle des relations entre individus au sein de la famille[1]. Ils ont mis en évidence en même temps la portée sociale, culturelle et symbolique de la disjonction qui s'établit de façon de plus en plus nette aujourd'hui entre les dispositifs de l'alliance et ceux de la filiation que le mariage classique est supposé réunir. L'organisation et la représentation de la continuité des générations s'en trouvent être radicalement transformées[2]. De leur côté, les sociologues de l'éducation, longtemps mobilisés en France par l'analyse de la reproduction scolaire des inégalités sociales[3], ont progressivement déplacé leurs intérêts vers l'étude de la construction des identités des jeunes, pris dans des univers sociaux et culturels différents[4]. Dans ces différents domaines – familial, éducatif etc. – on insiste de plus en plus sur le caractère évolutif des identités plutôt que sur

La religion en mouvement

les logiques lourdement déterminées de la reproduction sociale. On met l'accent sur le caractère dynamique de leur formation, en fonction des relations concrètes dans lesquelles les individus sont impliqués.

Pour saisir la façon dont se constituent aujourd'hui les identités religieuses, il n'est pas moins indispensable de renouveler les approches classiques de la transmission religieuse. Celles-ci s'emploient surtout à évaluer l'efficacité de la transmission en fonction du degré de conformité croyante et pratiquante des enfants par rapport aux parents : les enfants de parents pratiquants sont-ils pratiquants? Les enfants de parents non pratiquants demeurent-ils eux-mêmes croyants? etc. Les enquêtes qui s'attachent à mesurer plus précisément ces écarts entre parents et enfants font référence, de façon au moins implicite, à un modèle de la socialisation qui place un transmetteur actif, détenteur d'un patrimoine de savoirs et de références religieux, en face d'un destinataire passif ou semi-passif de la transmission. Le premier s'efforce, avec plus ou moins de bonheur, de transférer au second tout ou partie de l'héritage. Les données recueillies font clairement apparaître les difficultés de l'opération, dans un univers culturel où toute proposition religieuse est confrontée à une multiplicité d'offres symboliques diverses. Pour faire face à cette concurrence et conjurer l'éloignement des jeunes générations, les institutions religieuses s'efforcent de mettre au point des méthodes plus efficaces de communication de leur message. Leur réussite est pour le moins douteuse : car le désintérêt des jeunes recoupe, pour une part au moins, le doute manifesté par la génération adulte quant au bien-fondé de la transmission religieuse

La fin des identités religieuses héritées

dans un univers culturel où les choix religieux et spirituels sont perçus de plus en plus comme des choix privés, engageant l'individu et lui seul. En France, 4 % seulement des parents retiennent la foi religieuse parmi les qualités importantes à encourager chez les enfants[5]. Ceci ne signifie pas que les parents en question soient personnellement étrangers à toute croyance, ou au moins à tout questionnement spirituel ou métaphysique. Mais la croyance personnelle, vécue comme l'affaire de chacun, n'est pas nécessairement associée à l'ardente obligation de transmettre. Le thème du «choix laissé aux enfants» permet, dans un certain nombre de cas, de justifier le refus, explicite ou implicite, des parents de transmettre eux-mêmes une foi religieuse. Il fait écho au souhait des jeunes de pouvoir choisir leur religion (pour autant qu'ils jugent nécessaire d'en avoir une) en fonction de l'affinité qu'on ressent personnellement avec telle ou telle tradition et des bienfaits personnels (notamment psychologiques) qu'on peut en attendre. Cette demande d'une «religion au choix», qui met en avant l'expérience personnelle et l'authenticité d'un parcours de recherche plutôt que le souci de la conformité aux vérités religieuses garanties par une institution, est cohérente avec l'avènement d'une modernité psychologique qui implique une certaine façon pour l'homme de se penser lui-même comme individualité et d'œuvrer pour conquérir son identité personnelle, au-delà de toute identité héritée ou prescrite.

La construction individuelle de la continuité croyante
Si toutes les institutions de socialisation affrontent difficilement les implications de cette mutation culturelle,

l'ébranlement qui en résulte est d'autant plus grand, dans le cas des institutions religieuses, que la transmission engage ce qui est au principe même de leur existence, à savoir la continuité de la mémoire qui les fonde. Toute religion implique en effet une mobilisation spécifique de la mémoire collective. Dans les sociétés traditionnelles, dont l'univers symbolico-religieux est tout entier structuré par un ensemble de mythes, rendant compte à la fois de l'origine du monde et de celle du groupe, la mémoire collective est donnée. Elle est entièrement contenue dans les structures, l'organisation, le langage, les pratiques quotidiennes de sociétés régies par la tradition. Dans le cas de sociétés différenciées, où prévalent des religions fondées qui font émerger des communautés de foi, la mémoire religieuse collective devient l'enjeu d'une réélaboration permanente, de telle sorte que le passé inauguré par l'événement historique de la fondation puisse être saisi à tout moment comme une totalité de sens. Dans la mesure où toute la signification de l'expérience du présent est supposée être contenue (au moins potentiellement) dans l'évènement fondateur, le passé est constitué symboliquement comme une référence immuable. En rapport constant à ce passé, les croyants se constituent en un groupe «religieux» en suscitant et en entretenant la croyance en la continuité de la lignée des croyants, au prix d'un travail de remémoration qui est aussi une réinterprétation permanente de la tradition en fonction des questions du présent[6]. Cette élaboration continue de l'identité religieuse collective s'effectue, par excellence, dans l'activité rituelle qui consiste à faire mémoire (anamnèse) de ce passé qui donne un sens au présent et contient l'ave-

La fin des identités religieuses héritées

nir. Dans cette perspective, la transmission ne consiste pas seulement à assurer le passage d'un contenu donné de croyances d'une génération à l'autre tout en mettant les nouveaux venus en conformité avec les normes et valeurs de la communauté. Dans la mesure où elle se confond avec le processus d'élaboration de cette «chaîne de mémoire» à partir de laquelle un groupe croyant se réalise comme groupe religieux, la transmission est le mouvement même par lequel la religion se constitue comme religion à travers le temps : elle est la fondation continuée de l'institution religieuse elle-même.

Dès lors qu'on évoque la construction symbolique et pratique d'une «lignée croyante», on met en évidence le rapport décisif qui existe entre religion et mémoire. C'est très exactement en ce point qu'on peut situer – si on tient absolument à reprendre ce terme – le nœud de la «crise de la transmission» soulignée par toutes les observations portant sur le rapport des jeunes à la religion. Car les sociétés modernes sont de moins en moins des sociétés de mémoire. Elles sont au contraire gouvernées, de façon de plus en plus impérieuse, par l'impératif de l'immédiat. C'est d'ailleurs parce qu'elles sont parvenues à briser le carcan de la mémoire obligée de la tradition qu'elles sont devenues des sociétés de changement, érigeant l'innovation en règle de conduite. Aujourd'hui poussé à la limite, ce processus de libération a produit la déstructuration et l'atomisation de la mémoire collective, au point que les sociétés modernes apparaissent de plus en plus incapables de penser leur propre continuité, et donc, par voie de conséquence, de se représenter leur avenir. Les grandes scansions temporelles qui rythmaient la vie des sociétés prémodernes se sont effacées sous la pression d'un présent toujours plus présent. En même temps que l'avènement de la communication planétaire dissout l'épaisseur historique des événements qu'elle fait défiler en un flux ininterrompu et homogène, le phénomène de décomposition des structures imaginaires de la continuité s'aggrave d'un sentiment très largement partagé de la complexité du monde présent. Celui-ci, autant que la perte de la mémoire, fait obstacle à la mobilisation imaginaire du passé pour l'invention de l'avenir, sur le mode de la répétition traditionnelle comme sur celui de l'utopie. Dans tous les domaines, la prévisibilité des évolutions recule, paradoxalement, au fur et à mesure qu'augmentent les capacités cognitives et techniques d'agir sur elles. Ce contexte d'évanouissement de la présence du passé et d'opacité corrélative du futur éclaire l'«étrangeté» de nos sociétés, moins à la croyance «aux dieux et aux prophètes[7]» qu'à la manière proprement religieuse d'y croire, consistant à appuyer la croyance sur l'autorité légitimatrice d'une tradition. Ce n'est pas parce qu'elles sont de façon idéaltypique des sociétés rationnelles que les sociétés modernes sont largement a-religieuses : c'est parce qu'elles sont des sociétés *amnésiques*, dans lesquelles l'impuissance croissante à faire vivre une mémoire collective porteuse de sens pour le présent et d'orientations pour l'avenir fait fondamentalement défaut.

Que devient alors la problématique religieuse de la continuité croyante? Comment les croyants bricoleurs qui agencent, à partir de leurs expériences et attentes personnelles, les petits systèmes de significations qui donnent un sens à leur existence peuvent-ils être

La fin des identités religieuses héritées

conduits à revendiquer leur insertion dans la continuité d'une grande lignée croyante? Est-il imaginable, autrement dit, que ces croyances éparpillées s'organisent sur un mode religieux, et si oui, de quelles façons? La réponse à ces questions se trouve probablement du côté d'une exploration de l'expérience des individus qui construisent leur identité religieuse en fonction des intérêts, dispositions et aspirations qu'ils mettent en jeu dans des situations concrètes[8]. Dans le domaine de la religion comme ailleurs, la capacité de l'individu à élaborer son propre univers de normes et de valeurs à partir de son expérience singulière tend à s'imposer, on l'a vu, au-delà des efforts régulateurs des institutions. Les croyants modernes revendiquent leur «droit au bricolage» en même temps que celui de «choisir leurs croyances». Même les plus convaincus et les plus intégrés à une confession particulière font valoir leur droit à la recherche personnelle de la vérité. Tous sont amenés à produire eux-mêmes le rapport à la lignée croyante dans laquelle ils se reconnaissent.

Si l'on se place dans cette perspective, on comprend que pour appréhender la réussite ou l'échec de la transmission religieuse, on ne peut plus se contenter de mesurer les déplacements et les torsions que font subir ceux qui en sont l'objet à l'héritage qui leur est transmis. Car précisément, les identités religieuses ne peuvent plus être considérées comme des identités héritées, même si l'on admet que l'héritage est toujours remanié. Les individus construisent leur propre identité socioreligieuse à partir des diverses ressources symboliques mises à leur disposition, et/ou auxquelles ils peuvent avoir accès en fonction des différentes expériences dans lesquelles ils sont impliqués. L'identité s'analyse comme le résultat, toujours précaire et susceptible d'être remis en question, d'une *trajectoire d'identification* qui se réalise dans la durée. Ces trajectoires d'identification ne sont pas seulement des parcours de croyance. Elles impliquent également tout ce qui fait la substance du croire : des pratiques, des appartenances vécues, des façons de concevoir le monde et de s'inscrire activement dans les différentes sphères d'action qui constituent celui-ci, etc. Leur orientation cristallise, pour une part, les dispositions, intérêts et aspirations des individus. Mais elle est également dépendante des conditions objectives – institutionnelles, sociales, économiques, politiques, culturelles – au sein desquelles ces parcours se déploient. Mettre au jour les différents enchaînements à travers lesquels s'établit, se rééalabore et se stabilise éventuellement le lien des sujets à une lignée croyante particulière implique donc qu'on approfondisse l'étude des rapports entre la dynamique interne du croire (celle qui correspond au développement de l'expérience individuelle et/ou collective), le rôle des interventions externes (celles, en premier lieu, des instances de socialisation développant et adaptant des stratégies de transmission), et les facteurs liés à l'environnement mouvant dans lequel le processus se déploie. Mais l'analyse part alors de l'individu, et non de l'institution. Comment la représentation collective de la continuité de la lignée et sa réalisation sociale peuvent-elles alors être encore assurées à travers la subjectivisation des parcours croyants et la pluralisation des processus de construction des identités religieuses qui en découle? Cette interrogation ne dessine pas seule-

La fin des identités religieuses héritées

ment l'axe possible d'une sociologie de la transmission religieuse : il peut constituer le programme fort d'une sociologie de la modernité religieuse comme telle.

Les dimensions de l'identification
Le développement de cette approche implique qu'on se dote d'outils permettant de mettre de l'ordre dans la diversité des parcours d'identification que livre l'observation empirique de la scène religieuse. Il serait vain d'imaginer que cette mise en ordre puisse surgir toute armée de l'inventaire des situations singulières. Ledit inventaire serait d'ailleurs rendu interminable par l'avancée même de la dissémination des croyances. Les éléments qui suivent doivent être considérés comme une sorte de cadre, construit à partir des observations menées sur différents terrains, principalement français et catholiques, au cours des dernières années, et concernant notamment les pratiques catéchétiques, les groupes charismatiques et «communautés nouvelles», les grands rassemblements de jeunes, mouvements de renouveau spirituel et manifestations néo-traditionalistes, les phénomènes de conversion, etc. On ne prétendra pas mobiliser ici des résultats d'enquêtes extensives menées sur chacun de ces dossiers. On a plutôt opéré, en cette matière, à la façon des prospecteurs de pétrole qui effectuent des «carottages», en s'attachant à l'examen minutieux de situations observées, «prélevées» et traitées comme des échantillons significatifs, permettant de poser des hypothèses pour des travaux plus approfondis. On reviendra de façon plus précise, dans la suite de l'ouvrage, sur certains de ces travaux : retenons-en seulement ici l'axe organisateur, qui s'est lui-même précisé

La religion en mouvement

et affiné au sein d'entreprises collectives portant sur les identités religieuses en Europe[9] et sur la religiosité des jeunes Européens[10], ainsi qu'au contact d'autres recherches menées avec d'autres méthodes[11]. Au terme de cette première exploration, on peut formuler l'hypothèse que les processus de l'identification religieuse dans nos sociétés modernes passent par la libre combinaison de quatre dimensions typiques de l'identification, que la régulation institutionnelle n'articule plus, ou de moins en moins, entre elles.

La première de ces dimensions est la *dimension communautaire*. Elle concerne l'ensemble des marques sociales et symboliques qui définissent les frontières du groupe religieux et permettent de distinguer «ceux qui en sont» de «ceux qui n'en sont pas». Cette dimension communautaire renvoie à la définition formelle et pratique des appartenances : le fait, par exemple, d'être circoncis, ou d'être baptisé, de pratiquer fidèlement les cinq piliers de l'islam, d'avoir pris refuge dans le bouddhisme, ou encore d'avoir souscrit aux obligations imposées pour être reconnu comme un adepte dans tel ou tel mouvement religieux. Ces définitions communautaires peuvent elles-mêmes être plus ou moins extensives ou plus ou moins intensives, selon par exemple qu'on est en présence d'un groupe de type «église», fixant des obligations minimales à ses fidèles, ou de type «secte», imposant au nouvel entrant un changement radical de sa propre vie. Quoi qu'il en soit, accepter ou non de se soumettre à ces obligations constitue un trait discriminant de l'identification.

Une seconde dimension est celle de l'acceptation par l'individu des valeurs attachées au message religieux

La fin des identités religieuses héritées

porté par une tradition particulière (que ce soit la «tradition longue» des grandes religions historiques, ou la «tradition courte» des nouveaux groupes ou mouvements, elle-même souvent légitimée par le recours imaginaire à un enracinement plus lointain). Cette *dimension éthique* de l'identification se trouve être de plus en plus fréquemment dissociée de la précédente. Les valeurs du message, inséparables de la portée universelle qui lui est reconnue en même temps, peuvent être appropriées sans impliquer nécessairement l'appartenance à une communauté de fidèles clairement identifiée. On peut ainsi reconnaître dans les Evangiles l'expression la plus haute d'une éthique d'amour à laquelle on adhère sans revendiquer, voire en refusant l'appartenance à une église chrétienne quelconque.

Une troisième dimension de l'identification est la *dimension culturelle*. Celle-ci embrasse l'ensemble des éléments cognitifs, symboliques et pratiques qui constituent le patrimoine d'une tradition particulière : la doctrine, les livres, les savoirs et leurs interprétations, les pratiques et codes rituels, l'histoire – savante et légendaire – du groupe, les représentations et modes de pensée sédimentés dans les pratiques des communautés, les habitudes alimentaires, vestimentaires, sexuelles, thérapeutiques, etc., associées au système des croyances, l'art, les productions esthétiques, les connaissances scientifiques développées en lien avec ces croyances, etc. Cette dimension culturelle dont la richesse et la variété marquent l'enracinement d'une tradition dans la longue durée peut également aujourd'hui être appropriée, comme «bien commun culturel», sans impliquer, ou de moins en moins, l'adhésion personnelle au système des croyances qui a produit ce patrimoine de connaissances et de symboles. On peut revendiquer des «racines juives» ou des «racines chrétiennes» sans se définir comme le fidèle d'une communauté particulière, ni comme le croyant d'une foi quelconque. La référence à ce patrimoine culturel constitue un marqueur d'identité qui n'incorpore plus directement l'intéressé à un groupe religieux identifiable et ne lui impose pas davantage des choix et comportements éthiques spécifiques.

Une quatrième dimension de l'identification est la dimension émotionnelle, qui concerne l'expérience affective associée à l'identification : le sentiment de «fusion des consciences» ou l'«émotion des profondeurs» dont Durkheim a fait, dans *Les Formes élémentaires de la vie religieuse*, le ressort premier et fondateur de l'expérience religieuse[12]. Le fait nouveau, dans les sociétés modernes, est que cette expérience chaude qui produit le sentiment collectif du «nous» résulte de moins en moins de l'appartenance communautaire qui assure, à travers le cycle des fêtes, sa réactivation régulière. Elle est de plus en plus souvent – particulièrement chez les jeunes – le moment où se noue une expérience élémentaire de communion collective, éventuellement susceptible de se stabiliser sous la forme d'une identification communautaire. Les grands rassemblements qui attirent des milliers de jeunes chrétiens (catholiques ou protestants), le succès considérable des rencontres organisées par la communauté de Taizé sont de bons exemples de cette priorité qui revient à l'identification émotionnelle dans la formation des identités socio-religieuses chez les jeunes.

La fin des identités religieuses héritées

Celles-ci se construisent comme identités confessionnelles lorsque l'identification à une tradition religieuse particulière implique l'acceptation des conditions d'identité (communautaires, éthiques, culturelles et émotionnelles) fixées – ou au moins délimitées – par l'institution qui s'en présente comme le garant. Dans ce cas – longtemps le plus courant – l'articulation de ces quatre dimensions est réglée par l'institution elle-même. C'est elle en particulier qui assure, au moins idéalement, le maintien d'un équilibre entre les logiques contradictoires qui placent ces dimensions en tension entre elles.

La première tension est celle qui s'établit entre dimensions communautaire et éthique. La référence à la dialectique de l'universalité et de la singularité qui travaille les grandes religions universelles permettra d'illustrer ce point. D'un côté, les grandes religions universelles se prévalent de la détention d'un message dont la portée éthique concerne, au moins potentiellement, l'humanité entière et chaque homme en particulier. Mais de l'autre, elles rassemblent leurs fidèles dans des communautés qui font de la possession présente du message le signe d'une élection en même temps que le principe d'une mise à part. Dans le judaïsme, la tension se situe entre d'un côté, l'horizon eschatologique qui verra l'accomplissement universel de la Torah et, de l'autre, le fait que, dans le temps de l'histoire, la Torah est remise exclusivement au peuple médiateur qu'est le peuple juif (alors que la loi de Noé s'impose dès maintenant à tous les hommes). Cette tension est évidemment présente dans les débats touchant à l'articulation entre la nation juive et le peuple élu. La dialectique

La religion en mouvement

chrétienne du «déjà là» et du «pas encore» qui assure à la fois l'articulation des rapports de l'Eglise (l'actualité de la communauté des croyants) et du Royaume (la réalisation ultime et universelle du message[13]), et ceux de l'Eglise et du monde, réarticule sur le terrain de l'histoire – mais dans les termes nouveaux de la conversion offerte à tout homme – la tension irréductible entre l'universalité eschatologique du message et l'affirmation terrestre de la communauté croyante. En islam, le Coran insiste de façon répétitive sur le fait que le livre est donné en langue arabe «claire», «sans complications». Mais tous les livres révélés antérieurs (la Torah, les Psaumes, l'Evangile), ainsi que le Coran lui-même qui est le Livre par excellence, sont inscrits sur «une tablette fidèle» (ou «bien protégée»)[14] : l'exégèse voit dans cette table la matrice des paroles divines, d'où sont «descendus» les livres attribués aux différents prophètes en charge de la conversion des peuples, et qui s'adressent à eux dans leur langue. La correspondance entre le livre «d'en haut» et les livres «d'en bas» constitue, dans le contexte musulman, une articulation essentielle des rapports entre l'universalité du message et la singularité des communautés croyantes.

Si cette tension entre l'universalité éthique du message et la singularité identitaire de la communauté est portée à la limite, autrement dit si chaque pôle s'autonomise par rapport à l'autre, la référence exclusive à l'un des termes fait perdre à la construction identitaire ses propriétés proprement religieuses d'identification à une lignée croyante. Ainsi, le repli sur soi que peut entraîner une survalorisation de la singularité communautaire tend à vider de son contenu la représentation de

La fin des identités religieuses héritées

la présence de la lignée à travers le temps et l'espace. Mais en sens inverse, la dilution des croyances propres au groupe dans un système de valeurs universellement partagées ne détermine pas d'autre identité communautaire que celle qui découle de l'appartenance à l'espèce humaine, et elle ne peut fonder, à ce titre, l'appartenance à une lignée croyante repérable. Le rôle de la régulation institutionnelle est précisément de maintenir l'équilibre entre ces deux lignes de fuite qui correspondent à deux modes de «sortie de la religion» : par enfermement communautaire d'une part, par universalisation éthique d'autre part[15].

Mais cette première tension en croise une autre, que la régulation institutionnelle est également amenée à prendre en charge : celle qui s'établit entre la dimension émotionnelle – qui correspond à l'expérience immédiate, sensible et affective de l'identification – et la dimension culturelle qui permet à cette expérience instantanée de s'ancrer dans la continuité légitimatrice d'une mémoire autorisée, c'est-à-dire d'une tradition. La fonction du rite religieux est de lier l'émotion collective que suscite le rassemblement communautaire à l'évocation contrôlée de la chaîne de mémoire qui justifie l'existence même de la communauté. La dissociation des deux pôles émotionnel et culturel entre lesquels s'établit cette tension abolit la spécificité proprement religieuse de l'association entre le sentiment affectif du nous (ce qu'en termes durkheimiens, on pourrait décrire comme l'«expérience du sacré») et l'inscription dans une mémoire collective qui transforme cette expérience «chaude» en anamnèse du temps fondateur de la lignée. Du côté émotionnel, il reste la possibilité que s'exprime une croyance sans tradition, vécue dans l'immédiateté de la fusion communautaire; du côté culturel, la mémoire collective perd son caractère actif et se constitue comme un patrimoine de souvenirs que ne mobilise plus une croyance commune : elle n'est plus qu'une tradition sans croire. Dans les deux cas, il y a également «sortie de la religion».

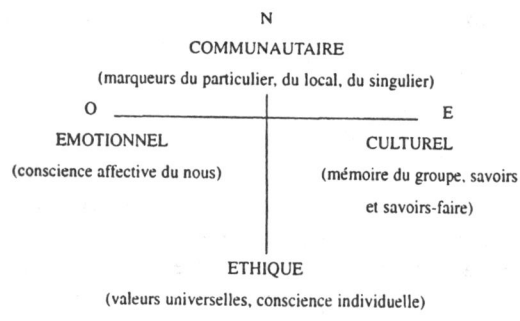

```
                            N
                      COMMUNAUTAIRE
         (marqueurs du particulier, du local, du singulier)
    O  ─────────────────────┬───────────────────── E
       EMOTIONNEL            │         CULTUREL
  (conscience affective du nous)   (mémoire du groupe, savoirs
                             │        et savoirs-faire)
                             │
                          ETHIQUE
             (valeurs universelles, conscience individuelle)
                            S
```

Pour une cartographie des trajectoires d'identification
L'institution assure en principe la régulation de ces tensions en les plaçant sous le contrôle d'un pouvoir, diversement légitimé selon les différentes traditions religieuses. Mais que se passe-t-il lorsque la capacité régulatrice des institutions est remise en question par la capacité autonome des individus de rejeter les identités «clés en mains» pour construire eux-mêmes, à partir de la diversité de leurs expériences, leur propre parcours d'identification? La première observation qui s'impose est celle de la facilité avec laquelle il est devenu possible, aujourd'hui, de «sortir de la religion». La religion,

La fin des identités religieuses héritées

qui ne définit plus les formes du lien social et de l'organisation politique des sociétés laïcisées, ne prescrit plus non plus aux individus des identités sociales inaliénables. Ceux-ci abandonnent couramment l'identité religieuse qui leur a été donnée en héritage, soit pour en adopter une autre qu'ils choisissent eux-mêmes, soit pour rejoindre la population montante de ceux qui se définissent comme «sans religion». La première utilisation possible de cet outil d'analyse est d'aider à repérer la diversité des modalités de ces «sorties», selon les différents scénarios de la dé-composition (au sens où l'on parle, en physique, de «composition» des forces) des identités religieuses. L'esthétisation de la référence à la tradition religieuse, son absorption dans un humanisme séculier qui se passe de toute invocation d'une quelconque source religieuse des valeurs, l'instrumentalisation ethnique ou politique des symboles de l'identité communautaire, la pure recherche des états altérés de conscience associés à l'intensification de l'expérience spirituelle, etc. constituent autant de manières de quitter la lignée croyante.

Mais les choses ne s'arrêtent pas là: des recompositions identitaires plus ou moins complètes peuvent également intervenir, d'une part parce que les individus préservent souvent quelque chose – fût-ce par bribe – des identités qu'ils ont abandonnées ou dont ils n'ont jamais réellement pris possession, et d'autre part parce que leur «sortie religieuse» s'avère incomplète ou parce qu'elle peut, après coup, être remise en question. Le retrait religieux le plus explicite peut coexister, chez le même individu, avec la préservation, plus ou moins consciente, d'adhérences (communautaires, culturelles,

La religion en mouvement

éthiques, affectives) qui servent de support à des réorganisations identitaires précaires, transformables ou transposables dans d'autres registres du croire. Le fait a été abondamment souligné à propos des «militants» passés de la plus intense des convictions confessionnelles au plus actif des engagements politiques. Mais on peut élargir ces observations à l'ensemble des parcours effectués par des sujets croyants «libérés» des contraintes de l'appartenance à une institution. On peut alors avancer l'hypothèse que chacune des dimensions de l'identification peut, dans la mesure où elle est devenue relativement autonome par rapport à toutes les autres, devenir elle-même l'axe d'une possible construction ou reconstruction de l'identité religieuse. L'expérience émotionnelle, le besoin d'intégration communautaire, le souci de préserver les trésors d'une culture religieuse, la mobilisation éthique : les expériences qui se jouent dans chacun de ces registres peuvent constituer le point de départ d'une élaboration identitaire singulière, qu'elles «colorent» de façon particulière. Les récits de conversion aux différentes grandes religions offrent une matière particulièrement riche pour repérer la diversité de ces constructions que les intéressés mettent en place progressivement, à partir d'une expérience privilégiée qui catalyse, en fonction de sa dynamique propre, la réorganisation ou la combinaison des autres dimensions de l'identité religieuse. Pour l'un, la participation fortuite à un rassemblement de jeunes particulièrement enthousiaste est le point de départ de l'intégration à un groupe, au sein duquel il acquiert progressivement une culture religieuse; pour tel autre, c'est la découverte des solidari-

La fin des identités religieuses héritées

tés vécues dans l'engagement humanitaire qui initie un parcours spirituel et conduit à l'affiliation communautaire; pour tel autre encore, une expérience esthétique associée à la découverte culturelle d'une tradition religieuse particulière inaugure un engagement communautaire, etc. Dans chaque cas, la représentation de la lignée croyante invoquée varie en fonction des expériences qui ont jalonné la trajectoire de l'identification. Celle qui se réalise à partir du pôle communautaire – en lien par exemple avec la volonté de manifester, dans un contexte de pluralisation religieuse et culturelle, l'«authenticité» d'une tradition religieuse nationale – implique une tout autre façon de mobiliser la dimension culturelle de l'identité que celle qui procède de la revendication d'une identité éthique universalisée. L'individu qui affirme une identité française et catholique pour marquer son rejet de la présence de l'islam en France n'invoque pas le même patrimoine du christianisme que le militant des droits de l'homme qui veut témoigner de l'enracinement chrétien de ces droits. On comprend, du même coup, que les trajectoires individuelles ne se diversifient pas à l'infini : elles s'inscrivent dans des logiques correspondant aux différentes combinaisons possibles des dimensions de l'identité religieuse, combinaisons qui dessinent, au sein même de chaque tradition, une constellation d'identités religieuses possibles. Au sein d'une même tradition, cette diversité peut donner lieu à bien des conflits, on s'en doute, à partir du moment où les institutions sont déboutées de leur titre exclusif à définir le profil identitaire officiel dans lequel les fidèles sont supposés se reconnaître.

La religion en mouvement

De quelques modalités de l'identification au christianisme chez les jeunes
Peut-on aller plus loin et dessiner déjà, à partir de ces éléments, une première cartographie des trajectoires possibles de l'identification? Pour le faire sérieusement, il faudrait pouvoir mobiliser une masse considérable d'enquêtes, prenant en compte l'ensemble des traditions et des univers religieux. La seule chose que l'on puisse proposer ici est l'illustration de quelques types de profils religieux repérables. Ceux-ci se dessinent lorsque deux des dimensions s'articulent pour former un axe d'identification privilégié, en «satellisant», si l'on peut dire, les autres dimensions de l'identité religieuse. Des enquêtes de terrain menées auprès de différentes populations de jeunes ont ainsi permis de repérer plusieurs parcours typiques d'identification au christianisme. Ceux-ci – au nombre de six – ne débouchent pas automatiquement, à beaucoup près, sur l'affirmation d'une identité conforme aux critères requis par l'institution ecclésiastique, pas plus que sur une intégration communautaire susceptible d'assurer la stabilisation définitive des références religieuses auxquelles les intéressés ont recours. C'est la raison pour laquelle on choisit de parler d'«identification au christianisme», plutôt que d'«identification au catholicisme», bien que les jeunes en question soient, dans leur grande majorité, issus d'un milieu catholique. La formule est floue : elle permet de préserver la fluidité des trajectoires et des affiliations que celles-ci déterminent éventuellement. En tout état de cause, les «types» présentés ici ne sont pas la photographie des parcours individuels directement observés : ils constituent des repères entre lesquels se déploient en

La fin des identités religieuses héritées

se combinant et en se complexifiant les parcours effectivement empruntés par les individus.

Le premier de ces types peut être illustré à partir d'une étude effectuée auprès de jeunes pèlerins de retour de Czestochowa en Pologne, où eurent lieu, en août 1991, les Journées mondiales de la jeunesse qui rassemblent tous les deux ans, autour du pape, des centaines de milliers de jeunes venus du monde entier[16]. Parmi ces jeunes qui convergent en un seul lieu, à pied, en car ou en train, et se regroupent dans des conditions souvent assez spartiates (mais ressenties par eux comme très excitantes) pour vivre un événement perçu comme exceptionnel, tous – même recrutés par les paroisses et les mouvements de jeunesse – ne présentent pas des profils de jeunes catholiques s'identifiant clairement comme tels. Entre ceux qui revendiquent une identité confessionnelle incontestable et ceux qui s'associent à la fête pour le plaisir de partager avec d'autres un moment d'intensité, on trouve un vaste dégradé de références chrétiennes plus ou moins interrogatives et de recherches spirituelles plus ou moins explicitées comme telles. L'enthousiasme et l'exaltation collective produits par l'ampleur même du rassemblement sont, pour certains des moins déterminés, le ressort principal d'une identification religieuse «précipitée» (au sens chimique du terme!) par l'événement : «Là-bas, je me suis senti catholique». Des entretiens plus approfondis menés auprès d'une dizaine de jeunes pèlerins à quelques semaines de distance de l'évènement ont révélé combien cette identification pouvait être volatile, quels qu'aient été, par ailleurs, les efforts de l'encadrement ecclésiastique pour transformer ce

La religion en mouvement

gigantesque pèlerinage de la jeunesse en un programme accéléré de socialisation au catholicisme[17]. Mais dans la plupart des cas suivis, le résultat de l'expérience a été de produire des manifestations plus ou moins durables d'un *christianisme affectif* qui se constitue, s'active ou se réactive par intensification émotionnelle du sentiment d'appartenance communautaire. La répétition possible de ces expériences, rejouées parfois dans les JMJ successives ou relancées dans d'autres types de rassemblements, peut contribuer à une stabilisation de ces parcours[18].

Un second type d'identification s'établit sur l'axe qui relie les dimensions culturelle et communautaire de l'identification. Il se cristallise, sous sa forme la plus extrême, en un *christianisme patrimonial* qui conjugue la conscience de l'appartenance communautaire et celle de la possession d'un héritage culturel, lequel établit une séparation radicale entre le groupe des «héritiers» et «les autres». Les courants néo-traditionalistes qui ont activement préparé la commémoration du baptême de Clovis en septembre 1996 revendiquaient la coïncidence entre une définition culturellement limitée de l'identité catholique et une définition religieusement restreinte de l'identité française. Dans une France devenue multiculturelle et multireligieuse, ils ont fourni un exemple particulièrement appuyé des logiques idéologiques susceptibles de se développer sur la base de cette survalorisation de la dimension culturelle et nationale de l'appartenance religieuse. On reviendra ultérieurement sur la signification sociale et politique de ces phénomènes, en même temps que sur les difficultés de l'épiscopat pour contrer ou au moins pour contrôler ces

La fin des identités religieuses héritées

manifestations. Le point intéressant ici est la capacité de cristallisation identitaire que des manifestations de la visibilité catholique (régulées ou non par l'institution) peuvent prendre, notamment auprès de jeunes d'orientation plutôt conservatrice. Ceux-ci répugnent souvent à un engagement politique explicite, mais ils trouvent dans ces manifestations le langage symbolique de leur rapport au monde. Le cas de jeunes issus de familles catholiques traditionnelles, se déclarant volontiers détachés de cet héritage familial et étrangers à toute pratique, et qui se sont pourtant engagés activement dans la préparation d'un voyage du pape ou se sont mobilisés à l'occasion d'un évènement dévotionnel exceptionnel (pèlerinage marial, célébration d'un haut lieu religieux, etc.) a permis d'explorer cette configuration. En approfondissant auprès des intéressés les raisons d'un engagement plutôt inattendu, il est apparu que l'identité catholique ainsi revendiquée ne correspondait ni à un engagement éthique particulier, ni même à une conviction croyante réellement constituée, mais qu'elle exprimait avant tout la recherche d'un entre-soi social et culturel que les intéressés aspirent à préserver et qu'ils considèrent comme porteur des valeurs auxquelles ils se déclarent attachés.

Un troisième type d'identification religieuse émerge dans la rencontre des dimensions émotionnelle et éthique, celles-ci se conjuguant dans l'expression d'un *christianisme humanitaire*, sensible avant tout à l'injustice d'un monde qui multiplie les exclus et appelle, en réponse, la charité active des individus. Des jeunes, qui se mobilisent au sein d'associations humanitaires, mettent en jeu, dans cette action même, leur identification

La religion en mouvement

religieuse personnelle. Ils sont représentatifs d'une tendance, fortement présente dans l'ensemble de la jeunesse, à privilégier les actions concrètes plutôt que l'engagement militant. Leur sensibilité est généralement a-politique, voire anti-politique. Leur mot d'ordre est d'«agir là où l'on peut» en se laissant porter avant tout par des sentiments de compassion et de solidarité individuelle. Il importe peu, à leurs yeux, que l'organisation à laquelle ils décident de consacrer une part de leur temps et de leur énergie ait une référence confessionnelle (comme le Secours catholique ou l'Armée du Salut) ou non (comme les Restos du cœur). L'identification religieuse opère sur le terrain de l'action, où des valeurs reconnues comme religieuses peuvent être concrètement mises en œuvre. Les initiatives de coopération avec des pays en voie de développement, à travers des micro-réalisations de terrain mobilisant, par l'intermédiaire des aumôneries de lycée ou d'université, des groupes de jeunes dont l'identité confessionnelle est souvent très incertaine, constituent également un bon terrain d'observation de cette forme éthique-émotionnelle d'identification religieuse.

Cette dernière forme peut être distinguée – même si elles se conjuguent parfois et évoluent l'une vers l'autre – de la modalité de l'identification religieuse qui se joue sur l'axe communautaire-éthique. Celle-ci engage une conception de l'intervention active de la communauté comme telle sur la scène publique, en vue de défendre, de promouvoir et de réaliser les valeurs dont elle se réclame. Ce *christianisme politique* est attesté, par exemple, dans les rangs de la Jeunesse étudiante catholique, de la Mission étudiante, de la Jeunesse ouvrière

La fin des identités religieuses héritées

catholique ou du Mouvement rural de la jeunesse chrétienne, héritiers d'une conception militante de la mission de l'Eglise dans le monde qui ne coïncide pas pour autant et entre même souvent en contradiction avec une identité catholique revendiquée comme telle.

Un cinquième type de construction identitaire se joue dans la conjugaison de la dimension culturelle et de la dimension éthique de l'identification. Particulièrement représentée chez les intellectuels, elle permet une identification fortement individualisée à la tradition chrétienne qui peut échapper entièrement à la médiation d'une communauté donnée. C'est la reconnaissance d'un enracinement culturel combiné à l'acceptation d'un ensemble de valeurs universelles qui fonde l'identité. La question de l'Eglise, et même – plus généralement – la question de l'acceptation des croyances chrétiennes (à Dieu, au péché, au salut, en la divinité de Jésus, etc.) peuvent même, dans cette perspective, être placées au second plan, voire complètement ignorées. L'évocation de l'«athée fidèle» que fait de lui-même le philosophe André Comte-Sponville situe assez bien la façon dont ce *christianisme humaniste* peut aussi se cristalliser sous la forme plus floue d'un *humanisme de terreau chrétien,* dans lequel la dimension religieuse de l'identification peut s'euphémiser à l'extrême. Des entretiens réalisés avec des étudiants et élèves de classes préparatoires disposant d'un capital culturel et social élevé ont permis de vérifier la séduction de ce type d'autodéfinition religieuse, qui ne définit aucune appartenance communautaire concrète sinon l'adhésion à une famille humaine assumant la signification universelle de la morale évangélique.

La religion en mouvement

Une dernière modalité de l'identification se réalise enfin dans la combinaison privilégiée des dimensions culturelle et émotionnelle. Elle s'inscrit, par exemple, dans l'attirance pour les hauts lieux de l'histoire spirituelle de l'Europe, hauts lieux où l'on retrouve la trace d'un univers culturel et symbolique auquel on a accès par la contemplation des productions artistiques et architecturales que cet univers nous a léguées. Le nombre croissant de jeunes qui s'engagent sur les routes de Compostelle, parcourent les circuits des abbayes européennes ou se rendent, en certaines occasions festives (Pâques, la Pentecôte), à Rocamadour, à Vézelay ou au Mont-Saint-Michel mérite d'être étudié dans la perspective de l'émergence d'un *christianisme esthétique*, dont le lien avec une adhésion croyante et/ou avec une insertion communautaire est souvent ténu, et en tout cas, très peu explicite, mais dont il faut néanmoins noter l'importance.

Ces exemples ne visent évidemment pas à fournir un tableau général de la religion des jeunes[19]. Ils s'appuient – redisons-le – sur des «prélèvements» effectués sur le terrain afin de tester un outil de réflexion : ils ne synthétisent pas des résultats d'enquête. Le point essentiel, dans cette démarche, est de rappeler qu'on ne travaille jamais, dès lors qu'on s'attache à des *trajectoires,* sur des identités substantives et stabilisées : le problème est précisément de se doter d'un outil suffisamment souple pour baliser les étapes d'un processus qui, par définition, ne saurait être figé dans une description définitive. Le religieux des sociétés modernes est *en mouvement* : c'est ce mouvement qu'il faut s'efforcer de saisir.

Figures du religieux en mouvement.
Le pélerin

Le pratiquant et le pélerin
Saisir le religieux à partir du mouvement, à partir de la dispersion des croyances, de la mobilité des appartenances, de la fluidité des identifications et de l'instabilité des regroupements est chose difficile. Difficile car la figure par excellence de l'homme religieux demeure, en contexte chrétien notamment, la figure stable et clairement identifiée du «pratiquant», et c'est en référence à elle que s'organise le plus couramment la description du paysage religieux. C'est par rapport à ce modèle du fidèle que l'on continue de repérer des pratiquants épisodiques ou occasionnels, des pratiquants «festifs» et des «non-pratiquants», etc. Cette échelle des pratiques ne sert plus à mesurer l'intensité des croyances : on sait bien qu'il existe des croyants non pratiquants. Mais elle sert toujours à étalonner des appartenances. Le «pratiquant régulier» – le fidèle observant qui conforme le

La religion en mouvement

rythme de sa vie aux obligations cultuelles fixées par l'Eglise – demeure la figure typique du monde religieux qui s'est inscrit dans la civilisation paroissiale : un monde stable, où la vie religieuse organisée autour du clocher régissait les espaces et le temps, où le prêtre, entièrement consacré à la gestion des choses sacrées, exerçait sans partage son autorité sur des fidèles dont la soumission à l'institution mesurait l'implication spirituelle. La figure du pratiquant régulier correspond à une période typique du catholicisme, marquée par l'extrême centralité du pouvoir clérical et par la forte territorialisation des appartenances communautaires. Elle renvoie aussi à ce qui fut longtemps l'horizon rêvé d'une stratégie pastorale, visant à la réalisation d'un «monde pratiquant» parfaitement intégré sous la houlette de l'Eglise. Ce modèle, qui s'est imposé formellement dans l'Eglise romaine avec le Concile de Trente, n'a jamais connu que des réalisations historiques approximatives : par-delà la vision d'un peuple catholique rassemblé dans les églises et encadré par les prêtres, c'est la diversité des «civilisations de pratiquants» qui s'est toujours imposée dans un pays comme la France[1]. Même dans les régions où il a structuré le plus profondément la vie locale, le modèle de la civilisation paroissiale a évolué dans le temps jusqu'aux fissures majeures apparues à partir de la guerre de 14-18[2]. En fait, la figure emblématique du «pratiquant régulier» ne se définit elle-même que dans une double tension : tension intra-confessionnelle d'une part, avec les figures du pratiquant irrégulier (ou saisonnier) ou du «non-pratiquant»; tension extra-confessionnelle d'autre part, avec celles du «sans religion» ou du pratiquant d'une autre confession. Le modèle du pra-

Figures du religieux en mouvement. Le pèlerin

tiquant révèle ainsi en creux, si l'on peut dire, la réalité d'un monde différencié où la capacité d'emprise de l'Eglise, et de toute institution religieuse, sur la société aussi bien que sur ses propres ressortissants est déjà remise en question. En ce sens, le «pratiquant régulier» n'est pas seulement la figure emblématique d'un monde essentiellement rural où l'évidence sociale de la religion était concrètement inscrite dans des pratiques, dans des lieux et dans un calendrier reçus comme allant de soi. Il est également la référence utopique d'un monde religieux «plein» : un monde à défendre contre la concurrence des autres religions, mais surtout à conquérir ou à reconquérir contre les menées des puissances de sécularisation qui minent l'autorité sociale de l'institution religieuse.

«Nous referons chrétiens nos frères» : le chant fameux de l'Action catholique pouvait encore signifier, au tournant des années 30, «nous referons de nos frères des pratiquants». La figure du «militant» qui travaillait à reconquérir à l'Eglise sa place dans un univers de plus en plus étranger à la religion s'est dessinée d'abord en référence à cette utopie d'une société entièrement «paroissialisée». L'échec rapidement constaté de ce projet d'une reconquête chrétienne de la société obligea les mouvements à se donner d'autres objectifs : celui d'une diffusion des valeurs chrétiennes dans les différents milieux à travers le témoignage évangélisateur des militants; ou bien celui, plus directement politique, de la construction d'une nouvelle société inséparable d'une nouvelle église[3]. Au long d'un parcours scandé par des parties de bras de fer répétées avec la hiérarchie ecclésiastique se découvraient à la fois l'usure d'un modèle

La religion en mouvement

centralisé d'autorité religieuse et la disqualification culturelle d'une vision de la «mission» qui plongeait encore ses racines dans le rêve d'une civilisation paroissiale étendue aux extrémités de la terre. L'affaissement de la pratique religieuse – qui reste l'indice le plus patent et le plus fiable de la perte d'emprise du catholicisme dans la société – ne témoigne pas seulement de la crise des observances institutionnellement contrôlées dans une société d'individus. Elle signale aussi un épuisement de l'utopie religieuse que cristallisait la figure du «pratiquant régulier».

Ce processus atteint tout particulièrement le catholicisme et le modèle de la civilisation paroissiale qu'il a élaboré en réponse aux contestations de la Réforme et aux avancées de la modernité. L'Eglise catholique est d'autant plus démunie pour y faire face que cette crise met en question radicalement la structure hiérarchique et centralisée du pouvoir sur lequel elle repose. Mais on peut penser que la crise de la figure du pratiquant atteint, de façons diverses, l'ensemble des confessions religieuses. Au-delà du catholicisme, la figure du «pratiquant» est en effet associée à l'existence d'identités religieuses fortement constituées, qui définissent des groupes de croyants socialement identifiés comme des «communautés». Chaque tradition construit la figure du «pratiquant» qui lui est propre et qui l'identifie par rapport aux autres religions : celle-ci articule une croyance et une appartenance communautaire inscrite dans un rituel et des pratiques particulières. C'est évidemment le cas pour le judaïsme et pour l'islam, religions pour lesquelles, au-delà de la fréquentation de la synagogue et de la mosquée, la pratique des commandements reli-

Figures du religieux en mouvement. Le pèlerin

gieux (prières, célébration des fêtes, impératifs alimentaires, etc.) est la modalité par excellence de l'expression quotidienne de la foi. La pratique comporte elle-même divers degrés d'observance : elle permet de différencier les fidèles en fonction du nombre et de la fréquence des actes religieux qu'ils posent et de distinguer les croyants impliqués dans leur vie religieuse de ceux qui sont détachés ou dont l'appartenance est purement nominale. Dans le cas du protestantisme, où l'affirmation d'une foi personnelle et intérieure ne s'inscrit en principe que secondairement dans l'observance cultuelle, la figure du pratiquant s'efface en partie derrière celle du «protestant engagé», qui fréquente les associations et soutient les œuvres. Cependant, dans la mesure où la participation communautaire demeure la marque sociale explicite et publique de l'appartenance religieuse, la fréquentation régulière du temple fait émerger socialement un noyau visible de protestants «pratiquants» qui incarnent, à l'extérieur et pour l'ensemble de la population protestante, un idéal de l'appartenance. Ce fait est extrêmement sensible dans un contexte de pluralisme religieux, comme aux Etats-Unis par exemple, où le rassemblement dominical de chaque communauté a pour fonction majeure de rendre «visibles» les différentes églises, à l'intérieur et à l'extérieur de la sphère protestante. Dans le contexte français d'un protestantisme minoritaire dont l'homogénéité confessionnelle est forte, ce noyau fait le lien entre ce que J. Baubérot désigne comme la réalité «tribale» du protestantisme (l'existence de fait d'un réseau de familles protestantes) et «l'héritage spirituel» d'un protestantisme acculturé à (et peut-être dissous dans) la modernité démocratique et laïque[4], mais dont le capital de sympathie dans l'opinion déborde le nombre restreint de ceux qui sont nés dans le protestantisme[5]. Dans tous les cas, la figure emblématique du «pratiquant» est celle qui manifeste dans la vie ordinaire le lien qui existe entre croyance et appartenance. Elle est associée à la stabilité des identités religieuses et à la permanence des communautés au sein desquelles ces identités se transmettent et s'expriment. C'est cet idéal de la participation religieuse qui est, aujourd'hui, confronté à la mobilité des appartenances, à la déterritorialisation des communautés, à la dérégulation des procédures de la transmission religieuse et à l'individualisation des formes d'identification.

Cependant, cette «figure du pratiquant» demeure à bien des égards – en dépit de la dissociation largement constatée de la croyance et de l'appartenance – la figure étalon de la participation religieuse. Elle reste, pour les institutions elles-mêmes, le prisme à travers lequel celles-ci identifient le plus spontanément le noyau dur de leurs fidèles. En ce qui concerne le catholicisme, la tendance à prendre pour repère d'un monde religieux qui se défait le groupe amenuisé des pratiquants persiste d'autant mieux (jusque chez les sociologues des religions ou les spécialistes de la sociologie électorale) que la pratique régulière définit en effet une population très homogène, non seulement du point de vue des croyances religieuses, mais également du point de vue des orientations éthiques et politiques[6]. Cette approche trouve cependant rapidement sa limite, dans la mesure où le rétrécissement constant de cette population tend malgré tout à dévaluer la fonction-étalon de la «figure

Figures du religieux en mouvement. Le pélerin

du pratiquant». Dans un pays où 64 % des individus se déclarent encore catholiques, mais où moins de 10 % d'entre eux vont à la messe tous les dimanches (et pas plus de 2,5 % de ceux qui sont âgés de 18 à 25 ans), la référence à la «normalité» religieuse incarnée par le pratiquant régulier perd une bonne partie de sa pertinence. De façon plus intéressante encore, on découvre que la figure du pratiquant tend elle-même à changer de sens : en même temps qu'elle prend ses distances par rapport à la notion d'«obligation» fixée par l'institution, elle se réorganise en termes d'«impératif intérieur», de «besoin» et de «choix personnel». Particulièrement sensible chez les jeunes catholiques pratiquants, cette valorisation de l'autonomie du choix pratiquant par rapport à la contrainte institutionnelle est aussi ce qui permet aux intéressés, le cas échant, de «jouer avec la norme». «Je suis catholique, je vais à la messe le dimanche. Enfin, pas toujours : il y a des fois où je n'ai pas envie, ça ne me dit rien». Ce propos d'une étudiante, suffisamment impliquée dans l'Eglise pour participer comme volontaire aux Journées mondiales de la jeunesse en août 97, est très instructif. Pour cette jeune fille, ces défaillances occasionnelles ne constituent pas un manquement à ses «devoirs» religieux. Si elle espère surmonter ses épisodiques absences d'appétit cultuel, c'est seulement parce que la pleine authenticité de sa fidélité catholique supposerait, à ses propres yeux, qu'elle ait toujours «envie» de participer[7] à la messe. La source de l'obligation – mais le mot même est refusé – est avant tout personnelle et «intérieure». La communauté est importante «pour soutenir l'individu» et l'«inciter à la fidélité», de même que l'institution, qui lui permet de «se situer», mais elles ne peuvent, au bout du compte, rien prescrire au fidèle. Ce qu'un autre étudiant résumait de façon lapidaire : «on en est, mais on est obligé à rien. On le fait parce qu'on le sent.» Ces réorganisations internes de la figure du pratiquant engagent donc la conception même de l'appartenance. Elles obligent, en tout cas, à reconsidérer la centralité de la pratique pour mesurer le degré d'emprise de l'institution sur ses propres fidèles.

Si l'on prend en compte plus généralement, au-delà du cas catholique, la diversification des croyances, leur autonomie croissante par rapport au corps doctrinal géré par les institutions et le fossé qui s'élargit entre croyance et appartenance, la disqualification de la figure du «pratiquant régulier» en tant que modèle par excellence du fidèle religieux apparaît encore plus nettement. Sa fonction classique de repère pour une description sociologique du paysage religieux contemporain s'en trouve affectée d'autant. La question qui se pose alors est de savoir si l'on voit émerger d'autres types que l'on pourrait lui substituer afin d'organiser la lecture du paysage religieux contemporain à partir de ce qui le caractérise en propre, à savoir : le mouvement.

La figure qui paraît cristalliser le mieux la mobilité caractéristique d'une modernité religieuse qui se construit à partir des expériences personnelles est – avec celle du «converti» dont il sera question au chapitre suivant – celle du «pèlerin». Associer modernité et pèlerinage peut sembler surprenant : le pèlerin apparaît en effet, dans l'histoire religieuse, bien avant le pratiquant régulier. Il traverse l'histoire de toutes les grandes religions. Non seulement le pèlerinage n'est pas une

Figures du religieux en mouvement. Le pèlerin

spécificité chrétienne, mais sa pratique est attestée dès les temps fondateurs. Le pèlerin incarne donc plutôt, à première vue, une forme extrêmement ancienne et pérenne de la religion et de la sociabilité religieuse. Et si l'on s'en tient seulement à l'aire chrétienne, il est aisé de montrer qu'à travers des vagues pèlerines successives repérables depuis les premiers temps de l'Eglise, cette figure du pèlerin a cristallisé, en se transformant, les enjeux majeurs de toutes les grandes séquences de l'histoire chrétienne. Par ailleurs – et même si l'on ne peut manquer d'évoquer, par exemple, le nombre effectivement impressionnant des jeunes «pèlerins» que rassemblent tous les deux ans les Journées mondiales de la jeunesse autour du pape – l'ampleur des phénomènes pèlerins historiques et surtout leur caractère de «fait social total» aux multiples dimensions religieuses, mais aussi politiques, sociales, culturelles et économiques, apparaît sans commune mesure avec l'importance sociale des phénomènes pèlerins contemporains. Les travaux des historiens ont largement mis au jour ces significations multiples du pèlerinage[8], du grand courant associé à la quête des reliques à partir du VIIIe siècle au développement des pèlerinages médiévaux aux XIe, XIIe et XIIIe siècles en lien avec l'expansion politique et économique de l'Occident confronté à l'islam. Après un mouvement de contestation qui culmine avec la Réforme, un renouveau s'amorce avec la Contre-Réforme : on s'efforce de spiritualiser la démarche pèlerine, tout en la dirigeant vers les grands sanctuaires mariaux. En réponse à la conflagration révolutionnaire, le XIXe siècle donne lieu à une reviviscence spectaculaire du phénomène; les mouvements pèlerins du tournant de la fin du siècle et du début du XXᵉ cristallisent, en France, le processus de construction symbolique d'une identité nationale catholique confrontée à l'identité républicaine. La seule évocation de ces grandes vagues de pèlerinages, inséparables des contestations récurrentes dont ils ont fait l'objet à l'intérieur ou à l'extérieur de l'Eglise, suffit à marquer la différence avec ceux que nous connaissons aujourd'hui, et dont la portée apparaît nettement plus limitée. Mais le problème n'est pas ici de comparer le présent au passé : il est de dessiner la «figure du pèlerin» d'aujourd'hui qui puisse rendre lisible, à la manière d'une épure, la spécificité de la modernité religieuse, de la même façon que celle du «pratiquant régulier» définissait les traits typiques d'une socialité religieuse paroissiale qui servit longtemps de référence à la description du paysage religieux.

Religiosité pèlerine : une métaphore du religieux en mouvement
Le pèlerin émerge comme une figure typique du religieux en mouvement, en un double sens. Il renvoie d'abord, de façon métaphorique, à la fluidité des parcours spirituels individuels, parcours qui peuvent, sous certaines conditions, s'organiser comme des trajectoires d'identification religieuse. Elle correspond ensuite à une forme de sociabilité religieuse en pleine expansion qui s'établit elle-même sous le signe de la mobilité et de l'association temporaire. La condition moderne se caractérise, on l'a déjà dit, par l'impératif qui s'impose à l'individu de produire lui-même les significations de sa propre existence à travers la diversité des situations qu'il expérimente, en fonction de ses propres ressources

Figures du religieux en mouvement. Le pélerin

et dispositions. Il doit, de ce fait, interpréter cette succession d'expériences disparates comme un parcours ayant un sens. Ceci implique en particulier qu'il parvienne à reconstituer son propre cheminement à travers la médiation d'un récit. Or la «condition pèlerine» se définit essentiellement à partir de ce travail de construction biographique – plus ou moins élaboré, plus ou moins systématisé – effectué par l'individu lui-même. Cette construction narrative de soi-même est la trame des trajectoires d'identification parcourues par les individus. Il y a formation d'une identité religieuse lorsque la construction biographique subjective rencontre l'objectivité d'une lignée croyante, incarnée dans une communauté dans laquelle l'individu se reconnaît. Précisons tout de suite que cette référence n'implique pas toujours l'adhésion complète à une doctrine religieuse, pas plus que l'incorporation effective dans une communauté, sous le contrôle d'une institution qui fixe les conditions de l'appartenance. Elle s'inscrit beaucoup plus couramment dans des opérations de bricolage qui permettent à l'individu d'ajuster ses croyances aux données de sa propre expérience. Chacun prend en charge, pour son compte personnel, la mise en forme de la référence à la lignée dans laquelle il se reconnaît. Cette «religiosité pèlerine» individuelle se caractérise donc avant tout par la fluidité des contenus de croyance qu'elle élabore, en même temps que par l'incertitude des appartenances communautaires auxquelles elle peut donner lieu.

Une sociabilité pèlerine : le laboratoire taizéen
Des enquêtes quantitatives sur les croyances contemporaines aux travaux qui explorent en profondeur des par-

La religion en mouvement

cours individuels par le biais d'entretiens ou de récits de vie, on dispose actuellement d'une quantité de données qui permettent d'illustrer les traits de cette religiosité pèlerine. La question qui se pose maintenant est de savoir si, au-delà d'une formule qui fait image, cette religiosité pèlerine peut être également identifiée comme un phénomène social, à travers des pratiques spécifiques, accessibles à l'observation. Ou, autrement dit, si elle se réalise concrètement dans un type particulier de comportement, qui correspondrait lui-même à une forme spécifique de sociabilité religieuse. C'est en observant depuis une quinzaine d'années le succès croissant des rassemblements de jeunes chrétiens que je me suis employée, pour ma part, à réunir les éléments d'une identification de cette pratique pèlerine.

Le travail d'observation a commencé au début des années 70, au moment où la communauté œcuménique de Taizé, créée par le pasteur Roger Schutz en 1940, orientait toute son activité vers l'accueil des jeunes. Dès les années 60, cette petite entreprise communautaire est devenue un foyer d'attraction pour des jeunes venus de toute l'Europe, et même du monde entier. Depuis cette époque, Taizé accueille pendant les mois d'été plusieurs milliers de jeunes (jusqu'à 6000) qui viennent planter leur tente sur la colline bourguignonne. Parmi ces «pèlerins», tous n'avouent pas des motivations religieuses explicites pour entreprendre le voyage. Expérience contre-culturelle pour certains, étape touristique sur le chemin des vacances pour d'autres, forme nouvelle de participation à une Eglise méta-confessionnelle pour beaucoup, le lieu a acquis, en tout état de cause, un caractère mythique pour un grand nombre de

Figures du religieux en mouvement. Le pélerin

jeunes, notamment en Europe de l'Est. Taizé signifie, disent tous ceux qui fréquentent ce haut lieu, la possibilité de se rassembler librement, de s'exprimer, de chanter, de discuter, de réfléchir et de prier, si on le souhaite[9]. Cette ouverture et l'accent placé sur la liberté qu'ont les jeunes de s'auto-organiser dans un espace mis à leur disposition ont d'autant plus d'importance à leurs yeux qu'ils trouvent en même temps, sur place, un encadrement, des références religieuses parfaitement explicites, et, plus largement, une «règle du jeu» dont la communauté des frères est le garant. Cette double face de Taizé – espace libre et encadré à la fois – est pour beaucoup dans l'attraction du lieu, et l'oppose immédiatement, dans l'esprit des jeunes, aux formes ordinaires de la sociabilité religieuse, notamment à la paroisse, dans lesquelles ils se sentent à la fois contraints et «oubliés». «Nous nous situons au cœur de l'Eglise, mais nous remettons en question l'aspect institutionnel de l'Eglise», confie l'un des frères; «ils viennent ici parce qu'ils ne se sentent pas à l'aise ailleurs, par exemple dans les paroisses : on n'y écoute pas ce que dit l'Esprit à travers les jeunes générations».

Depuis 1977, Taizé n'est plus seulement cantonné à son espace bourguignon d'origine : les «Rencontres européennes annuelles» qui se déroulent à la fin de décembre dans une grande ville européenne[10] dessinent progressivement une cartographie pèlerine de l'Europe. Elles ont contribué à faire du thème de la «rencontre avec des jeunes qui viennent du monde entier» un élément majeur de l'imaginaire du jeune fidèle de Taizé. Taizé constitue en effet non seulement un important trait d'union entre différentes jeunesses européennes, mais

101

La religion en mouvement

aussi un réseau de contacts planétaires et un forum de rencontres intercontinentales, disposant désormais de secrétariats à Bombay, Kinshasa, Varsovie, Caracas, New York et Melbourne. Cette dimension planétaire, valorisée dans les écrits du fondateur aussi bien que dans la *Lettre de Taizé*[11], est magnifiée dans les célébrations liturgiques, mise en scène dans les pratiques de chants, formalisée dans le thème du «pèlerinage de confiance sur la terre» qui sert de fil directeur aux différentes initiatives de la communauté et du frère Roger. Cette insistance sur l'universalité d'une communion concrètement inscrite dans la diversité ethnique, nationale, linguistique, spirituelle du rassemblement est présente au premier rang des «raisons de venir à Taizé» exprimées par les jeunes. («Taizé, c'est une véritable Tour de Babel, il y a des gens de partout avec lesquels on discute et on y apprend toujours un tas de choses». Le plus important, c'est «la confrontation avec des milliers de jeunes de culture différente». C'est ce qui permet de «mettre en perspective sa propre vie et son expérience individuelle»). Le principe même des rencontres de Taizé est de permettre le jeu de l'extrême personnalisation («A Taizé, on sait que la vie de chacun est prise au sérieux». «On peut dire son expérience et on est respecté») et de l'extrême planétarisation : forme efficace d'une pédagogie de l'universel à partir de l'individuation qui s'ajuste très précisément aux attentes des jeunes. Car dans ce contexte, la diversité singulière des expériences individuelles peut s'exprimer sans être immédiatement confrontée à un dispositif normatif du croire, ni même à un discours du sens préconstitué. Chacun peut faire valoir sa propre différence dans le

Figures du religieux en mouvement. Le pèlerin

mouvement même par lequel l'expérience fortement émotionnelle du rassemblement dans lequel «la terre entière est présente» permet d'atteindre, de façon sensible, à la conviction qu'«on appartient à la communauté de l'humanité». La liberté laissée à la quête individuelle est continuellement mise en avant : («A Taizé, on ne vous donne pas la réponse avant que vous ayez posé la question, et surtout, c'est à chacun de chercher sa réponse». «Il y a des gens très différents, des croyants et des non-croyants. Il semble parfois qu'ils sont tous à la recherche de quelque chose, mais eux-mêmes ne savent pas très bien quoi»). Le probabilisme croyant[12] – «je crois à quelque chose, mais je ne sais pas bien à quoi» – trouve là une légitimité d'expression, au milieu et à égalité avec d'autres formes d'expression croyante. C'est ainsi, en tout cas, que les jeunes venus à Taizé l'expriment spontanément : («chacun ici se sent un peu chez soi, personne n'est rejeté»; «on rencontre parfois des Irlandais aux crânes rasés et avec des lunettes noires qui sont réunis autour d'une canette de bière et qui chantent à tue-tête : Jésus, nous t'aimons tant»). Mais ce sentiment de non-contrainte dont témoignent les jeunes est très clairement contrebalancé par la conviction sécurisante, selon laquelle «les frères veillent» : («les frères de la communauté savent toujours éviter les débordements».) L'un des moyens de ce contrôle est l'obligation faite à chaque jeune venu à Taizé de prendre sa part dans l'organisation quotidienne des activités : selon un pèlerin, «chaque jeune qui arrive pour participer à une rencontre se trouve associé à son organisation. Il choisit lui-même son programme. Rien n'est imposé, c'est à lui de choisir. Le groupe biblique réfléchit ensemble à partir des textes de la Bible. On peut s'associer aux équipes de travail qui organisent et distribuent les repas. On peut aussi participer aux groupes de méditation et rester dans le silence. Les frères accordent une importance particulière à l'aspect musical des rencontres : avec une foule de jeunes, ils arrivent à faire un chant à quatre voix.»

Indéfiniment repris, le sentiment de liberté exprimé par tous les jeunes se déploie en fait dans un univers extrêmement régulé, où la dialectique de la liberté et de la règle renforce efficacement celle de la personnalisation et de la planétarisation. La régulation du lieu repose sur plusieurs éléments. Un petit nombre de règles qui constituent la charte minimum de la vie commune (dont le respect du silence à certaines heures et dans certains lieux est la clé de voûte) sont fixées de façon impérative. Les espaces correspondant à des activités elles-mêmes organisées selon une distribution régulière du temps sont clairement différenciés. L'alternance des moments de dispersion (dans lesquels les individus se dispersent dans la nature ou se réunissent en petits groupes) et des moments de rassemblement, des temps offerts à l'expression et des temps dévolus à l'enseignement et à la lecture biblique, est strictement réglée. Mais tous les jeunes qui fréquentent Taizé revendiquent leur capacité de faire valoir, dans ce cadre, la liberté d'organiser eux-mêmes leur participation. Une importance majeure est attachée au fait qu'«on peut venir quand on veut, et partir quand on veut»; tout le monde est accueilli, personne n'est retenu sur place au-delà de ce qu'il souhaite. Mais en retour, nul n'est supposé résider durablement à Taizé. On y vient, et on en repart

Figures du religieux en mouvement. Le pélerin

après quelques jours. La précarité relative de l'hébergement (camping ou structures légères en bois), l'inachèvement des espaces dévolus aux célébrations[13] inscrivent, dans les pratiques et les postures qu'elles imposent, le caractère transitoire de tout séjour sur place. Cette valorisation de la mobilité s'exprime, sur le terrain proprement théologique, comme l'une des orientations majeures de la communauté dès sa fondation[14]. Elle est aussi au principe du refus formel de la communauté que Taizé devienne un mouvement, avec ses adhérents et ses affiliés liés par des croyances et des pratiques communes. Les écrits du fondateur, la *Lettre de Taizé* publiée deux fois par trimestre, sont là pour constituer une sorte de fil entre ceux – individus et groupes – qui sont en affinité avec l'«esprit de Taizé» et que réunissent, notamment les Rencontres européennes de la jeunesse. Cette formation en réseau qui n'implique aucune adhésion formelle et réduit au minimum la dimension institutionnelle de la participation, la très grande tolérance aux diverses formes d'expression des pèlerins suggère des rapprochements avec le «type mystique» qu'Ernst Troeltsch construisit au début du siècle – à côté de celui de l'église et celui de la secte – pour caractériser une forme de sociation religieuse ajustée au plus près à la religiosité moderne de l'individu.

Par définition, cette sociabilité de réseau associant des individus qui peuvent moduler eux-mêmes l'intensité de leur participation est fragile et précaire, constamment travaillée par les tendances à la dissémination. L'intensité des liens spirituels entre ceux qui se reconnaissent dans le projet taizéen ne peut se maintenir que dans la mesure où l'expérience de liberté, de convivialité et de communion vécue ponctuellement est mise en forme pour figurer, aux yeux des intéressés, l'horizon d'un monde alternatif possible, dans la mesure – autrement dit – où elle devient le vecteur d'une utopie partagée. Cette utopisation de l'expérience pèlerine se réalise, à Taizé, de deux façons. La première est liée à la présence permanente de la communauté des frères vivant selon la Règle de Taizé. La communauté manifeste, sur le mode de la radicalité monastique extra-mondaine, l'horizon eschatologique auquel est supposé prétendre tout rassemblement chrétien («la réconciliation parfaite qui est de l'ordre du Royaume»). Mais elle incarne également l'utopie, partagée par beaucoup des jeunes pèlerins, d'un monde harmonieux, sans conflit, où chacun pourrait trouver – comme dans le chant à plusieurs voix guidé par les frères – à jouer sa partie propre en participant à l'unité du tout. La réalisation de la cohésion des pèlerins se joue, de façon centrale, dans l'activité liturgique animée par les frères. C'est là le moment hautement ritualisé de la réunion de l'assemblée dispersée et bigarrée des pèlerins avec la communauté qui prend en charge la symbolisation de la continuité du «nous» qu'ils forment. Le second vecteur d'utopisation est le grand rassemblement annuel hors les murs qui permet d'expérimenter, sur le mode de la fusion émotionnelle des consciences, l'unité de la foule des pèlerins par-delà la diversité de leurs identités nationales, sociales ou culturelles[15].

Si la densité émotionnelle est en rapport direct avec la «logique de coalescence» propre au nombre lui-même, si elle se trouve encore renforcée par l'effet de visibilité vis-à-vis du monde extérieur que permet le

Figures du religieux en mouvement. Le pélerin

rassemblement et son éventuelle transformation en un événement médiatique, la dynamique de l'émotion se déploie elle-même à l'intérieur du cadre symbolique que lui assigne sa formalisation liturgique. Sur la colline bourguignonne comme dans les grands rassemblements annuels, la liturgie est toujours le vecteur privilégié de la régulation religieuse de l'expérience pèlerine. Le succès des formes liturgiques propres à Taizé tient précisément en ce qu'elles permettent à la fois de transcender émotionnellement l'extrême diversité des participants (diversité dont la pluralité linguistique est la manifestation la plus immédiate) et d'enraciner cette diversité dans une tradition croyante commune. Des textes bibliques et des paroles de la plus ancienne tradition chrétienne ont été mis en musique, en privilégiant la forme du canon ou de l'ostinato. Ces répons, suffisamment simples pour être très vite mémorisés, sont longuement repris dans toutes les langues : «Il est important – est-il précisé dans un ouvrage réalisé par des frères et par un groupe de jeunes – que chacun puisse entendre quelque chose dans sa langue, ne serait-ce qu'un verset de psaume. Lire l'Evangile en une dizaine de langues éveille à la diversité et à la profonde unité dans le Christ; on prend conscience de l'universalité de l'Eglise[16]». L'objectif explicite de la communauté est donc de faire de l'aspiration des jeunes à former un «nous» – aspiration qu'on trouve présente dans tous les rassemblements de jeunes et qui n'a rien, en tant que telle, de religieux – le vecteur de leur identification éventuelle à la lignée croyante chrétienne : le choix des chants (textes bibliques ou appartenant à «la plus ancienne tradition chrétienne»), la pratique de la

La religion en mouvement

prière répétitive qui correspond à une tradition chrétienne ancienne et importante, la référence monastique de la communauté, rendue visible par le port de la coule, sont autant de manières d'ancrer les effets émotionnels immédiats produits par le rassemblement dans la continuité d'une longue durée religieuse, dont les frères sont les témoins et les garants. Par ce biais également, l'aspiration utopique plus ou moins inchoative des jeunes à un monde meilleur et plus accueillant («réconcilié») peut être reformulée dans les termes d'une «mission» à remplir dans le monde. Chacun est renvoyé à sa vie ordinaire à l'issue de l'expérience forte vécue sur place, mais avec la responsabilité nouvelle et valorisante d'agir comme «porteur de réconciliation» et «témoin de confiance». On remarquera que ces formules qui appartiennent en propre au langage de Taizé ne font pas directement référence à des objectifs religieux. Ainsi, on ne trouve pas à Taizé d'insistance directe sur le devoir d'évangélisation, très présente dans certains courants des renouveaux chrétiens contemporains. La thématique souple de la réconciliation et de la confiance permet – même si la *Lettre de Taizé* s'emploie très explicitement à restituer la source biblique de ces notions – des réinvestissements religieux gradués, des appropriations progressives du message chrétien proprement dit. Ce faisant, elle permet à des jeunes dont la situation, du point de vue de la croyance religieuse et de l'adhésion confessionnelle, est très variable, de trouver tous leur place dans ce cadre. On est donc en présence, en dépit du parti pris de simplicité et de spontanéité affiché par Taizé, d'une entreprise extrêmement savante de (re)construction expérimentale de l'identité chrétienne à

Figures du religieux en mouvement. Le pèlerin

la fois à partir des valeurs partagées par les jeunes et des expériences collectives qui leur sont les plus accessibles.

Deux modèles opposés de sociabilité
Ces observations permettent de construire une figure du pèlerin qui peut cristalliser de façon idéal-typique quelques-uns des traits du religieux en mouvement qu'on évoquait métaphoriquement en parlant de «religiosité pèlerine». La comparaison des deux figures du pratiquant et du pèlerin fait apparaître deux modèles du religieux opposés terme à terme.

La figure du PRATIQUANT	*La figure du PELERIN*
Pratique obligatoire	Pratique volontaire
Pratique normée par l'institution	Pratique autonome
Pratique fixe	Pratique modulable
Pratique communautaire	Pratique individuelle
Pratique territorialisée (stable)	Pratique mobile
Pratique répétée (ordinaire)	Pratique exceptionnelle (extraordinaire)

Ce qui distingue de façon décisive la figure du pratiquant et celle du pélerin concerne le degré de contrôle institutionnel dont l'une et l'autre font l'objet. Le pratiquant se conforme à des dispositions fixées, qui ont, de ce fait, un caractère d'obligation pour l'ensemble des fidèles. Même lorsque l'observance est solitaire, elle conserve une dimension communautaire. La pratique pèlerine est au contraire une pratique volontaire et personnelle. Elle implique un choix individuel, qui demeure premier même dans le cas où le pèlerinage prend une forme collective. Le jeune catholique qui

La religion en mouvement

décide de participer à un pèlerinage étudiant à Chartres ou à un pèlerinage diocésain à Lourdes rejoint un groupe et inscrit ses pas dans ceux des générations qui l'ont précédé sur les mêmes lieux. Il s'agit néanmoins d'une pratique facultative, qui, à ce titre, relève de sa décision propre. Le degré de régulation institutionnelle détermine également les significations que les intéressés eux-mêmes confèrent à leur participation. Le sens de l'observance est donné par avance dans la fixité même du rituel. Cela ne veut pas dire que les pratiquants réguliers se les approprient intégralement et sans distance. Cela ne signifie pas non plus que la pratique régulière ne puisse pas être vécue sur le «mode mineur» d'une participation lâche, qui autorise toutes sortes de prises de distance par rapport aux significations majeures que l'institution affecte aux gestes prescrits[17]. Reste que s'imposent aux observants des significations majeures, confirmées dans leur fidélité pratiquante. On peut pendant la messe se laisser distraire, oublier l'autel et penser à autre chose : c'est le fait de se rendre à l'église tous les dimanches matins qui définit le pratiquant et le désigne comme tel aux yeux des autres. Au contraire, la pratique pèlerine est modulable. Elle autorise des investissements subjectifs différenciés dont le sens est, en fin de compte, produit par celui qui l'accomplit.

La figure du pratiquant et celle du pèlerin s'opposent enfin dans la mesure où elles incarnent deux régimes nettement distincts du temps et de l'espace religieux. La première est étroitement liée à la stabilité territoriale des communautés. Si ceci est particulièrement vrai dans le contexte chrétien et catholique d'une civilisation parois-

Figures du religieux en mouvement. Le pèlerin

siale qui se caractérise par un quadrillage religieux de l'espace, on peut observer que la sédentarisation des communautés est, dans toutes les traditions religieuses, un facteur de stabilisation et de développement de la pratique elle-même. Pratique mobile, le pèlerinage renvoie à une autre forme de spatialisation du religieux : celle des parcours qu'il dessine, des itinéraires qu'il balise et sur lesquels les individus se déplacent. Pratique exceptionnelle, le pèlerinage définit un moment d'intensité religieuse qui ne s'inscrit pas dans les rythmes de la vie ordinaire et rompt avec l'ordonnancement régulier du temps des observances pratiquantes. Ce caractère extra-ordinaire est présent même dans les cas – celui des processions, pardons, ostensions, «rapports[18]», pèlerinages commémoratifs divers – où une longue fréquentation historique du trajet pèlerin les a élevés au rang de manifestations festives intégrées au régime général des observances. La mobilisation particulière à laquelle donne lieu l'événement, le temps de préparation préalable qu'il requiert parfois viennent alors rompre la routine de la pratique ordinaire.

Ces deux types du pratiquant et du pèlerin correspondent à deux modèles de sociabilité religieuse dont j'ai volontairement accentué les oppositions. Sur la scène religieuse réelle, ils entrent dans des jeux complexes d'attraction, de répulsion et de combinaisons dont il faut démêler les logiques, au cas par cas. L'hypothèse qu'on peut cependant avancer – et qui peut probablement être généralisée au-delà du catholicisme – est que les institutions religieuses, confrontées à l'expansion d'une religiosité individuelle et mobile sur laquelle elles ont une faible prise, s'efforcent de la canaliser et de l'orienter en inventant elles-mêmes les formes d'une «sociabilité religieuse pèlerine» qu'elles espèrent mieux ajustées aux demandes spirituelles contemporaines que les regroupements classiques des pratiquants.

L'institutionnalisation de la pratique pèlerine
Si l'on peut parler de Taizé comme d'un laboratoire, c'est que l'expérience menée depuis vingt ans a anticipé et expérimenté, du côté des jeunes, une formule de sociabilité religieuse qui tend à devenir familière aujourd'hui, sous des formes plus ou moins aménagées, au sein des grandes églises, et particulièrement dans l'institution catholique. Il est frappant d'observer à quel point la formule des Journées mondiales de la Jeunesse s'est alignée (bien au-delà de l'emprunt du répertoire des chants) sur la pratique taizéenne. Taizé a contribué à l'acclimatation, en contexte catholique, d'une forme de mobilisation que la tradition protestante évangélique a éprouvée depuis longtemps : celle du rassemblement émotionnel dans lequel la dynamique collective de l'enthousiasme, activée par les témoignages des participants qui ont reçu les «dons de l'Esprit», est mise au service de l'identification croyante. On soulignera que l'Eglise romaine peut également se prévaloir d'une longue expérience historique de la mobilisation religieuse de masse à travers pèlerinages, processions, missions paroissiales, congrès eucharistiques, célébrations de l'Année sainte, etc. Les mouvements de jeunesse catholiques ont toujours travaillé au renforcement émotionnel de l'adhésion de leurs membres, en suscitant des expériences collectives où l'engagement des corps assure la communion des esprits. Ce qui différencie la

Figures du religieux en mouvement. Le pélerin

formule contemporaine du «grand rassemblement» des camps de vacances, pèlerinages et autres *jamborees*, c'est que la participation, temporaire et exceptionnelle par définition, ne requiert – au moins en principe – ni socialisation préalable dans un mouvement, une aumônerie ou une paroisse, ni intégration institutionnelle à venir. Si la formule attire, c'est parce qu'elle offre la possibilité d'une participation modulée, dont l'individu fixe lui-même l'intensité. Elle reprend, en l'adaptant aux besoins d'expression de la religiosité pèlerine caractéristique de la modernité, l'alternance de la pérégrination (individuelle ou en petits groupes) et du rassemblement temporaire qui est le propre des pèlerinages anciens. Participer au pèlerinage de Chartres, pour un étudiant catholique des années 50, c'était afficher publiquement son identité de «tala», et la renforcer en même temps. Prendre part à une rencontre de Taizé, ou rejoindre ponctuellement une veillée des JMJ ne signifie pas aujourd'hui qu'on revendique une identité confessionnelle constituée. On opposera à cette dernière remarque que les rassemblements les plus confessionnellement identifiés attirent pourtant les jeunes les plus socialisés dans l'institution : la magie du rassemblement des JMJ parisiennes d'août 1997 a été de donner à voir comme une foule innombrable une population de jeunes catholiques qui sont, en France du moins, une très petite minorité au sein de leur classe d'âge. Le fait cependant que ce rassemblement ne soit pas réservé aux jeunes virtuoses religieux, qu'il soit ouvert en droit (mais également en fait, si l'on en juge à la dynamique d'agrégation qui a caractérisé ces journées jusqu'au rassemblement d'un million de personnes à Longchamp) à des participants à l'identité religieuse incertaine, flottante ou même inexistante transforme son sens général. La logique du volontariat individuel l'emporte pour tous, du point de vue de la signification qu'ils donnent à leur présence, sur la mobilisation institutionnelle. «Je fais du scoutisme, annonçait un jeune pèlerin. Je me suis inscrit avec les scouts, mais je suis venu d'abord de moi-même, parce que j'avais envie de rencontrer d'autres jeunes. Personne ne m'a obligé.»

Significative de la prise d'autonomie que favorise la forme même du regroupement «ouvert à tous», cette citation illustre un fait inattendu : malgré la présence des bataillons organisés des paroisses, des mouvements et des communautés nouvelles, c'est la figure du «pèlerin flottant» le moins confessionnellement déterminé, celui qui est supposé trouver dans la chaleur de l'enthousiasme et de la convivialité le sens de sa participation, qui est symboliquement investie par tous. «Chacun y a sa place», «ce n'est pas un rassemblement réservé à des super catholiques», «on est tous différents» : c'est en déclinant sous toutes ses formes le postulat d'un rassemblement d'individus, élaborant sur place et de façon plurielle le sens de l'événement, que les pèlerins accréditent, au sein même d'un dispositif hautement régulé par l'institution, la fiction d'une autonomie pure de l'engagement indispensable à leurs yeux pour rendre leur participation légitime. L'officialisation de cette forme précaire de sociabilité au sein du catholicisme, et les modalités nouvelles de gestion institutionnelle de la participation religieuse qu'elle implique, offre, de ce point de vue, un excellent observatoire des transformations de la scène religieuse institutionnelle.

Figures du religieux en mouvement. Le pèlerin

Sociabilité pèlerine et gestion institutionnelle du pluralisme : l'exemple des JMJ
Un aspect mérite tout particulièrement l'attention : la gestion du pluralisme que permet, dans un contexte de dérégulation institutionnelle avancée, le jeu de la pérégrination et du rassemblement émotionnel qui caractérise les pèlerinages contemporains. On peut, pour illustrer ce point, revenir à nouveau sur le cas des Journées mondiales de la jeunesse, dans leur version parisienne d'août 1997. Se sont retrouvés à Paris, après de longs voyages marqués par une ou plusieurs étapes dans des diocèses français de province, plusieurs centaines de milliers de jeunes venant de cent quarante pays différents[19]. Au-delà de la diversité des nationalités, des langues, des conditions sociales et culturelles représentées, le «Festival de la jeunesse» qui réunissait les pèlerins en dehors des grands moments de rassemblement témoigna également de la pluralité des sensibilités et des courants religieux à l'intérieur de la sphère catholique. Du «village du développement» animé par les scouts, la JOC, la JEC, le CCFD, etc., au «podium d'évangélisation» des communautés charismatiques, en passant par les «Cafés» de l'opération Jubilatio animée par des religieux des familles dominicaine et franciscaine, il n'était pas nécessaire d'être un observateur aigü de la scène catholique pour repérer des différences, voire des antagonismes ouverts. Les veillées proposées chaque soir par les différents mouvements et groupes présents (scouts, communautés nouvelles, réseaux ignatiens, etc.) permettaient, de la même façon, de mesurer la diversité de l'offre spirituelle à l'intérieur même du catholicisme. La métaphore classique du «supermarché

religieux» où chacun circule et «remplit son caddie» en fonction de ses besoins et de ses goûts rencontrait, à cette occasion, la réalité tout à fait concrète d'un «salon du catholicisme» où chaque courant avait son stand. Les pèlerins se promenaient effectivement à travers toute la ville, s'attardant ici ou là, échangeant les bonnes adresses, en une baguenaude spirituelle à laquelle s'agrégeaient progressivement au fil de la semaine des jeunes et des adultes attirés par l'ambiance, le caractère extraordinaire de l'évènement et la chaleur communicative des groupes. En contrepoint à la fluidité de ce «Festival de la jeunesse» où chacun pouvait espérer trouver de quoi alimenter sa quête spirituelle personnelle, les catéchèses données en différentes langues tous les matins par les évêques dans la plupart des églises de la capitale organisaient d'autres déplacements et dessinaient un autre maillage religieux de la ville. Déjà, lors de la semaine préparatoire aux JMJ dans les diocèses français, on avait pu remarquer comment l'institution s'était employée à structurer la «vadrouille» spirituelle des pèlerins en les reconduisant sur les chemins balisés des grands pèlerinages historiques : Lourdes, Chartres, Lisieux, Le Mont-Saint-Michel, Notre-Dame de Liesse, Paray-le-Monial, etc. L'encadrement culturel et confessionnel a trouvé son expression la plus systématisée dans le réseau des catéchèses, complétées par les chemins de Croix «décentralisés» conduits dans les rues autour des différentes églises, le vendredi soir. Mais cette mise en forme catholique de la pérégrination flottante des jeunes ne pouvait permettre à elle seule de transcender l'extraordinaire diversité linguistique, culturelle, sociale et spirituelle de la foule des pèlerins.

Figures du religieux en mouvement. Le pèlerin

Bien plus, il suffisait de suivre quelques-unes des différentes catéchèses pour réaliser qu'au-delà de la diversité linguistique qu'elles manifestaient, elles contribuaient autant à rendre visibles les différences idéologiques et théologiques internes au catholicisme qu'à assurer leur dépassement à travers un enseignement formellement commun. La fonction essentielle des grands rassemblements qui ont scandé la semaine parisienne des JMJ a été d'assurer la réagrégation émotionnelle de cette double diversité – celle des pèlerins et celle du catholicisme lui-même – autour de la personne du pape. Réglés, avec le concours de professionnels du spectacle, pour produire de l'émotion, les rassemblements de masse au Champ-de-Mars et à Longchamp n'ont pas seulement intensifié à l'usage des pèlerins le sentiment affectif de former un «nous». Ils ont aussi – notamment à travers la symbolisation liturgique particulièrement efficace de la veillée baptismale à Longchamp – permis la transmutation de ce «nous» affectif en un «nous» communautaire, aussi précaire et sans doute aussi éphémère que le rassemblement lui-même, mais d'une efficacité instantanée saisissante. Dans ce dispositif, la présence du pape fut essentielle, non seulement parce qu'elle «fixa» (au sens photographique du terme) l'enthousiasme collectif, mais parce qu'elle assura l'utopisation du rassemblement en le constituant en anticipation d'une Eglise coextensive à un monde fraternel et convivial, conforme aux aspirations portées par les jeunes. Le pape réalisa d'autant plus efficacement cette fonction d'«opérateur utopique» du rassemblement qu'il se présente lui-même comme un «pape pèlerin», parcourant la planète en tout sens pour répondre à

117

sa mission d'évangélisation[20]. Il est à la fois celui qui se déplace à la rencontre des foules, celui vers lequel elles convergent et celui qui renvoie les pèlerins, chargés de mission, d'où ils viennent. Cette dynamique de l'agrégation et de la dispersion assure une territorialisation symbolique de l'universalité catholique très différente de la territorialisation statique qui était celle de la civilisation paroissiale. La paroisse embrasse formellement et symboliquement la totalité de l'espace, anticipant par là même le recouvrement de l'Eglise et de la société. L'utopie pèlerine met en scène la présence transhumante du catholicisme à l'échelle planétaire : l'universalité se trouve ainsi symboliquement associée au mouvement.

Figures du religieux en mouvement. Le converti

Si le pélerin peut servir d'emblème à une modernité religieuse caractérisée par la mobilité des croyances et des appartenances, la figure du converti est sans doute celle qui offre la meilleure perspective pour identifier les processus de la formation des identités religieuses dans ce contexte de mobilité. De façon assez étonnante, la fin de ce siècle marqué par l'affaissement de la puissance régulatrice des institutions religieuses est caractérisée par une remarquable poussée des conversions. Le fait n'est paradoxal qu'en apparence dans la mesure où cette dérégulation du croire, elle-même inséparable de la crise des identités religieuses héritées, favorise la circulation des croyants en quête d'une identité religieuse qu'ils ne trouvent plus donnée toute faite à leur naissance, et dont ils doivent de plus en plus souvent se doter eux-mêmes. Le fait que les études sociologiques sur les phénomènes contemporains de conversion connaissent aujourd'hui un net regain d'intérêt corres-

La religion en mouvement

pond à cette poussée objective qui accompagne, au-dedans et au-dehors des grandes traditions religieuses, les mouvements de renouveaux spirituels observés partout dans le monde. Comme on pouvait s'y attendre, c'est la question de l'entrée dans les «nouvelles religions», «sectes» ou «cultes» qui a, depuis une vingtaine d'années, retenu massivement l'attention. S'attachant avant tout à l'exploration des motivations des intéressés, des recherches multiples s'emploient à mettre au jour les facteurs sociaux et culturels qui peuvent expliquer le besoin croissant d'affiliation à des groupes religieux intensifs offrant à leurs adeptes la sécurité de codes de sens «clés en main» : anonymat urbain, dislocation des communautés naturelles d'appartenance, atomisation individualiste des relations sociales, etc. Des entreprises typologiques fort utiles montrent que la conversion, présentée par les intéressés comme l'expérience la plus intime et la plus privée qui soit, est un acte social et socialement déterminé, dont la logique dépend autant des dispositions sociales et culturelles des convertis que de leurs intérêts et aspirations. Je ne proposerai pas ici un inventaire des acquis de cette sociologie empirique des conversions. Je voudrais plutôt retrouver, à travers la triple figure de l'individu qui change de religion, de celui qui embrasse volontairement une religion ou de celui qui (re)découvre sa religion d'origine, le fil directeur d'une description du paysage mobile de notre modernité religieuse.

La triple figure du converti
La figure du converti s'impose avant tout, pour les historiens des faits religieux, à travers le cas d'individus, et

Figures du religieux en mouvement. Le converti

parfois de groupes entiers, qui passent, volontairement ou sous la contrainte, d'une religion à une autre. Les traces des controverses et des conflits sociaux, économiques, juridiques et politiques autant que religieux auxquels ces phénomènes ont pu donner lieu constituent partout un matériau exceptionnel d'analyse des enjeux multiples de l'appartenance religieuse dans des sociétés où la religion organisait les identités sociales, les identités de sexe, les identités culturelles en même temps qu'elle cristallisait des intérêts directement politiques et économiques et régissait des situations de droit. Les conversions dans les sociétés modernes sont inséparables à la fois de l'individualisation de l'adhésion religieuse et du processus de différenciation des institutions qui fait émerger des identités religieuses distinctes des identités ethniques, nationales ou sociales. Dans une société où la religion est devenue affaire privée et matière à option, la conversion prend avant tout la dimension d'un choix individuel, dans lequel s'exprime au plus haut point l'autonomie du sujet croyant. C'est à ce titre que la figure du converti revêt un caractère exemplaire. Cette figure elle-même se décline selon trois modalités principales.

La première est celle de l'individu qui «change de religion», soit qu'il rejette expressément une identité religieuse héritée et assumée pour en prendre une nouvelle; soit qu'il abandonne une identité religieuse imposée, mais à laquelle il n'avait jamais adhéré, au profit d'une foi nouvelle. Laissons de côté ici, encore que le nombre des conversions relevant de ce cas de figure soit loin d'être négligeable, les conversions qui procèdent du mariage avec un conjoint d'une autre confession[1]. Le

La religion en mouvement

passage d'une religion à une autre retient surtout l'attention lorsqu'il donne lieu, en même temps qu'au choix d'une adhésion nouvelle, à l'expression développée d'un rejet – ou au moins d'une critique – d'un vécu religieux antérieur. Lorsqu'ils racontent leur trajectoire spirituelle, les intéressés évoquent en effet très fréquemment les conditions dans lesquelles ils se sont détachés de leur religion d'origine jugée «décevante», car extérieure aux véritables problèmes des hommes d'aujourd'hui, incapable d'apporter des réponses à leurs angoisses réelles et de leur fournir le soutien efficace d'une communauté. Il faut certes tenir à distance la rhétorique classique du récit de conversion qui justifie la nouvelle affiliation en noircissant le tableau des temps précédents la rupture décisive avec les anciennes appartenances. Mais il ne faut pas pour autant sous-estimer la protestation socio-religieuse dont sont porteuses les conversions, lorsqu'elles concernent, ce qui est couramment le cas, des individus religieusement socialisés, à la recherche d'une intensité spirituelle et communautaire que les grandes églises ne leur offrent pas. Parmi les convertis au bouddhisme, on trouve de nombreux témoignages d'une déception à l'égard d'un christianisme, et particulièrement d'un catholicisme qui n'offre pas aux individus les lieux adaptés à leur recherche d'épanouissement spirituel, non plus que le soutien effectif d'une communauté partageant la même recherche d'une réponse éthique personnelle aux troubles et aux incertitudes d'un monde soumis exclusivement aux impératifs de la technologie et de l'économie[2]. Chez les chrétiens français convertis à l'islam, la mise en valeur de l'achèvement du monothéisme

Figures du religieux en mouvement. Le converti

accompli dans l'islam, qui vient après les révélations juives et chrétiennes, complète couramment l'évocation des contraintes d'une éducation catholique rejetée et/ou celle de la pauvreté des liens communautaires offerts par le catholicisme[3]. Encore une fois, ce n'est pas tant le contenu passablement stéréotypé de ces critiques qui est intéressant. C'est la manière dont s'exprime, dans cette évaluation comparative des différentes traditions disponibles, non seulement l'aspiration forte à une intégration personnalisée dans une communauté où l'on est reçu comme un individu, mais plus largement un «droit au choix» religieux qui prend le pas sur tout devoir de fidélité à une tradition héritée.

La seconde modalité de la conversion est celle de l'individu qui, n'ayant jamais appartenu à une tradition religieuse quelconque, découvre, après un cheminement personnel plus ou moins long, celle dans laquelle il se reconnaît et à laquelle il décide finalement de s'agréger. Ces conversions de «sans religion» tendent à se multiplier dans des sociétés sécularisées où la transmission religieuse familiale est, on l'a vu, considérablement précarisée. Pour un grand nombre de ces nouveaux fidèles, la conversion marque l'entrée dans un univers religieux auquel ils étaient, jusque-là, à peu près complètement étrangers. C'est le cas quasi général des jeunes immigrés de la seconde et troisième génération qui embrassent l'islam. Parler à leur propos de «réislamisation» a d'autant moins de sens qu'ils n'ont jamais été vraiment introduits dans la religion musulmane qui est éventuellement celle de leurs parents ou de leurs grands-parents. Et si leurs parents ont préservé et cherché à transmettre une identité communautaire fondée le plus souvent sur

123

La religion en mouvement

des liens ethniques et géographiques autant que religieux, la religion néo-communautaire dans laquelle ils entrent en vertu d'un choix volontaire et personnel remet radicalement en cause l'existence même de ces liens[4]. Cette extériorité par rapport au monde de la religion à laquelle la conversion met fin après un parcours plus ou moins long et plus ou moins chaotique caractérise également les convertis au catholicisme, dont le nombre a progressé, depuis 1993, de 12 à 13 % par an : en 1996, 80 % des adultes baptisés étaient à l'origine des «sans religion[5]». La figure du converti, dans laquelle s'inscrivent les traits d'une religiosité en mouvement, est donc avant tout celle du «chercheur spirituel» dont le parcours, souvent long et sinueux, se stabilise, au moins pour un temps, en une affiliation communautaire choisie qui vaut identification personnelle et sociale autant que religieuse.

La troisième modalité de la figure du converti est celle du «réaffilié», du «converti de l'intérieur» : celui qui découvre ou redécouvre une identité religieuse demeurée jusque-là formelle, ou vécue *a minima*, de façon purement conformiste. Le protestantisme comme le catholicisme des pays occidentaux offre aujourd'hui des exemples multiples de cette dynamique de la réaffiliation, portée en particulier (mais pas exclusivement) par des mouvements de renouveau – de genre néo-pentecôtistes et charismatiques – qui offrent à leurs membres les conditions communautaires d'une expérience religieuse personnelle et fortement émotionnelle. Dans tous les cas de figure, la conversion marque l'entrée dans un «régime fort» d'intensité religieuse. Mais le phénomène des conversions de l'intérieur ne concerne pas seulement – à beaucoup près – le terrain chrétien. Il constitue également, dans le judaïsme et l'islam, une des modalités les plus significatives de l'identification religieuse : les manifestations d'un «retour à la tradition» chez les jeunes juifs américains montrent, comme c'est le cas chez bon nombre de jeunes «réislamisés» en France, qu'il s'agit en fait le plus souvent d'une première appropriation consciente d'une identité religieuse vécue jusque-là, dans le meilleur des cas, sur un plan ethnique. Cette appropriation vaut souvent, du même coup, «invention» de sa propre tradition[6]. Chez les juifs et chez les musulmans, l'expérience de la réaffiliation prend d'abord la forme de la découverte de la pratique religieuse, dont l'exigence concrète, particulièrement dans le judaïsme, peut répondre au désir d'une vie religieuse intégrale qui s'exprime dans le choix du retour à la tradition. Mais le converti sépare rarement l'observance et le choix d'une «nouvelle vie» : la pratique, qui marque son intégration dans la communauté, manifeste aussi la réorganisation éthique et spirituelle de sa vie, réorganisation dans laquelle s'inscrit la singularité de son parcours personnel.

Il arrive souvent que la «demande de tradition» qu'implique l'identification au judaïsme ou à l'islam des réaffiliés les plus jeunes ait des conséquences sur l'ensemble du groupe familial. Les intéressés ont besoin, pour vivre une vie musulmane ou juive authentique, de la coopération des leurs. Celle de la mère est particulièrement indispensable, s'agissant de l'application scrupuleuse des prescriptions alimentaires. La conversion des enfants peut dès lors induire une radicalisation religieuse des parents eux-mêmes, en un mouvement d'inversion du sens de la transmission qui a été souvent remarqué. Mais il est également fréquent que l'exigence religieuse des jeunes convertis conduise à des conflits familiaux sévères, en contestant un modèle différent d'identification religieuse auquel les parents sont plus attachés que leur «laxisme» en matière d'observance ne le laisserait supposer. Les entretiens que S. Nizard a réalisés auprès de mères juives de Sarcelles soumises à la pression de leurs enfants pour adopter une pratique stricte de la cacherout montre que leur résistance renvoie fréquemment à une conception spécifique de l'identité juive qui refuse de se laisser évaluer «par défaut», à l'aune du rigorisme des jeunes convertis[7]. Des observations parallèles peuvent être faites à propos de la mise en question par des «nouveaux musulmans» de l'islam ethnique de leurs parents, dans lequel s'inscrit une mémoire familiale et culturelle qui leur est étrangère. De façon générale, la «conversion de l'intérieur» n'est pas seulement le renforcement ou l'intensification radicale d'une identité religieuse jusque-là «mesurée» ou «en pointillé» : elle est un mode spécifique de construction de l'identité religieuse qui implique, sous une forme ou sous une autre, la remise en question d'un «régime faible» de l'appartenance religieuse.

Reconnaître le caractère exemplaire de la figure du converti pour mettre en évidence la dimension choisie de l'identité religieuse dans une société d'individus ne signifie évidemment pas qu'on puisse méconnaître que cette figure du converti traverse l'histoire de toutes les traditions religieuses. A toutes les époques, de «grands convertis» ont illustré l'expérience de la réappropriation personnelle intensive de sa propre tradition religieuse ou de l'entrée dans une autre tradition, reconnue souvent comme celle que l'on avait toujours désiré embrasser. Le récit de sa conversion par Saint Augustin a fourni, en contexte chrétien, un moule narratif remarquablement prégnant à cette expérience. Il est bien impossible d'envisager ici une quelconque mise en perspective historique des mouvements de conversion. Mais il est nécessaire, si l'on veut cerner ce qui fait la spécificité de la poussée contemporaine des conversions, de garder à l'esprit cette continuité des faits de conversion. Un exemple, emprunté au catholicisme, peut servir à éclairer ce rappel. La montée des conversions au catholicisme constitue, dans la France d'aujourd'hui, un fait statistiquement mesurable. On avait recensé 890 catéchumènes en 1976. Leur nombre était de 2 824 en 1987. Le recensement du catéchuménat effectué en 1996 fait état de 11 127 catéchumènes, soit une augmentation moyenne de 12 % enregistrée chaque année depuis 1993. L'augmentation se poursuit actuellement au même rythme, contrastant de façon frappante, même si elle est loin de renverser la tendance à l'affaissement démographique du catholicisme, avec la baisse du nombre des baptêmes d'enfants au cours de la même période. Or on sait que la scène catholique de la fin du siècle dernier et du début du siècle a été également riche en conversions. Celles-ci concernaient essentiellement des intellectuels et des artistes, et les récits qu'ils ont donné de leur aventure spirituelle ont puissamment marqué la spiritualité contemporaine. Pour ces convertis, souvent liés entre eux par des amitiés littéraires et des affinités esthétiques puissantes, le catholicisme

La religion en mouvement

n'était pas le seul moyen d'exprimer leur rejet de l'univers matérialiste, industrialiste et positiviste de la modernité. L'attraction des groupes ésotériques, la fascination pour les religions de l'Orient (le bouddhisme, l'hindouisme)[8] témoignent, au même moment, d'une quête spirituelle multiforme dont l'évocation doit relativiser la «nouveauté» que nous attribuons aujourd'hui à de tels phénomènes. Cette vague de conversions ne se résume pas aux quelques noms très connus de Claudel, Charles de Foucauld, Huysmans ou Péguy. Une étude des conversions de 1885 à 1935 identifie plus de cent noms. Elle fait apparaître que le mouvement est d'autant plus marqué que la situation de l'Eglise, dans un temps et un monde désenchantés, est plus précaire. La poussée des conversions d'intellectuels au catholicisme faisait converger des modes d'indentification différenciés à la lignée catholique, selon que l'emportait plutôt la dimension esthétique et émotionnelle ou bien la dimension culturelle et politique de l'adhésion. Elle retombe au moment où le renouveau religieux des années 30 favorise l'expansion, au sein de l'Eglise, des mouvements missionnaires d'Action catholique[9]. La figure du «militant», associée à l'idée d'une reconquête religieuse possible d'un monde sécularisé, relaie alors celle du «converti». S'il n'est pas sans rapport avec la poussée des conversions du début du siècle, le phénomène contemporain des conversions au catholicisme s'en distingue nettement en ce qu'il n'est plus le fait d'un groupe social particulier, prenant en charge sous cette forme les interrogations de l'Eglise et de la société sur elles-mêmes. Son expansion correspond à la généralisation d'une quête spirituelle qui touche, sous des

Figures du religieux en mouvement. Le converti

formes diverses, toutes les couches de la société. Mais elle est inséparable de l'affaiblissement des dispositifs de la socialisation religieuse qui multiplie, dans toutes les classes sociales, le nombre des individus n'ayant eu, en fait, aucun contact avec la religion à laquelle ils sont affiliés de façon purement formelle. Lorsqu'ils évoquent la trajectoire de leur conversion, une proportion importante des nouveaux baptisés dont les parents avaient eux-mêmes été baptisés font part du fait que personne, autour d'eux, ne s'est préoccupé de les rattacher, à un moment quelconque de leur existence, à une religion définie. Ou bien, ils remarquent, plus prosaïquement, que leurs parents n'ont simplement «pas trouvé le temps» de les faire baptiser. D'autres, enfin, qui ont été baptisés enfants, déclarent n'avoir jamais entendu parler du christianisme chez eux. La frontière se brouille ainsi entre les convertis de l'intérieur et ceux de l'extérieur, dans le contexte d'une perte générale des identités transmises d'une génération à l'autre.

Conversion et construction de soi dans un monde d'individus

Mais il y a plus, dans l'émergence de la figure contemporaine du converti, que l'effet mécanique de la dérégulation institutionnelle. Le converti manifeste et accomplit ce postulat fondamental de la modernité religieuse selon lequel une identité religieuse «authentique» ne peut être qu'une identité choisie. L'acte de conversion cristallise la valeur reconnue à l'engagement personnel de l'individu qui témoigne ainsi par excellence de son autonomie de sujet croyant. Dans la mesure où elle engage en même temps une réorganisa-

La religion en mouvement

tion globale de la vie de l'intéressé selon des normes nouvelles et son incorporation à une communauté, la conversion religieuse constitue une modalité remarquablement efficace de la construction de soi dans un univers où s'impose la fluidité des identités plurielles et où aucun principe central n'organise plus l'expérience individuelle et sociale.

Cette idée est particulièrement bien éclairée par les conversions à l'islam des jeunes issus de l'immigration. Placés en situation objective d'exclusion économique et sociale, ces jeunes se perçoivent subjectivement comme «détestés» par une société qui ne leur fait aucune place. L'islamisation opère avant tout pour eux comme réorganisation du sens de leur propre vie. Devenir musulman, c'est accéder à l'estime de soi-même en même temps que se doter d'une identité socialement reconnaissable. Cette intégration religieuse de soi-même se réalise de façon différente selon les situations sociales dans lesquelles les intéressés se trouvent placés. F. Khosrokhavar distingue l'«islam d'intégration» qui permet à des jeunes d'origine arabe des classes moyennes inférieures de faire valoir socialement une identité confessionnelle repérable, de l'«islam d'exclusion» des jeunes placés dans les situations les plus précaires. Ceux-ci retournent leur marginalité en une exigence religieuse radicale de séparation d'un monde mauvais. Exclus par la société, ils choisissent, au nom de leur foi nouvelle, de se couper d'elle. Nécessité sociale est ainsi faite vertu religieuse. Reste que dans tous les cas, l'entrée en islam implique un changement global de trajectoire. Non seulement la cohérence nouvelle issue d'une lecture religieuse du monde contribue

Figures du religieux en mouvement. Le converti

à tenir la «rage[10]» à distance, mais elle engage une réorganisation pratique du rapport des intéressés au temps et à l'espace, redéfinit leur relation à l'espace public et règle les comportements ordinaires[11].

La même logique apparaît dans les conversions au catholicisme, sur lesquelles on dispose d'approches biographiques relativement précises. Mais elle opère moins à partir des conditions sociales d'existence des intéressés qu'à partir de situations de désordre individuel. Celles-ci ne sont évidemment pas entièrement séparables des situations sociales des convertis, mais elles ne s'y résument pas entièrement. Ceci apparaît particulièrement dans le cas des conversions liées à un événement tragique de la vie personnelle (mort d'un proche, déracinement, handicap, viol, etc.). L'examen de quinze récits de conversions au catholicisme montre que neuf des trajectoires répertoriées comportent, en lien direct ou en écho plus lointain avec la conversion, un épisode de ce genre, explicitement associé par les intéressés à la réorientation ultérieure de leur vie spirituelle[12]. Mais qu'ils fassent état ou non de cette cristallisation dramatique du désordre vécu, tous les parcours de convertis se racontent comme des chemins de la construction de soi. Dans la forme qu'ils prennent, ces récits s'éloignent peu d'un schéma très classiquement attesté, qui oppose un «avant» tragique, désespérant ou simplement médiocre, et un «après» caractérisé au contraire par la plénitude du sens. Il faut noter au passage que les récits d'expériences d'illumination immédiate occupent peu de place dans ces parcours : le «chemin de Damas» ou le «pilier de Notre-Dame» y trouvent peu d'équivalents. S'impose par contre fréquemment l'évocation d'un «moment de certitude», postérieur généralement à la décision de se convertir. Dans ce moment, la foi se donne comme une évidence dont on retrouve la présence dans sa vie bien en amont du processus proprement dit de la conversion. Ce sentiment de la présence longtemps cachée de la grâce («en fait, je découvrais que j'avais toujours cru») constitue – autant que l'évocation du désordre intérieur précédant la découverte de la foi – une articulation classique du récit de conversion de terrain chrétien. Elle permet d'accréditer l'idée que l'initiative de la conversion vient non du converti lui-même, même s'il choisit sa foi, mais de Dieu. Les récits de conversions recensés ici ne se distinguent donc pas par leur originalité propre. Ils font apparaître en revanche, à l'intérieur d'une structure narrative commune, une intéressante distribution des trajectoires individuelles en deux ensembles nettement différenciés. Le premier est celui des conversions racontées comme l'ultime étape d'une longue errance, d'une expérience désespérante de la «galère», jalonnée souvent par l'exploration d'autres voies qui se sont révélées être des impasses : du militantisme révolutionnaire à la drogue, en passant par la route ou l'engagement dans une «secte». Le second est celui des récits de découverte de la «vraie vie» permettant, après le «divertissement» décevant d'une vie professionnelle suractive ou d'une vie mondaine débridée, la mise en œuvre d'un souci authentique de soi. Or ces deux ensembles typiques – dont l'un est caractérisé plutôt par la mise en ordre d'une vie chaotique, et l'autre plutôt par l'accès à l'accomplissement authentique de soi-même – recoupent des profils et des parcours sociaux très différents, selon le niveau culturel et social des intéressés. Ces dif-

Figures du religieux en mouvement. Le converti

férences s'inscrivent également dans la manière dont ceux-ci construisent le rapport à la lignée chrétienne et catholique qu'ils viennent de rejoindre. Si l'on reprend les quatre dimensions – communautaire, éthique, culturelle, émotionnelle – de l'identification religieuse que j'ai précédemment décrites, on découvre que ces deux types de parcours de conversion correspondent à des identités religieuses distinctes. La première se forme en articulant principalement les dimensions communautaire et émotionnelle de l'identité. La conversion se présente alors, avant tout, comme l'entrée dans une «famille». Cette entrée prend corps, concrètement, avec l'incorporation dans une communauté catéchuménale dont la qualification religieuse se mesure à l'intensité affective des liens entre ses membres. La seconde associe la dimension éthique du christianisme (les valeurs évangéliques) à sa dimension culturelle, à savoir la profondeur historique et esthétique de la tradition chrétienne et sa puissance civilisationnelle.

On constate ainsi que les convertis d'origine populaire, et/où ceux dont les parcours personnels sont marqués par l'exclusion économique, la marginalité sociale et la privation culturelle relèvent massivement du type «familial» d'agrégation à la lignée croyante, alors que l'organisation éthico-culturelle de l'identification correspond, de façon à peu près exclusive, au cas des convertis d'origine bourgeoise, disposant d'un capital culturel et social particulièrement élevé. Dans ce dernier cas, la conversion est un processus essentiellement individuel, dans lequel le rapport à l'Ecriture prime souvent sur la démarche d'intégration communautaire. Ou plus précisément, c'est à travers la référence à l'Ecriture, qui unit la lignée croyante, que se joue une identification communautaire «en esprit», prioritaire par rapport à l'incorporation à un groupe religieux concret. Il n'est pas rare que la découverte plus ou moins fortuite de la Bible soit alors présentée comme l'évènement déclencheur de la conversion. C'est le cas, par exemple, de ce médecin psychiatre de quarante ans, au faîte de la réussite professionnelle et sociale. Après avoir parcouru, presque par hasard, des livres religieux pour enfants que lisait son fils (dont il tolérait de façon indifférente l'éducation religieuse voulue par sa mère), il s'achète une Bible qu'il lit longuement. C'est en découvrant le texte de la résurrection de Lazare – raconte-t-il – qu'il réalise subitement qu'il est en train de s'approprier le texte «dans la foi». Cet événement surprenant, qu'il vérifie en approfondissant sa lecture des Ecritures, le conduit à demander le baptême. Il décrit rétrospectivement son désir de baptême comme présent en creux dans une insatisfaction latente qui le rendait «peu doué pour le bonheur» : «Ma vie, quoique comblée affectivement, matériellement et professionnellement, souffrait cruellement d'un manque de sens. Il me semblait porter une béance profonde (...). Je vivais une attente spirituelle, mais j'aurais souri supérieurement si on m'en avait fait l'interprétation[13]». Cette démarche de conversion inaugurée par la découverte de la pertinence du texte évangélique, reçu «comme écrit pour soi», est également le fait de cet ancien élève brillant d'une grande école de commerce, issu d'une famille bourgeoise très aisée et doté par elle d'une éducation libre et protégée à la fois. Précocement ouvert à la lecture des philosophes et profondément

Figures du religieux en mouvement. Le converti

marqué par Nietzsche, il découvre la Bible à l'occasion d'un séjour d'études aux Etats-Unis. Ce premier contact avec la tradition chrétienne est l'occasion d'un approfondissement personnel et autodidacte des Ecritures qui le conduira, en fin de compte, à demander le baptême dans l'Eglise réformée, puis à s'investir activement, avec sa femme catholique, dans l'action œcuménique. Là encore, la conversion est présentée comme l'aboutissement d'un travail sur soi-même activé par une quête spirituelle ancienne. On peut rapprocher de ces conversions «éthico-culturelles» les conversions «esthético-culturelles», bien représentées en particulier dans les milieux artistiques : celles-ci articulent principalement les dimensions culturelles et émotionnelles (esthétiques) de l'identité, mais elles peuvent – du fait des trajectoires sociales et professionnelles souvent chaotiques des intéressés – se combiner avec le type «familial» de l'adhésion religieuse. La conversion vaut en même temps, dans ce cas, incorporation à un milieu affectif qui offre un support communautaire à la construction de l'identité personnelle.

Dans le cas des conversions «familiales», la rencontre d'un témoin qui devient un guide dans la foi d'une part, et l'appui d'une communauté d'autre part sont les éléments décisifs d'un processus d'intégration socio-religieuse qui se confond avec le parcours de la transformation personnelle. Un exemple en est offert par cette jeune coiffeuse d'origine ouvrière, dont l'enfance et la jeunesse furent ravagées par l'alcoolisme de la mère, et qui trouve dans la patronne du salon où elle travaille, personnalité chaleureuse et catholique fervente, celle qui l'introduit dans une «nouvelle famille».

La religion en mouvement

Elle y trouve sa place en même temps qu'elle entre dans une nouvelle identité personnelle : «Dans les réunions, on s'écoute, on s'aide. Cela m'a fait découvrir que je devais approfondir la foi, aller à la rencontre d'autre chose (…) La deuxième étape en allant vers Dieu, c'est quand on a été bénis par Monseigneur de Chartres. J'ai rencontré les autres gens qui se préparaient au baptême. Jusqu'à une dame de soixante-cinq ans! L'évêque nous a dit des choses géniales en trois mots. Je sentais que j'étais déjà plus équilibrée. J'ai eu l'idée que ma mère était comme le fruit d'un arbre qui tombe quand il est mûr, une idée qui m'a fait mieux accepter sa mort». «Quelqu'un, quelque chose est entré dans mon cœur – poursuit-elle – je comprends mieux les autres, j'ai plus de calme et de force pour m'en sortir. Même pour des problèmes comme les comptes dont je ne me débrouillais pas avant[14]». Autre exemple, celui de cette jeune femme aveugle, sans travail, vivant avec son mari, également malvoyant et lui-même au chômage, dans un bourg ouvrier du Nord. L'accès au baptême marque pour elle la sortie de la ségrégation sociale, symboliquement signifiée dans l'exclusion religieuse. Le récit qu'elle fait de son parcours catéchuménal se confond avec celui de son entrée dans une «communauté d'accompagnement» (une religieuse, un prêtre et un couple de laïcs) où son mari, complètement intégré au groupe, s'affirme de son côté par le rejet d'une issue religieuse à sa propre exclusion sociale. Cette «famille» religieuse est d'abord, dans la description qu'elle en donne, le lieu où elle peut accéder à la parole : «C'était pas du tout le catéchisme où on doit écouter sans rien dire et apprendre par cœur ou recopier. C'était plutôt des débats, oui, c'est vraiment cela. On discutait, on pouvait donner son propre point de vue. Je ne savais pas que dans le monde de la croyance, on a droit à la parole. Je pouvais dire réellement ce que je pensais, c'est pas pour ça que j'étais repoussée.» La cérémonie du baptême solennise la reconnaissance sociale, en même temps que l'autoreconnaissance, qu'assure l'intégration religieuse : «Le baptême a eu lieu le…, dans notre paroisse. Au début, je n'étais pas d'accord de me faire baptiser là. Ah non! Je ne voulais surtout pas qu'on le sache! Et puis au long de mon cheminement, j'ai changé d'avis. La sœur m'avait prévenue d'ailleurs : il paraît que le cas est fréquent de gens qui refusent de se faire baptiser dans leur paroisse, et puis finalement ils acceptent. Pour moi, c'était une fierté de montrer ce que j'allais faire. Un signe que j'appartenais à cette communauté aussi. Pourtant, cela n'a pas créé de liens particuliers avec la paroisse : j'avais invité quelques personnes du village que je connaissais déjà, quelques bons voisins qui nous rendent facilement service. C'est tout (…). La cérémonie du baptême, je peux vraiment dire que c'est très émouvant. On est dans ses petits souliers, on entend un bruit très assourdi, très loin, on a l'impression d'être tout seul. D'ailleurs, c'est la personne qu'on baptise qui est concernée, c'est elle la plus importante. Vous avez envie de crier : ça y est, je suis là, j'existe! Dieu, si tu es là, viens me serrer dans tes bras![15]» L'expérience – décisive du fait de l'isolement social du couple – d'un pélerinage à Lourdes avec le Secours catholique, l'écriture, avec l'aide du groupe d'accompagnement, d'un texte personnel («son Credo») que l'intéressée a lu en public le jour de son baptême, les chansons choisies avec son mari («des chansons qui nous correspondaient») constituent des jalons majeurs de la trajectoire de personnalisation dans laquelle s'exprime le récit de la conversion.

On peut évidemment identifier, à côté de trajectoires plus composites, des cas de conversions qui échappent à cette polarité et il faut se garder, en tout état de cause, d'en faire un principe de classement mécanique des conversions actuelles. Reste que ces différents exemples de construction de soi à travers la conversion marquent précisément les deux pôles sociaux auxquels se développe, de la façon statistiquement la plus significative, le mouvement actuel des conversions au catholicisme : d'un côté, celui des convertis issus des couches sociales les plus défavorisées; de l'autre, celui des convertis socialement privilégiés et détenteurs d'un bagage culturel élevé; ces derniers prennent leurs distances par rapport aux critères de la réussite sociale qui leur est proposée et qu'ils ont atteint et ils vivent la conversion comme un nouvel accomplissement de soi.

Le développement d'un «bouddhisme français» auquel on assiste depuis une quinzaine d'années constitue sans doute, par ailleurs, le meilleur terrain possible d'observation du lien qui existe entre le phénomène des conversions et le déploiement d'une religiosité individuelle, tendant à la construction ou à la reconstruction spirituelle de soi. Même s'il demeure caractéristique des milieux intellectuels et des professions intermédiaires (enseignants, professions médicales et paramédicales, communicants, travailleurs sociaux, animateurs culturels, etc.) qui, après avoir été au cœur de la contestation anti-institutionnelle et des nouveaux mouvements sociaux des années 70, ont constitué le fer de lance du

Figures du religieux en mouvement. Le converti

développement de tous les courants de la nouvelle culture spirituelle, le bouddhisme attire aujourd'hui un public de plus en plus diversifié socialement. Cependant B. Etienne repère, parmi ceux qu'il nomme les «nouveaux proches du bouddhisme», deux groupes principaux. Le premier est «celui des hommes de quarante à cinquante ans, anciens gauchistes, anciens catholiques sortis de l'Eglise, partisans des médecines douces. Beaucoup ont fait d'autres expériences – franc-maçonnerie, Rose-Croix... Tous ont été touchés à une période de leur vie par la tentation de l'Orient. Ils ont beaucoup lu : Schopenhauer, Nietzsche, Alexandra David-Neel... La deuxième dominante est l'importance du nombre des femmes de professions médicales ou paramédicales représentées. L'explication que donne le bouddhisme de la douleur et de la souffrance leur apparaît beaucoup plus cohérente que ce qu'en dit le christianisme.» Le trait commun à ces courants est de puiser dans le bouddhisme «une révélation interne à l'homme et une technique de salut individuel[16]». Comment trouver en soi-même les ressources permettant de faire face au démantèlement personnel qu'induit le mode de vie occidental, avec son insistance sur la séparation fonctionnelle des différentes activités humaines et le primat exclusif qu'il accorde à l'efficacité technicienne? Cette question – inséparable d'une critique radicale de la modernité uniformément exprimée par les convertis au bouddhisme – trouve sa réponse, dans leur cas, du côté d'un travail sur soi, soutenu à la fois par la relation privilégiée qui s'établit avec un maître spirituel et par l'intégration souple dans une communauté spirituelle. Cette intégration est actualisée par la fréquentation régulière des lieux de culte et centres religieux. L'absence de références dogmatiques rigides, la conception conviviale d'une communauté qui se donne comme «un lieu de réconfort, d'instruction et d'élévation» autorisant des investissements individuels modulés, le caractère expérimental et pratique de l'ascèse proposée aux adeptes, l'insistance sur l'implication du corps dans la vie spirituelle, la centralité du thème de la guérison, l'importance accordée à la compassion qui puise sa source dans l'individu lui-même et constitue un chemin de sagesse, la personnalisation affective du rapport au guide spirituel auquel l'adepte se fie : par de multiples fils, le bouddhisme peut trouver à s'ajuster à la problématique du souci de soi caractéristique de la modernité psychologique occidentale. C'est cette modernité même qui lui permet d'offrir un relais culturellement plausible à la protestation antimoderne et à l'aspiration utopique à un monde tout autre qu'expriment ceux qu'il attire.

Conversion et utopie
Sous toutes les formes qui viennent d'être évoquées, la conversion cristallise à la fois un processus d'individualisation, que favorise le caractère devenu optionnel de l'identification religieuse dans les sociétés modernes, et le désir d'une vie personnelle remise en ordre, dans lequel s'exprime souvent, sous une forme plus ou moins explicite, une protestation contre le désordre du monde. Cette dimension protestataire de la conversion nourrit l'aspiration utopique à l'entrée, symbolique et effective, dans une communauté idéale opposable à la société environnante. Cette espérance peut s'actualiser, aujourd'hui comme à d'autres époques,

Figures du religieux en mouvement. Le converti

dans des créations communautaires. Celles-ci s'efforcent d'anticiper, à l'échelle réduite du groupe des convertis, un style de relations sociales et interpersonnelles opposable à la société environnante. Les nouveaux groupes religieux que J. Beckford décrit comme des «groupes-refuges[17]», offrant à leurs membres la protection d'une communauté et d'un mode de vie entièrement intégré, sont une illustration contemporaine de cette dynamique de «l'utopie pratiquée». D.E. Van den Zandt en a donné, à propos des Enfants de Dieu en Grande-Bretagne et aux Pays-Bas, une description particulièrement suggestive[18]. La communauté se présente alors comme la préfiguration d'un nouvel ordre du monde qui dépend entièrement de la régénération spirituelle de chaque individu, assurée *de facto* par son intégration initiatique au sein du groupe. Des organisations telles que ISKON (Association internationale pour la conscience de Krishna), la Mission pour la lumière divine du Guru Maharaji (Elan vital) ou les Enfants de Dieu (la Famille d'amour) se sont situées ou se situent très exactement dans cette logique. Mais le jeu de la protestation et de l'utopie est également présent dans les groupes qui en donnent une version plus politique en proposant d'apporter une amélioration radicale aux structures sociales et culturelles existantes, soit par l'exemplarité, soit par l'action. Parmi ces groupes qui attirent des «convertis» en leur proposant une réorganisation complète de leur propre vie conforme à l'ordre futur du monde qu'ils projettent, on peut citer, par exemple, l'Eglise de l'unification de Sun Myung Moon, Synanon ou encore la Soka Gakkaï, qui se réclame de la tradition du bouddhisme de Nichiren[19].

La religion en mouvement

Mais la poussée des conversions prend également, dans les religions historiques, un relief utopique inséparable de la dynamique de la construction de soi évoquée plus haut. Le cas des jeunes convertis à l'islam en offre une éclatante illustration. Le mythe personnel d'un salut total par la foi – mythe qui «se substitue progressivement, dans la jeunesse exclue, à celui de l'intégration par l'emploi et de la reconnaissance de sa citoyenneté par la nation» – se confond pour les intéressés avec l'attente d'une réalisation sociale de l'*umma,* elle-même anticipée dans la fraternisation des associations islamiques au sein desquelles les convertis se rassemblent. F. Khosrokhavar propose une épure de cette utopie, dont le scénario, note-t-il, est presque toujours identique : sans foi, le jeune est sujet à la délinquance, à la drogue et à la déviance sociale. En entrant dans la foi islamique, en devenant un être pieux, en réorganisant sa vie à partir de la pratique, il recouvre l'équilibre, se rend pur, finit par retrouver la dignité en ce monde grâce au travail. Cette réconciliation avec la société intervient pourtant au moment où le converti s'en sépare culturellement, du fait même de son choix religieux. En fait, la vision d'une harmonie universelle découle – non sans illustrer le paradoxe bien connu de la socialisation utopique aux valeurs dominantes – de la restructuration personnelle et de l'acceptation de sa condition sociale qui se réalisent à travers la pratique intégrale de l'islam au sein d'une communauté de croyants volontaires[20].

Cette dimension protestataire et utopique de la conversion est également présente chez les ba'alei t'shuva américains. Le judaïsme orthodoxe émerge, dans les années 60, aux côtés des mouvements charis-

Figures du religieux en mouvement. Le converti

matiques chrétiens et des religions nouvelles, comme l'une des voies religieuses possibles de la recherche d'une alternative contre-culturelle à l'*american way of life*. La protestation passe, pour une part, par la remise en question radicale du mode de vie et des pratiques des familles non religieuses dont sont issus la majorité des nouveaux convertis. L'utopie se déploie progressivement à partir de cette mise en ordre intégrale de la vie quotidienne que concrétise l'observance des prescriptions religieuses. Epousant une tradition dont ils ignorent tout, les nouveaux venus doivent apprendre concrètement les règles pratiques de la vie juive au sein de familles pieuses qui les prennent en charge. Là encore, le formatage puritain de la vie personnelle, la recherche d'une rationalisation morale intensive des comportements, au travail, en famille, dans les relations sociales, etc., peut assurer à ces volontaires[21] une adaptation paradoxalement efficace (liée notamment au crédit social que leur vaut leur rigueur personnelle) à un monde dont ils récusent les normes et dont leur intégration communautaire les sépare[22].

La dimension utopique de la conversion est probablement moins immédiatement perceptible dans le cas de convertis au catholicisme, pour lesquels la réorganisation de la vie personnelle n'implique pas, ou seulement exceptionnellement[23], une quelconque séparation sociale. Elle s'inscrit, cependant, de façon plus ou moins explicite, dans les attentes manifestées à l'égard de la communauté catéchuménale d'accueil. Celle-ci incarne souvent, aux yeux des nouveaux croyants, une Eglise idéale, en même temps que cette famille idéale où s'atteste un régime de relations humaines fondées

143

La religion en mouvement

sur la confiance, l'écoute, et la reconnaissance mutuelle, différent de celui qui existe dans la vie sociale ordinaire. Les conversions de type «familial» sont caractérisées, en règle générale, par un fort investissement utopique de la communauté d'accueil, investissement qui rend parfois difficile l'adaptation ultérieure des nouveaux baptisés à la vie religieuse «ordinaire» d'une paroisse locale. L'écart perçu par les convertis entre le régime routinisé des rassemblements paroissiaux et l'intensité des relations au sein des communautés catéchuménales (dont ils étaient le centre) n'est certainement pas étrangère au fait qu'un bon nombre d'entre eux deviennent, ou aspirent à devenir, à leur tour des formateurs catéchuménaux.

Il n'est pas surprenant que des convertis qui épousent une identité religieuse avec un enthousiasme et une exigence renforcés par le sentiment fort de leur double condition minoritaire (à l'intérieur de la société, en tant que croyants convaincus, et à l'intérieur de la tradition qu'ils ont choisie, en tant que nouveaux venus) aient la conviction que la communauté idéale à laquelle ils aspirent d'être intégrés se réalisera socialement. Mais, dans l'univers sécularisé des sociétés modernes, la projection de cette alternative religieuse à la réalité du monde a perdu l'essentiel de sa plausibilité. Dès lors, c'est le fait même de la conversion qui accrédite, sur un mode individualisé et subjectivisé, l'utopie portée par le message religieux. La religion ne peut prétendre ni changer le monde, ni régler la société, mais elle peut transformer les individus. Ceci vaut d'abord pour le converti lui-même : la réorganisation de sa vie personnelle anticipe à ses yeux (et avec d'autant plus de force que sa vie

Figures du religieux en mouvement. Le converti

antérieure était dissolue, chaotique et déstructurée) la réorganisation globale du monde auquel il s'arrache par l'entrée dans une nouvelle identité religieuse. Mais cette rupture qui a bouleversé sa vie témoigne en même temps de la puissance divine de transformation et de mise en ordre du monde. «Dieu m'a saisi», soulignent presque tous les convertis catholiques. Cette problématique de l'action divine dans la conversion leur permet de reconnaître rétrospectivement les signes d'un travail de la Grâce dans leur vie, antérieur à l'événement de la conversion et préalable à la conscience qu'ils en ont eu eux-mêmes. Dans un univers moderne où la capacité organisatrice et normative des institutions religieuses est fortement ébranlée, la conversion accrédite, du fait même de son imprévisibilité et de son improbabilité, l'idée compensatrice d'une présence et d'une action invisibles et silencieuses du divin dans un monde qui en ignore la puissance. Le converti pourrait bien être, en ce sens, le refuge ultime d'une utopie religieuse qui ne se vérifie plus que dans la transformation personnelle d'individus «agis» par la Grâce.

Cette hypothèse accrédite, du même coup, l'idée d'un lien paradoxal entre le reflux de l'influence sociale des institutions religieuses et la montée des conversions dans les sociétés modernes sécularisées. Au début du siècle, le phénomène a connu son intensité la plus grande en un moment où le refoulement de l'Eglise hors de la société et de la culture apparaissait le plus marqué. «La chronologie du mouvement semble, par bien des aspects, inverse de celle de l'Eglise catholique française. C'est au moment où celle-ci apparaît comme une citadelle assiégée qu'écrivains et artistes se pressent à

La religion en mouvement

ses portes. La conversion apparaît alors comme une des voies de l'irruption du sacré dans un temps et un monde désenchantés[24]». En même temps, elle permet au catholicisme français de «reprendre pied dans le monde des lettres et des arts[25]». Changement de valeurs et de vie, la conversion place le spirituel «au cœur de la vie du converti» et l'élection dont ce dernier est l'objet remet, à travers lui, le spirituel «au cœur du monde[26]». Au-delà des stratégies de distinction sociale et intellectuelle qui caractérisent en propre ces conversions d'intellectuels du début du siècle, cette réflexion permet d'introduire l'hypothèse plus générale selon laquelle la figure du converti est, dans les sociétés modernes sécularisées, le support d'un processus d'individualisation et de subjectivisation de l'utopie religieuse. Cette proposition vaut avant tout dans le cas des conversions au christianisme, en terrain catholique aussi bien que protestant. Elle s'impose peut-être moins clairement, s'agissant du judaïsme où la démarche du converti s'apprécie davantage comme le choix volontaire et rationnel d'un individu qui opte pour une appartenance communautaire que comme le témoignage d'une élection divine, ou s'agissant des adhésions à l'islam dans lesquelles la régénération personnelle découle entièrement de l'entrée dans une communauté vivant selon les commandements religieux. Mais, dans tous les cas, l'avancée de la sécularisation renforce paradoxalement la signification exemplaire de la conversion. Si, comme disait Durkheim, «Dieu gouverne le monde de plus en plus haut et de plus en plus loin[27]», c'est la métamorphose religieuse de l'individu qui constitue la démonstration ultime de sa présence dans le monde. Plus la perspective

146

Figures du religieux en mouvement. Le converti

que le message religieux s'accomplisse sur le terrain social recule, plus l'accomplissement historique de la promesse religieuse paraît s'éloigner, plus s'impose la figure compensatrice de l'individu régénéré qui témoigne personnellement de la puissance de transformation attachée à ce message. La «figure du converti» condense, dans le registre de l'adhésion et de l'implication individuelle, l'idéal d'une totalisation religieuse de l'expérience humaine qui, au plan social, ne fait plus ni sens, ni *a fortiori* norme. Elle fonctionne, en ce sens, comme une transposition individualisée d'une utopie religieuse vidée de son potentiel de changement social.

Le converti, figure exemplaire du croyant
Il n'est pas étonnant, dès lors, que la figure du converti tende, du côté des institutions religieuses, à s'imposer comme la figure exemplaire du croyant. Dans la mesure où le contexte de la sécularisation érode les formes conformistes de la participation religieuse, déjà disqualifiées par la valorisation moderne de l'autonomie individuelle, la conversion est associée plus étroitement que jamais à l'idée d'une intensité d'engagement religieux qui confirme l'authenticité du choix personnel de l'individu. Se convertir, c'est, en principe, embrasser une identité religieuse dans son intégralité. Si le développement contemporain des conversions est en rapport direct avec la montée générale d'une religion de volontaires, émancipés des contraintes d'une religion d'obligation, il engage aussi ces derniers sur la voie d'une radicalité religieuse que la démarche même de la conversion est supposée impliquer. De ce point de vue, les institutions religieuses ne se contentent pas, lors-

La religion en mouvement

qu'elles valorisent la figure du converti, de prendre acte du fait que l'appartenance religieuse ne constitue plus, dans les sociétés modernes, une dimension «normale» et impérative de l'identité individuelle. Elles entendent, en même temps, promouvoir un régime intensif de la vie religieuse qui apparaît comme la seule manière pour elles de résister à la marée continuellement montante de l'indifférence religieuse.

Ceci ne signifie pas que les postulants à la conversion soient nécessairement accueillis à bras ouverts! Le fait est particulièrement clair dans le judaïsme où le rapport qui existe entre filiation et appartenance religieuse évacue, par principe, toute visée prosélyte. Bien que les différents courants du judaïsme aient développé des conceptions substantiellement divergentes de l'appartenance juive et fixé, du même coup, des critères différents d'appréciation de la légitimité de la demande de conversion[28], l'accès au prosélytat est, dans tous les cas, minutieusement codifié. Le dispositif général comporte la vérification préalable des motifs du postulant qui ne doit pas désirer pas la conversion pour des «motifs douteux». Il est alors averti du «poids que représente le fardeau de la Torah». L'enseignement auquel il doit se soumettre est inséparable des pratiques prévues par la Loi. Si l'intéressé persévère après avoir été en principe repoussé par trois fois par l'autorité rabbinique, il est admis au rituel proprement dit qui l'incorpore au peuple élu (circoncision, bain rituel). Le processus a duré plusieurs mois, et parfois plusieurs années. Ce long chemin marque clairement que le candidat à l'entrée dans le peuple élu doit pleinement porter la charge d'une intégration qu'il demande de son propre chef, et qui n'a pas,

Figures du religieux en mouvement. Le converti

comme telle, valeur de témoignage édifiant. Si le «converti de l'extérieur» devient juif à ses risques et périls, le «converti de l'intérieur», juif de naissance qui embrasse l'intégralité de la Loi après s'être tenu longtemps éloigné de ses exigences, porte au contraire fortement, aux yeux des institutions juives et des communautés elles-mêmes, l'idéal d'une vie juive authentique. La figure du «ba'al tshuva» est d'autant plus mise en valeur que cet idéal tend à se dissoudre du fait à la fois de l'avancée de la sécularisation, de l'assimilation culturelle et sociale des populations juives et de la multiplication des mariages mixtes. Ressaisie à partir des phénomènes de renforcement de l'entre-soi juif caractéristique de certains quartiers[29], la montée de l'orthodoxie religieuse qui accompagne une construction communautaire de l'identité juive s'alimente symboliquement à la figure du «croyant parfait» qu'est supposé incarner celui qui fait retour à la tradition et particulièrement à la cacherout.

On peut s'attendre à ce que le christianisme, qui perçoit le converti comme un témoin de l'action divine et s'appuie sur son témoignage dans son action évangélisatrice, ait, à l'égard des candidats à la conversion, une attitude plus accueillante. Les Eglises devraient même, en toute logique, s'efforcer de provoquer des conversions pour réaliser leur mission de salut, comme le font, avec une formidable efficacité, les courants évangéliques et néo-pentecôtistes partout dans le monde[30]. Le tableau des conversions contemporaines au catholicisme en France livre cependant des observations assez différentes. Les récits des convertis font souvent état des réticences ou des étonnements qu'a d'abord suscités leur demande dans les communautés de «vieux chrétiens» auxquelles ils se sont adressés. De fait, à l'exception de certains courants charismatiques qui recourent à des techniques de prosélytisme direct (prédication de rue, témoignages publics, etc.) souvent reprises de la tradition pentecôtiste, l'institution manifeste, de façon générale, une grande discrétion dans ses pratiques de recrutement hors du vivier de ses ressortissants «naturels». Cette discrétion s'explique tout à la fois par la crainte, enracinée dans son expérience historique, de réactiver l'image agressive d'une institution catholique occupée à conquérir les consciences, et par la remise en question, elle-même liée aux transformations du régime de la vérité dans un univers religieux désormais investi par la culture moderne de l'autonomie individuelle, de toute pratique pastorale de «captation» des individus. Dès lors que l'idée s'impose, y compris parmi les prêtres et les fidèles les mieux intégrés, que chacun «découvre» son chemin spirituel et que tous (y compris l'humanisme athée) comportent leur part de vérité sans qu'aucun puisse prétendre aujourd'hui à l'exclusivité du sens, la conversion des non-catholiques ou des «sans religion» peut difficilement constituer un objectif mobilisateur. Plus exactement, la problématique de la «mission» n'a pas cessé de se déplacer, depuis un demi-siècle, de la conquête directe des âmes vers le témoignage éthique supposé accréditer, dans un monde «sorti de la religion», la puissance du message évangélique. Pendant de longues années, l'Eglise s'est employée à justifier théologiquement une stratégie de l'«enfouissement», fondée sur l'immersion des chrétiens «missionnaires» dans un univers séculier qu'ils devaient transformer silencieusement en y assurant la présence des valeurs chrétiennes. Le renouveau actuel d'une politique de visibilité, particulièrement sensible dans les grands rassemblements aujourd'hui à l'honneur, correspond moins au retour en force de pratiques prosélytes qu'au besoin de conforter, *ad intra*, l'identité d'une communauté que se perçoit elle-même comme une minorité. Dans ce contexte de fragilité identitaire, où la montée des demandes de conversion de «sans religion» se déploie à rebours de la tendance lourde à la diminution du nombre des baptêmes et des inscriptions d'enfants au catéchisme, la figure du converti ne permet guère d'anticiper le triomphe ultime de la vérité catholique sur l'indifférence et l'erreur. Mais elle permet de construire une représentation rénovée d'une Eglise ouverte aux «demandes de sens» des individus modernes, s'offrant elle-même comme «communauté catéchuménale élargie» non seulement au nombre – modeste – de ceux qui demandent d'être comptés au nombre de ses fidèles, mais surtout à ses ressortissants «naturels», beaucoup plus nombreux, qui n'assument pas leur appartenance religieuse formelle comme une identité personnellement choisie. Il est tout à fait significatif, de ce point de vue, que les communautés dites «nouvelles» se soient activement saisies de ce défi catéchuménal en se définissant elles-mêmes comme les lieux privilégiés des démarches de «recommencement[31]». Ce positionnement catéchuménal les démarque clairement des formes classiques du regroupement paroissial qui s'adressent avant tout aux catholiques de naissance. Il leur assure, du même coup, une indépendance au moins relative par rapport au cadre ter-

La religion en mouvement

ritorial de l'exercice de l'autorité épiscopale. Il leur permet, en même temps, de légitimer cette prise de distance de façon quasiment imparable en invoquant le privilège accordé, par la tradition de l'Eglise, aux brebis les plus éloignées ou les plus égarées...

Du point de vue sociologique, l'enjeu catéchuménal cristallise, de façon plus générale, une mutation de la sociabilité religieuse. L'adhésion des volontaires, personnellement et consciemment engagés, tend à prendre le pas sur l'intégration «naturelle» des générations successives au sein de l'Eglise. L'institution accompagne, en le justifiant théologiquement, un processus qui s'impose, de fait, à elle. La pratique, en vigueur depuis le Concile, consistant à exiger des gages de leur implication personnelle aux parents demandant le baptême pour leurs enfants, et plus généralement à tous les individus demandant à bénéficier des services sacramentaires de l'institution, s'inscrit clairement dans ce courant. Et c'est bien à ce titre qu'elle a fait et fait encore l'objet de vifs débats au sein du catholicisme. Les pratiques d'accueil des convertis, mises en place en France à travers le Service national du Catéchuménat relayé localement par ses antennes diocésaines, doivent être considérées à la lumière de cette tendance. Formellement, ce service se présente comme un dispositif structuré de «mise en conformité» des demandeurs, nécessaire à leur intégration à part entière dans la communauté. L'Eglise requiert en effet du candidat à la conversion une préparation catéchuménale qui dure en général au moins deux ans. Celle-ci comporte, après le temps de la première prise de contact, sept étapes rituellement balisées : depuis le moment dit de «l'entrée en

Figures du religieux en mouvement. Le converti

Eglise» où le postulant et l'institution (représentée par l'assemblée locale) officialisent ensemble la demande du premier, jusqu'à la réception par celui-ci des sacrements de l'initiation chrétienne (baptême, eucharistie, confirmation) généralement imposés dans le même mouvement. Entre les deux, le candidat reçoit une formation catéchétique et liturgique, en même temps qu'une première socialisation ecclésiale assurée par la communauté catéchuménale à laquelle il est incorporé. Mais en même temps que ce parcours assure l'adéquation du candidat aux exigences de l'institution, il le constitue, pour la communauté qui l'accueille et l'institution en général, en un «croyant exemplaire» : celui qui a choisi sa foi et en répond personnellement devant la communauté. Le fait de conférer au converti en une seule fois les sacrements de l'initiation chrétienne est beaucoup plus, dans cette perspective, qu'une sorte de procédure de rattrapage, prévue pour permettre au néophyte de rejoindre rapidement le gros des troupes des fidèles de naissance. Il fait de celui-ci la référence d'une pastorale de l'initiation qui s'adresse potentiellement à l'ensemble des «vieux chrétiens». L'importance et le soin apporté dans la plupart des diocèses à la préparation de la confirmation des grands adolescents et des jeunes gens relèvent du même mouvement[32]. Le baptême des petits enfants demeure, pour l'Eglise, la règle ordinaire et commune. Mais c'est une pratique décevante pour les prêtres et les laïcs volontaires quand les parents résistent ou s'adaptent mollement et sans conviction à la demande d'implication personnelle qui leur est faite, à travers les sessions de préparation au baptême. Cette déception, couramment exprimée par les intéressés, cristallise la contradiction entre le souci de l'institution de s'incorporer le plus grand nombre possible de fidèles dont la participation religieuse sera sollicitée après coup et l'impératif de la conversion personnelle qui correspond à la fois à la culture moderne de l'adhésion «choisie» et à la condition minoritaire des croyants affiliés à une confession religieuse dans une société sécularisée. La figure du converti baptisé à sa demande à l'âge adulte permet de sublimer cette contradiction en manifestant de façon spectaculaire le sens authentique du sacrement qui le fait membre de l'institution. La solennité liturgique des baptêmes d'adultes restitue aux différentes étapes de l'initiation leur pleine portée symbolique, «compactée» et euphémisée dans le rituel ordinaire du baptême des petits enfants[33]. Reçu avec circonspection lors de sa première approche de l'institution, le converti est symboliquement constitué, au cours du parcours initiatique qui lui est imposé, comme celui qui incarne les significations partagées d'une communauté dont le rassemblement résulte de la volonté des individus qui s'y reconnaissent. Il atteste en même temps que la figure de l'Eglise comme «communauté naturelle» a définitivement vécu.

De cette transformation fondamentale qui engage la nature même de l'institution religieuse, les JMJ parisiennes d'août 97 ont offert une intéressante illustration. Contrairement à ce qui s'était passé lors des rassemblement précédents à Compostelle, Czestochowa ou Denver, la veillée des jeunes autour du pape le samedi soir à Longchamp ne prit pas la forme habituelle de «l'échange dialogal» entre les pèlerins et le souverain pontife. A l'initiative de l'archevêque de Paris, qui dut défendre avec vigueur une idée qui ne reçut pas – tant s'en faut – l'assentiment immédiat de Rome, la soirée de Longchamp fut transformée en une veillée baptismale, organisée autour du baptême et de la confirmation de huit jeunes adultes des différents continents. Invités à s'identifier à ce groupe de catéchumènes qui incarnaient la diversité même de la foule présente, les pèlerins étaient eux-mêmes constitués, par la puissance d'imposition symbolique d'une manifestation liturgique à pareille échelle, en une assemblée de convertis. A ce stade du pèlerinage, des jeunes à l'affiliation religieuse distendue ou imprécise avaient rejoint les bataillons des premiers pèlerins issus des mouvements et paroisses catholiques : la cérémonie baptismale de Longchamp lissait la diversité des participants et des participations en constituant la foule en une assemblée d'individus en chemin de conversion. En même temps, elle transformait l'émotion collective accumulée sur place en une attestation de masse de la continuité de la lignée croyante signifiée, de la façon la plus explicite, par le carrousel des immenses bannières portant les invocations de la litanie des saints au milieu de la foule des pèlerins. La pelouse de Longchamp fut, ce soir-là, le lieu de la production d'une identité communautaire, à partir de la dynamique émotionnelle d'un rassemblement d'individus authentifiés comme des convertis par le baptême de quelques-uns.

Les communautés sous le règne de l'individualisme religieux

Individualisme religieux et individualisme moderne.
Les deux figures typiques du «pélerin» et du «converti» permettent de décrire la scène religieuse contemporaine comme une scène en mouvement. Elles ont aussi en propre de souligner que c'est l'individu qui en est désormais le centre. Toutes les enquêtes le confirment en effet. Le paysage religieux de la modernité est caractérisé par un mouvement irrésistible d'individualisation et de subjectivisation des croyances et des pratiques. «La modernité religieuse, c'est l'individualisme» : cette proposition, déclinée à l'infini à partir des observations conduites dans toutes les sociétés occidentales, constitue aujourd'hui le leitmotiv de la réflexion sociologique sur le religieux. Mais la formule prête aussi à confusion, car elle semble suggérer que l'individualisme religieux s'impose, comme une réalité absolument neuve, avec la modernité. En fait, on peut parler d'individualisation du

La religion en mouvement

religieux dès lors qu'intervient la différenciation entre une religion rituelle, laquelle requiert uniquement des fidèles l'observation minutieuse des pratiques prescrites, et une religion de l'intériorité qui implique, sur le mode mystique ou éthique, l'appropriation personnelle des vérités religieuses par chaque croyant. Dans toutes les grandes religions, cette différenciation s'est manifestée, sous des formes diverses, bien avant l'émergence de la modernité. L'histoire de la mystique chrétienne peut être lue tout entière, de ce point de vue, comme une histoire de la construction du sujet religieux. Histoire éminemment paradoxale, car la recherche de l'union à Dieu passe, dans la perspective mystique, par un travail de dépouillement de soi-même, par un évidement des passions, intérêts, pensées, sentiments et représentations dans lesquels s'inscrit la singularité de l'individu. Pourtant ce dépouillement qui arrache l'individu aux déterminations singulières de sa vie, constitue, pour celui qui parcourt ce chemin, une voie d'accès à lui-même. Il ouvre même à la plus haute conscience possible de soi : celle qui procède précisément de l'expérience de l'union à l'Un. Dès le IIIe siècle, Plotin, dont l'expérience imprégnée d'influences néoplatoniciennes a orienté de façon décisive toute la tradition de la spiritualité chrétienne, a bien exprimé ce mouvement d'«affirmation négative» du sujet croyant : «Souvent – écrit-il – je m'éveille à moi-même en m'échappant de mon corps, étranger à toute chose; dans l'intime de moi-même, je vois une Beauté aussi merveilleuse que possible. Je suis convaincu surtout que j'ai une destinée supérieure; mon activité est le plus haut degré de la vie; je suis uni à l'être divin.» D'un côté donc, la voie mystique, déployée à travers les siècles de l'histoire chrétienne, constitue un chemin extrême d'individualisation de l'expérience religieuse, réservé – de fait – à un petit nombre de virtuoses, porteurs, comme dirait Max Weber, d'un «charisme mystique». De l'autre côté, c'est à travers le «façonnement rationnel et méthodique» de la vie de l'individu[1] que la voie éthique constitue celui-ci comme sujet croyant. Dans le christianisme, c'est le calvinisme qui a poussé le plus loin cette logique éthique de l'individualisation religieuse, en développant l'idée que chacun doit trouver, dans tous les aspects de sa vie quotidienne dans le monde et particulièrement dans sa vie professionnelle, la confirmation qu'il est personnellement sauvé. En l'absence de toute médiation entre lui-même et Dieu, le croyant se trouve ainsi confronté, de façon radicalement individuelle, à la question de son propre salut.

Quel lien cet individualisme religieux, de genre mystique ou éthique, entretient-il avec la modernité? Inutile d'insister longuement sur la thèse weberienne classique qui a mis en valeur l'affinité élective tissée entre l'éthique individualiste et intramondaine du puritanisme et l'esprit de la modernité économique capitaliste à l'état naissant. Mais il serait abusif d'en déduire que la trajectoire chrétienne de l'individualisation religieuse, qui trouve sa forme la plus radicale chez Calvin, anticipe directement l'émergence de l'individualisme moderne. Établir une continuité sans faille entre l'individualisme religieux de genre mystique ou éthique et la conception moderne de l'individu est tout aussi absurde que le point de vue inverse qui consiste à faire de l'individualisme religieux une conquête fraîche de la

La religion en mouvement

modernité. Car celui-ci se sépare de l'individualisme moderne, dont l'origine se trouve dans la reconnaissance de l'autonomie du sujet, à deux points de vue au moins : d'une part, il constitue l'individu dans le mouvement même par lequel celui-ci se déprend de lui-même pour se livrer à Dieu; d'autre part, il dévalorise absolument les réalités mondaines qui font obstacle à cette union avec le divin. Ce double trait ne caractérise pas seulement une conception extramondaine de la mystique et de l'éthique, telle que la tradition catholique a pu la développer. Il est présent encore dans la conception intramondaine de l'éthique que fait prévaloir la Réforme. C'est la raison pour laquelle le théologien et sociologue allemand Ernst Troeltsch a réagi de façon critique à l'idée rebattue selon laquelle l'individualisme religieux d'orientation intramondaine issu de la Réforme aurait directement préparé et annoncé l'émergence de la conception moderne de l'individu, et ouvert ainsi la voie à l'avènement de la démocratie. Troeltsch insiste certes sur le fait que la valorisation luthérienne du travail dans le monde a permis le développement d'une éthique religieuse fonctionnelle par rapport au développement du capitalisme. Mais il souligne en même temps que celle-ci se trouve elle-même en contradiction avec l'éthique moderne qui reconnaît et magnifie l'autonomie des réalités mondaines. Luther se situe encore dans la perspective néoplatonicienne d'une dévalorisation des réalités mondaines. De façon encore plus nette, Troeltsch récuse l'idée qu'en développant sa doctrine de la prédestination et en poussant à son terme la logique de la *gratia sola,* Calvin aurait jeté les ferments du processus moderne d'individualisation.

Les communautés et l'individualisme religieux

Car pour Calvin, la créature élue n'est pas pour autant valorisée. Sauvée par pure grâce, elle ne trouve son sens que dans le service du Royaume. Si le croyant s'engage intensément dans les tâches mondaines, il le fait exclusivement pour la gloire de Dieu et parce que ce monde est lui-même voulu par Dieu. Mais cette activité est, en tant que telle, insignifiante. Elle ne permet pas à l'individu d'assurer son salut et elle ne tire pas de valeur de l'accomplissement personnel qu'elle lui offre. L'individualisme calviniste nie l'autonomie de l'individu et il demeure, à ce point de vue, en contradiction avec l'individualisme rationaliste et positif issu des Lumières. «Calvin – écrit Troeltsch dans les *Soziallehren* – n'admet pas la liberté de l'homme. Elle est exclue de son système théologique et de son système social. Le règne de Dieu ne se propose pas à la libre acceptation de l'homme; il s'établit par la persuasion sans doute, mais aussi par la répression de toute rébellion, par la contrainte (…). Pour lui, l'honneur de Dieu est maintenu quand l'homme est courbé devant sa Loi dans une attitude de soumission libre ou forcée.» Cette exigence de l'obéissance s'oppose fondamentalement à la conception moderne de l'individu autonome. Elle sépare aussi le calvinisme des sectes puritaines, dans la mesure où celles-ci requièrent de leurs membres une adhésion libre et volontaire à la communauté. En fait, si «modernité protestante» il y a, c'est au sein de ces courants néocalvinistes piétistes et puritains que Troeltsch la localise principalement. Elle procède pour une bonne part des conflits politiques qui ont conduit ces communautés à revendiquer la liberté de conscience, à promouvoir une organisation communautaire fondée sur la libre volonté de chacun et à affirmer leur indépendance en généralisant la pratique de l'élection des pasteurs. En réaction contre la tutelle des églises et leur formalisme rituel, ces communautés ont radicalisé la problématique luthérienne de l'intériorisation éthique de la relation à Dieu. Elles ont développé en même temps un séparatisme d'avec le monde qui accordait à celui-ci, *de facto*, la reconnaissance de son autonomie. La spiritualité sectaire de la Réforme radicale entretient, de ce point de vue, des affinités électives positives avec l'individualisme moderne. Mais la spiritualité luthérienne et calviniste demeure inscrite, pour l'essentiel, dans une logique d'affirmation négative de l'individu, caractéristique de l'individualisme religieux prémoderne[2].

L'individualisme religieux ne fait pas plus la modernité que la modernité n'invente l'individualisme religieux. Ce qui caractérise la scène religieuse contemporaine, ce n'est pas l'individualisme religieux comme tel; c'est l'absorption de celui-ci dans l'individualisme moderne.

La mutation moderne de l'individualisme religieux : le cas de la «nébuleuse mystique-ésotérique»
Cette mutation moderne de l'individualisme religieux n'est nulle part mieux repérable qu'au sein de cet ensemble composite de groupes et réseaux spirituels constitués autour de maisons d'édition, de librairies ou de centres de stage qui forment ce que F. Champion appelle la «nébuleuse mystique-ésotérique». Ce qui fait l'unité de cet ensemble, c'est une religiosité entièrement centrée sur l'individu et son accomplissement personnel[3]. Celle-ci se caractérise tout d'abord par le primat accordé, dans ces groupes et réseaux, à l'expé-

rience personnelle que chacun mène selon sa voie propre. Il ne s'agit pas de découvrir et d'adhérer à une vérité existant en dehors de soi, mais d'expérimenter – chacun pour soi – sa propre vérité. Aucune autorité ne peut, en matière spirituelle, définir une quelconque orthodoxie ou orthopraxie s'imposant, de l'extérieur, à l'individu. L'objectif poursuivi est le perfectionnement de soi, perfectionnement qui ne concerne pas l'accomplissement moral de l'individu, mais son accès à un état supérieur d'être. Cet autoperfectionnement est accessible par des pratiques psycho-corporelles empruntant à toute la gamme des techniques mises au point par les grandes traditions spirituelles et mystiques. Mais le recours à ces techniques s'inscrit dans une vision définitivement optimiste des capacités de l'homme de parvenir, selon la voie qu'il choisit en toute responsabilité, à la pleine réalisation de lui-même.

Le salut visé par ce travail d'autoperfectionnement concerne exclusivement la vie ici-bas. Il s'agit d'atteindre soi-même, de façon aussi complète que possible, les objectifs que la société moderne offre comme horizon à tous : la santé, le bien-être, la vitalité, la beauté. Cette conception strictement intra-mondaine du salut s'inscrit dans une conception moniste du monde. Elle récuse tous les dualismes : humain-divin, naturel-surnaturel, etc. Elle met en question, en même temps, la fragmentation des savoirs et des pratiques qui fait échouer l'ambition moderne du progrès individuel et collectif. Une telle perspective de réunification spirituelle de la vie individuelle et collective doit assurer le règne d'une «éthique d'amour» qui manifeste la convergence des voies de vérité explorées par les individus. Elle implique également une nouvelle alliance avec la science moderne. L'objectif de puissance sur la nature que celle-ci poursuit rencontre en effet celui de l'accomplissement total des capacités physiques et psychiques de l'individu qui guide la quête spirituelle. D'où l'importance que nombre de ces courants accordent aux «réalités non ordinaires» (sorties hors du corps physique, voyages dans des vies antérieures, communication avec les esprits et avec les extra-terrestres, etc.). Le fait que l'homme puisse y accéder en développant ses capacités spirituelles propres ne contredit pas le projet de la science. Il le complète au contraire, car il constitue une manière pour l'individu d'entrer dans le projet de connaissance et de puissance sur le monde que développe, par d'autres voies, la science moderne.

Si les groupes et réseaux de la nébuleuse mystique-ésotérique constituent, en dépit du caractère relativement confidentiel de leur développement, au moins en France, un instrument d'analyse de la réalité religieuse contemporaine, c'est qu'ils poussent dans toutes leurs conséquences des tendances présentes également dans les mouvements de renouveau qui travaillent les religions historiques : recherche de l'authenticité personnelle, importance accordée à l'expérience, rejet des systèmes de sens clés en mains, conception intramondaine d'un salut pensé comme autoperfectionnement individuel, etc. Ces différentes tendances illustrent très exactement le phénomène d'absorption de l'individualisme religieux dans l'individualisme moderne, sous le signe de la valorisation du monde d'une part et de l'affirmation de l'autonomie du sujet croyant d'autre part. La «modernité religieuse» est le produit de cette opération.

Les communautés et l'individualisme religieux

Dieu proche, Dieu lointain : les deux pôles de la mutation
La question qui se pose est évidemment celle des étapes historiques de cette mutation. On peut penser que celle-ci s'est engagée en même temps que s'imposait, dans la société, la politique et la culture, une modernité qui se définit elle-même comme la réalisation d'un ordre de la raison, suscitant l'ambition d'une conquête méthodique de la nature et fondant l'autonomie des individus capables d'exercer collectivement leur souveraineté politique. Le tournant culturel et politique du XVIIIe siècle ouvre, à ce double titre, la possibilité de la recomposition de l'individualisme religieux dans l'individualisme moderne. Il l'appelle même logiquement, dans la mesure où l'avènement de la modernité ne résorbe pas – à beaucoup près – toutes les interrogations métaphysiques et spirituelles d'une humanité confrontée à l'incertitude et à la finitude de sa propre condition. Une véritable enquête historique serait évidemment indispensable pour étayer sérieusement cette proposition. Il faudrait, pour la mener à bien, s'attacher tout particulièrement à l'étude des mouvements spirituels qui ont précédé et accompagné l'avènement des Lumières. Faute de pouvoir ici engager une telle recherche, on se bornera seulement à dessiner, de façon tout à fait cavalière, l'objectif qu'on pourrait lui assigner.

L'individualisme religieux moderne est caractérisé, on l'a déjà dit, par l'accent qu'il place sur l'accomplissement personnel de l'individu, mais également par la reconnaissance qu'il accorde aux réalités du monde dans lequel cet individu se meut de façon autonome. On peut faire l'hypothèse que si l'individualisme religieux pré-moderne chrétien a réalisé sa mutation dans l'individualisme moderne, c'est parce qu'il s'est lui-même orienté selon ces deux directions : en mettant Dieu à la portée de l'homme d'une part; en l'éloignant radicalement de la sphère des activités humaines de l'autre. Le premier mouvement a déplacé la quête du dépouillement de soi-même en vue de l'union au divin vers l'expérience affective de la présence divine en soi. Le second, en réduisant la plausibilité d'une intervention divine dans le monde, a libéré les potentialités autonomes de l'individu. Ainsi formulée, l'hypothèse apparaît évidemment bien abrupte. Elle doit, en tout état de cause, être testée avec beaucoup de précautions. Mais divers indices permettent, à défaut de l'établir solidement, d'en préciser la portée. On pourrait ainsi suggérer que l'invention de l'ange gardien personnel, à la fin du XVe siècle – invention dont J. Delumeau a marqué l'importance dans l'histoire de la spiritualité catholique – offre une première et suggestive représentation de l'attention affectueuse de Dieu aux besoins humains, attention qui va être progressivement mise en valeur[4]. De façon plus générale, on observe que le XVIIe siècle est caractérisé, chez les catholiques comme chez les protestants, par l'émergence de mouvements qui développent une piété fortement émotionnelle, sensible à la proximité affective du divin plutôt qu'à la distance d'un Dieu que le fidèle ne peut rejoindre qu'au prix d'un dépouillement impliquant un impitoyable travail ascétique sur lui-même. Est-ce là l'une des clés de la diffusion qu'ont connu, au sein d'un large public laïc, les orientations spirituelles du courant que l'on a pris l'habitude de désigner, depuis la parution de l'*Histoire littéraire du sentiment religieux d'Henri Brémond* (1925),

Les communautés et l'individualisme religieux

comme l'«Ecole française de spiritualité»? Le fait est que ce courant, lié notamment à l'«humanisme dévôt» inspiré par saint François de Sales, a contribué à répandre une spiritualité plus douce et plus humaine que la mystique héroïque des grands spirituels espagnols dont elle se réclame. Une spiritualité, en tout cas, qui établit le fidèle, non dans l'effort éperdu pour en finir avec les conditionnements de son existence, mais dans une contemplation paisible du Christ «dans chacun des "états" de son humanité». De façon générale, les différents courants de spiritualité qui prolifèrent en France au XVIIe siècle visent moins l'abolition de l'individu en Dieu que l'accès, par la méditation et l'oraison, au sentiment simple de la présence divine. Cette forme apaisée de la contemplation requiert la disponibilité intérieure, le «recueillement amoureux», une «amoureuse, simple et permanente attention aux choses divines», mais elle n'implique pas nécessairement un effort ascétique forcené. En proposant une voie spirituelle centrée sur la présence intérieure pacifiante et comblante de Dieu, les mystiques français l'ouvrent en même temps – au moins potentiellement – au grand nombre des fidèles. Il s'agit de se tenir simplement devant Dieu, de «se plaire et s'accoutumer en sa divine compagnie, parlant humblement et s'entretenant amoureusement avec lui en tout temps, à tout moment, sans règle ni mesure[5]». Cette orientation n'est pas réservée à des virtuoses à la vocation exceptionnelle. Elle esquisse de ce fait, même si elle demeure encore inscrite dans la problématique mystique d'un anéantissement en Dieu qui s'opère dans le renoncement au désir et à la crainte, la voie possible d'une spiritualité «facile[6]», accessible, positive, dans laquelle l'individu peut trouver un chemin personnel de réalisation. Elle annonce un Dieu amical, un Dieu «près du cœur», soucieux des besoins de l'homme et qui s'offre à la communication intime avec lui, figure que la spiritualité des XIXe et XXe siècles déclinera plus tard de diverses façons.

L'insistance placée par la spiritualité catholique du XVIIe siècle sur la présence sensible de Dieu et sur l'expérience affective que peut en faire le croyant suggère un rapprochement avec la redécouverte de l'expérience émotionnelle comme source vivante de la foi que poursuit le mouvement piétiste, dans le contexte protestant allemand du XVIIe siècle. Récusant à la fois le formalisme des constructions dogmatiques et la froideur d'une pratique chrétienne routinisée, le mouvement s'engage avec la création des «communautés de réveillés» et la publication par Jacob Spener des *Pia Desideria, ou désir sincère d'une amélioration de la vraie vie évangélique* (1675). Il met en avant la piété intérieure et valorise puissamment la dimension affective de l'expérience spirituelle personnelle. Cette orientation dominera la théologie protestante européenne et nord-américaine jusqu'au milieu du XVIIIe siècle et suscitera, outre un renouveau profond de la vie des églises, la multiplication des initiatives protestantes dans le domaine médical, pédagogique, social et artistique[7]. Le rapprochement avec la spiritualité française du XVIIe siècle apparaît d'autant plus justifié que le piétisme se caractérise aussi par un souci de vivification de la foi du peuple chrétien, et non pas seulement par l'exploration d'un chemin de virtuosité religieuse réservé à quelques-uns. De façon plus générale, on peut se demander si les effervescences spi-

Les communautés et l'individualisme religieux

rituelles des XVIIe-XVIIIe siècles ne peuvent pas être mises en rapport, de façon au moins indirecte, avec la première émergence d'un individualisme moderne qui valorise la réalisation psychologique du sujet. Certaines correspondances repérables entre une problématique spirituelle du repos et de l'unification de soi-même en Dieu et les réflexions que le XVIIIe siècle a vu fleurir sur la nature du bonheur offert à l'homme sur la terre justifient, d'une certaine manière, cette interrogation[8]. L'«apathie heureuse» qui résulte, selon Marmontel, du silence des passions, dans l'équilibre et le repos, ou encore la conception rousseauiste du bonheur comme «rapprochement de soi[9]», qui coexiste, chez l'auteur des *Rêveries*, avec la recherche de l'intensité et de l'exaltation associée à une extrême acuité de la conscience sollicitent ce rapprochement. Le Rousseau de *La Profession de foi du vicaire savoyard* n'invoque-t-il pas d'ailleurs un Dieu «sensible au cœur»? La littérature qui, au XVIIIe siècle, fait du cœur et des sentiments le moyen d'accéder à la vérité (en même temps qu'à la réalisation de soi) fait écho, à certains égards, aux courants spirituels qui font de l'expérience affective le moment par excellence de la rencontre du divin. La centralité accordée par le piétisme à l'individu et à ses affects, la place donnée à l'introspection, place qui se manifeste dans l'importance des correspondances et des journaux intimes, ont d'ailleurs laissé une trace profonde dans l'inspiration littéraire préromantique et romantique allemande. S'il faut manier ces correspondances et influences avec prudence, on peut au moins se demander si une problématique diversifiée de l'accomplissement spirituel personnel ne cherche pas sa voie dans ces différents courants, au-delà de la problématique mystique prémoderne de l'anéantissement de l'individu en Dieu.

Face au mouvement qui dessine un Dieu proche et amical, la culture des Lumières apparaît marquée par une tendance toute contraire à repousser Dieu dans un ciel lointain et à l'y laisser. Cette spiritualité de la distance divine s'épanouit, de la façon la plus explicite, dans les différents courants du déisme. Née outre-Manche, au sein de l'Eglise anglicane et des Eglises protestantes non-conformistes, elle n'eut pas de meilleur apôtre en France que Voltaire, dont A. Dupront a admirablement mis au jour l'effort pour promouvoir une religion sans église, capable de dépasser la particularité limitée des différentes révélations : une religion enracinée dans la religion naturelle qui est la religion universelle de l'humanité[10]. Cette vraie religion est, selon Voltaire, «l'adoration de l'Etre suprême, sans aucun dogme métaphysique». Dieu est la puissance d'unité et d'éternité de l'univers, un Dieu qui règne à travers les lois générales qui gouvernent la nature, un Dieu géomètre «qui a tout arrangé avec ordre, poids et mesure», mais qui n'intervient en rien dans la vie des hommes. Voltaire accepte l'idée d'un Dieu créateur et père. Il récuse par contre toute idée d'un Dieu incarné, qui interagit avec les hommes et avec qui on peut avoir une relation personnelle. Dieu n'est présent dans la vie des hommes que dans la mesure où il est le fondement d'une communauté émotionnelle : celle qui unit les individus dans la fraternité universelle. «J'entends par religion naturelle, écrit Voltaire, les principes de la morale communs au genre humain». Cette formule résume, toujours selon Dupront, «le mouvement qui, par l'universel,

Les communautés et l'individualisme religieux

réduit le naturel à la morale». C'est un aveu laïc de désacralisation religieuse, «où le déisme, s'il n'est pas une morale laïque, est la religiosité d'une nécessité d'éthique collective». S'il est intéressant de s'attarder sur la religion de Voltaire, du point de vue des rapports entre modernité et spiritualité, c'est parce qu'elle donne sa forme la plus explicite à un mouvement beaucoup plus large, qui s'est développé avant et après lui. Le déisme du XVIIIe siècle est porteur d'une critique radicale d'un christianisme clérical auquel il reproche à la fois d'entretenir un sacré mythique, source de «préjugés» et de «superstitions», et de méconnaître, en absolutisant la révélation à laquelle il se réfère, l'existence d'une religion universelle à travers l'espace et le temps, religion commune à tous les hommes et présente à travers la diversité des religions historiques[11]. Le déisme anglais, le mysticisme intellectuel de Spinoza, la conception maçonnique du grand Architecte de l'univers qui se répand au XVIIIe siècle dans toute l'Europe éclairée, développent, chacun à leur façon, cette thématique. Le mouvement déiste des Lumières procède d'une critique de la religion traditionnelle, mais il conserve la référence à Dieu et cherche à s'établir, tout au long du siècle, comme une religion positive. Dans le déisme, Dieu est présent, mais sans communication avec l'homme. C'est là le dernier moment, selon A. Dupront, d'une évolution religieuse qui en comporte trois. Le premier correspond à la chrétienté médiévale, dans laquelle «surnature et nature sont coparticipantes en Dieu», où le salut est commun et passe à la fois par des voies naturelles et eschatologiques. La Réforme ouvre un second temps, celui de la séparation, ou du moins de la distinction grandissante, entre Dieu et les hommes : c'est la religion du *Deus solus*, engagé dans une communication individuelle avec chaque croyant. «Le troisième temps est le nôtre : entre les deux mondes, de Dieu et de l'homme, il y a coexistence silencieuse.» Le déisme prend ainsi sa place, dans les expériences religieuses de l'Occident moderne, comme «le témoignage de l'épuisement d'une religion traditionnelle de salut commun et celui de la crainte d'une société à admettre toutes les conséquences d'une religion uniquement de salut individuel[12]». Il marque, autrement dit, la transition entre l'univers de la religion traditionnelle et celui de la modernité religieuse.

Résumons-nous. La spiritualité des Lumières s'établit entre deux pôles qu'on peut définir, de façon idéale-typique, l'un par la découverte de la proximité intime et amicale de l'homme avec un Dieu connaissable par le cœur, l'autre par l'établissement d'une coexistence indifférente entre l'homme et Dieu, coexistence qui assure à l'homme la possibilité d'affirmer son autonomie. Relèvent du premier pôle les courants spirituels chrétiens du XVIIe, mais aussi le hassidisme juif qui prospère au XVIIIe siècle en Pologne, en opposant à la froideur intellectualiste du judaïsme rabbinique une piété émotionnelle, joyeuse et enthousiaste, fortement marquée d'influences cabalistes. Le déisme, dans ses différentes variantes, est en affinité forte avec le second pôle. Dieu proche d'un côté; Dieu lointain de l'autre. La proximité d'un Dieu avec qui la communication est possible, facile et affectivement gratifiante le fait progressivement opérateur de l'épanouissement personnel de l'individu. L'éloignement d'un Dieu qu'on adore à

Les communautés et l'individualisme religieux

distance et dont on n'attend pas qu'il intervienne dans la vie des humains assure leur pleine autonomie mondaine aux activités humaines. Ces deux configurations spirituelles s'établissent à la jointure du monde religieux traditionnel gouverné par l'autorité hétéronome de la Révélation et du monde moderne où s'impose l'autonomie de l'individu. En même temps que l'écart entre ces mondes s'accentue, la densité des contenus spirituels dont chaque pôle est porteur tend progressivement à s'affaisser. Le déisme, confronté à la rationalité de la pensée scientifique moderne, s'épuise rapidement; la mystique catholique aussi bien que le piétisme marquent tout au long du XVIIIe siècle un déclin qui contraste avec les effervescences spirituelles du siècle précédent. Sur toute la durée du parcours, les deux mouvements, en apparence contradictoires, révèlent qu'ils sont en fait inséparables l'un de l'autre et se renforcent mutuellement. L'intériorisation affective de la présence du divin en soi permet de faire face à l'expérience d'un monde où Dieu n'agit plus, et elle aiguise, en même temps, cette épreuve du vide qui marque l'entrée dans la modernité[13]. Les deux représentations en tension – celle du Dieu intime et celle du Dieu lointain – constituent *ensemble* la figure de transition à partir de laquelle l'individualisme religieux a pu composer avec l'individualisme moderne qui est alors en train de s'imposer dans la culture de l'Occident. Si le mouvement d'«intimisation» de la relation à Dieu est poussé dans toutes ses conséquences, il ne laisse plus subsister, en effet, qu'une piété purement intérieure, subjective et privée, de moins en moins susceptible de s'exprimer dans une foi communautaire partagée, et qui

La religion en mouvement

exclut par là même toute vision d'une présence active de Dieu dans la réalité du monde. Le Dieu le plus proche est aussi, dans ce scénario, le Dieu le plus lointain. La valorisation spirituelle de la proximité affective du divin permet de justifier théologiquement le retrait de Dieu d'un monde définitivement séculier. La reconnaissance de cette absence constitue dès lors une attitude croyante légitime[14]. Cette perspective trouve un prolongement chez le philosophe italien G. Vattimo, pour qui l'incarnation du Christ fonde un «christianisme amical» («je ne vous appelle plus serviteurs, mais amis») qui évacue, en principe, tous les traits transcendants, incompréhensibles et mystérieux du sacré naturel. L'intimité de Dieu avec l'homme constitue, selon Vattimo, le vecteur même de la sécularisation qu'opère le christianisme[15]. Ce «christianisme amical» implique et suscite la révolution moderne que constitue l'affirmation d'un sujet croyant, capable de se penser lui-même comme un partenaire égal dans cette relation d'amis; capable également de se mouvoir de façon autonome dans un monde débarrassé de la présence aliénante du sacré. Une nouvelle figure de l'individualisme religieux s'inaugure ici : celle de *l'individualisme religieux moderne*, qui s'épanouit dans les formes les plus contemporaines de la religiosité.

Religiosité moderne et recherche de la puissance : la recherche d'une nouvelle alliance avec la science
Le tableau des effervescences spirituelles qui ont précédé immédiatement et encadré le tournant des Lumières fait écho, par d'autres biais encore, aux traits caractéristiques de cette religiosité contemporaine,

Les communautés et l'individualisme religieux

identifiés en particulier à partir des courants multiformes de la nébuleuse mystique-ésotérique. Pour compléter la mise en perspective, il faut faire état d'une troisième composante qui trouve un prolongement très direct dans ces courants. Il s'agit des ésotérismes mystiques, qui témoignent de multiples façons de la recherche d'une pratique spirituelle individuelle donnant accès à une connaissance et à une approche nouvelle du monde. Une pratique capable également de doter l'individu d'une maîtrise des forces à l'œuvre dans tous les aspects de la réalité, naturelle, sociale et psychique, et lui permettant de réaliser par cette voie son aspiration à une société meilleure et plus authentiquement humaine. Au XVIIIe siècle, les courants spirituels qui développent cette volonté de puissance démiurgique s'alimentent à de multiples sources. La cabale juive, dont les cabalistes chrétiens de la Renaissance et leurs successeurs dans les diverses écoles de théosophie ont assuré la diffusion à travers toute l'Europe et dans toutes les couches de la société, leur offre des ressources inépuisables[16]. La fécondité de ce filon dans de multiples groupes à la recherche d'une sagesse primordiale récapitulant l'ensemble des savoirs et des traditions n'est pas le moindre des fils qui manifestent la continuité, sur deux siècles, entre les effervescences spirituelles du siècle des Lumières et la nouvelle culture spirituelle contemporaine. La ville de Lyon avant la Révolution donne une idée de ce terreau foisonnant[17]. La recherche de la puissance associée au développement des connaissances nouvelles imbibe, par exemple, le *martinésisme* de Martinès de Pasqually, dont le *Traité de la réintégration des êtres* combine une

La religion en mouvement

lecture théosophique de l'univers et une doctrine de l'«émanation». L'unité divine renferme originellement toutes choses; elle s'accroît sans cesse par l'émanation (l'émancipation par le Créateur) d'êtres «émanés» auxquels il donne volonté propre, c'est-à-dire liberté et autonomie. La doctrine de Villermoz, issue des théories de Pasqually, se présente comme une sorte de catholicisme maçonnique, qui met l'accent à la fois sur l'union des églises, la recherche de la communication avec le monde spirituel, et l'exigence de pureté morale. L'autre disciple de Martinès de Pasqually, Claude de Saint-Martin, fondateur du grand mouvement mystique dit *martinisme*, constate la pleine universalité de la révélation — tous les peuples sans exception ont reçu la parole divine — et définit la vie religieuse comme une recherche individuelle de la communication. Son traité de 1782, intitulé *Tableau naturel des rapports qui existent entre Dieu, l'homme et l'univers*, construit une théologie spirituelle individualiste, susceptible de satisfaire à la fois l'esprit des Lumières et les pulsions préromantiques qui se font jour en même temps. Le développement de ces mouvements (on pourrait en citer beaucoup d'autres) qui prolifèrent en France à la veille de la Révolution fait écho à la recherche d'une alliance — et même d'un alliage — entre la quête spirituelle et le projet de connaissance scientifique et de maîtrise technique du monde que l'on identifie souvent comme un trait spécifique des courants religieux les plus contemporains. L'expérience spirituelle est conçue comme le moyen et l'expression de la puissance que l'individu peut exercer sur le monde et sur lui-même, hors de tout engagement dans une église particulière. C'est là un

Les communautés et l'individualisme religieux

aspect essentiel du réagencement de l'individualisme religieux qu'induit son absorption dans la modernité.

L'étude des diverses configurations des rapports entre modernité et spiritualité depuis le XVIIe-XVIIIe siècle appellerait, redisons-le, des considérations autrement fouillées que les notations passablement impressionnistes introduites ici. Cette évocation est cependant indispensable pour une mise en perspective du développement contemporain des «nouveaux mouvements religieux», dont la sociologie surestime fréquemment le caractère inédit. En fait, la spécificité de ces mouvements tient surtout à ce qu'ils poussent dans toutes ses conséquences la logique de l'incorporation de la quête spirituelle à une modernité psychologique caractérisée par le souci individuel de l'accomplissement de soi. Les tendances constamment soulignées par les enquêtes empiriques à la subjectivisation des croyances religieuses traditionnelles, au rejet des «vérités» reçues d'ailleurs, à la valorisation de l'authenticité du parcours spirituel que chacun est supposé conduire selon ses dispositions et intérêts sont autant d'indicateurs de ce mouvement, à échelle plus générale.

Individualisation du croire et communalisation religieuse
La question qui se pose alors est celle de savoir quelles formes de sociabilité religieuse peuvent encore exister lorsque s'impose, de façon aussi massive, un individualisme religieux pleinement intégré à l'individualisme moderne. Si le sujet produit lui-même, de façon autonome, le petit dispositif du sens qui lui permet d'orienter sa propre vie et de répondre aux questions ultimes de

son existence, si son expérience spirituelle se condense dans une relation intime et purement privée avec ce qu'il choisit ou non de nommer Dieu, si cette expérience éminemment personnelle ne prescrit pas une action dans le monde, l'appartenance à une communauté croyante devient alors secondaire, sinon complètement inutile. Cette propension à «croire sans appartenir» se vérifie même dans le cas où l'individu donne à sa quête spirituelle un sens religieux, autrement dit lorsqu'il établit un lien entre sa solution croyante personnelle et une tradition croyante instituée à laquelle il se réfère librement. «Je me sens spirituellement chrétien, mais je n'appartiens à aucune église», «je me sens proche du bouddhisme», «je suis attiré par la mystique musulmane». Pour faire valoir de telles préférences personnelles, aujourd'hui couramment exprimées par des croyants librement flottants, il n'est pas nécessaire de rejoindre un groupe religieux particulier. Il suffit de lire telle revue, de fréquenter telle librairie, de suivre tel programme de télévision, ou encore – et de plus en plus fréquemment – de se brancher sur tel ou tel site Internet. Cette disjonction de la croyance et de l'appartenance est évidemment encore plus nette dans tous les cas où le sujet croyant revendique de pouvoir choisir, dans les différentes traditions, ce qui lui convient à lui. En un sens, on peut imaginer que la logique du «bricolage croyant» rende impossible la constitution de communautés croyantes réunies par une foi partagée. Dans cette hypothèse limite, l'actualisation communautaire d'une lignée croyante quelconque – cette référence à la continuité d'une tradition qui fait la substance même du lien religieux – tend à disparaître. L'expansion de la spi-

Les communautés et l'individualisme religieux

ritualité moderne de l'individu pourrait bien signer, de ce point de vue, la fin de la religion. Car l'atomisation des quêtes spirituelles individuelles ne décompose pas seulement le lien religieux constitué dans l'attestation d'une vérité partagée par une communauté passée, présente et future. Elle interdit en même temps, au nom d'une conception purement subjective de la vérité à atteindre, la recomposition de ce lien, sous quelque forme que ce soit.

Cette hypothèse d'une «décomposition sans recomposition» a été avancée par F. Champion, à propos de certains courants de la nébuleuse mystique-ésotérique contemporaine, en particulier pour les formes les plus diluées des réseaux du New Age. Dans ce dernier cas, le lien social entre les adeptes se résume en effet au recours épisodique à des centres de ressources : librairies, centres de stage, salons d'exposition, etc. Dans la mesure où des individus s'y rencontrent régulièrement et tissent entre eux des liens affinitaires plus ou moins stabilisés, ces libres-services du sens se constituent tout au plus en coopératives spirituelles, au sein desquelles s'échangent des informations, des adresses, des titres d'ouvrages, etc. Les revues qui circulent dans ce milieu s'adressent à des lecteurs qui ont des intérêts spirituels convergents, mais elles n'expriment qu'exceptionnellement un point de vue qui leur serait commun. Les liens qui se nouent par ces différents biais témoignent d'affinités spirituelles plus ou moins reconnues par les intéressés, mais ils ne les associent pas «religieusement» entre eux. Manque en effet la référence commune à une vérité partagée, constitutive d'une tradition faisant autorité, référence qui fait la substance même du lien socialreligieux. La validation du croire demeure une opération rigoureusement individuelle : à chacun sa vérité... Ce régime purement subjectif de la vérité peut préserver une forme de religiosité individuelle (le fait, pour un individu, de reconnaître son affinité subjective avec telle ou telle tradition croyante), mais il dissout, potentiellement, toute forme de communalisation religieuse.

Ce schéma constitue évidemment une tendance limite. Il ne se réalise concrètement que lorsque s'impose un régime *d'autovalidation du croire,* dans lequel le sujet ne reconnaît qu'à lui-même la capacité d'attester la vérité de ce à quoi il croit. Cette tendance existe dans certains courants spirituels contemporains, mais elle est loin d'être exclusive. La diversification du croire suscite également un mouvement tout contraire de prolifération communautaire. Fait que l'on peut résumer de la façon suivante : plus les individus «bricolent» le système de croyances correspondant à leurs besoins propres, et plus ils aspirent à échanger cette expérience avec d'autres qui partagent le même type d'aspirations spirituelles. Cette contradiction apparente correspond en fait aux limites intrinsèques de l'autovalidation du croire. Pour stabiliser les significations qu'ils produisent afin de donner un sens à leur expérience quotidienne, les individus peuvent rarement se contenter de leur propre conviction. Ils ont besoin de trouver à l'extérieur l'assurance que leurs croyances sont pertinentes. Pendant des siècles, cette confirmation leur était fournie par les codes globaux du sens (systèmes religieux ou philosophiques, idéologies politiques, etc.) garantis par les institutions et leurs clercs. Ces dispositifs de la validation institutionnelle fonctionnent aujourd'hui de façon chaotique. C'est donc

Les communautés et l'individualisme religieux

avant tout dans l'échange mutuel que les individus peuvent espérer trouver les moyens de consolider l'univers personnel de sens dont ils se dotent. En l'absence d'un tel soutien, il y a gros à parier que les significations individuellement produites, à supposer d'ailleurs qu'elles parviennent à émerger comme telles, ne fassent pas sens longtemps. La logique de l'autovalidation du croire qui marque la sortie définitive de la quête spirituelle hors du monde des certitudes confirmées de la religion, rencontre également cette limite. On observe qu'elle active, dans des proportions étonnantes, la consommation de biens culturels (livres, films, revues, etc.) qui soutiennent la recherche purement individuelle de confirmations croyantes. En témoigne le succès des ouvrages de genre spirituel, de Bobin à Coelho, les triomphes éditoriaux des livres de témoignages ou d'entretiens avec des personnalités que les médias désignent comme des athlètes de la quête du sens, du Dalaï Lama à l'abbé Pierre, ou encore le boom de la littérature ésotérique qui occupe, depuis une vingtaine d'années, des rayons entiers dans toutes les grandes librairies. Le partage de ces lectures constitue d'ailleurs l'un des ressorts de l'agrégation en réseaux des chercheurs individuels de sens : réseaux fluides, mobiles, instables et même, de plus en plus, virtuels, qui constituent le degré zéro, si l'on peut dire, de la communalisation spirituelle. Celle-ci est susceptible, si elle permet l'incorporation subjective et objective des intéressés à une lignée croyante reconnue comme telle, d'évoluer vers une forme de communalisation religieuse.

Dans ce dernier cas, l'autovalidation laisse la place à un régime de *validation mutuelle du croire*, fondé sur

La religion en mouvement

le témoignage personnel, l'échange des expériences individuelles, et éventuellement sur la recherche des voies de leur approfondissement collectif. La validation mutuelle n'est pas seulement au principe de la constitution des réseaux mouvants de la nébuleuse mystique-ésotérique. Elle envahit également le monde des religions instituées. Le paysage actuel des églises est caractérisé par le développement de groupes et réseaux qui mettent en œuvre, en marge ou au cœur des paroisses et des mouvements, des formes souples et mouvantes de sociabilité, fondées sur les affinités spirituelles, sociales et culturelles des individus qui y sont impliqués. Un bon exemple en est donné par les groupes spirituels, catholique ou protestant, qui réunissent, de façon le plus souvent informelle, des professionnels œuvrant dans le même secteur d'activité et partageant des liens amicaux, mais aussi un langage, des références, un bagage culturel communs. Leur préoccupation principale n'est pas d'abord d'évangéliser un milieu professionnel particulier, à la façon, par exemple, des mouvements d'Action catholique spécialisée. Elle est plutôt de donner à chacun les conditions optimales d'une expression de ses expériences et de ses attentes. Lorsqu'il s'engage dans un groupe religieux militant, l'individu adhère à des croyances communes et se met au service des objectifs du groupe. Lorsqu'il participe aux rencontres d'un cercle spirituel affinitaire, le groupe lui offre l'appui d'un dispositif de «compréhension mutuelle», au service de chacun des membres.

On saisit ici ce qui sépare les formes de sociabilité religieuse correspondant au régime de la validation

Les communautés et l'individualisme religieux

mutuelle du croire et celles qui s'établissent, à l'intérieur et à l'extérieur des grandes traditions religieuses, à partir d'un régime de *validation communautaire du croire*. Dans ce dernier cas, des croyants convaincus investissent des certitudes partagées dans des formes communes d'organisation de la vie quotidienne et d'action dans le monde. C'est dans un mode de vie entièrement fondé sur des principes religieux que s'atteste la pertinence des croyances. Le modèle «militant» du «mouvement» évoqué plus haut, mais également le modèle «monastique» d'une vie religieuse vécue en dehors du monde, impliquent ainsi l'adhésion à un régime commun du croire gagé, si l'on peut dire, sur l'intensité de l'engagement individuel et collectif. La cohésion communautaire témoigne, pour chacun, de la vérité du croire commun.

Les grandes religions font prévaloir, en principe, un *régime institutionnel de la validation du croire*, mis en œuvre par des instances garantes de la continuité de la lignée croyante. Le type d'organisation du pouvoir propre à chaque tradition varie. Mais, dans tous les cas, des autorités religieuses reconnues (prêtres, rabbins, imams, etc.) définissent les règles qui sont, pour les individus, les repères stables de la conformité croyante et pratiquante. Ce système normatif vaut pour l'ensemble des fidèles. Il n'exclut pas cependant que se différencient, à l'intérieur d'une institution donnée, des régimes de validation communautaire du croire répondant au désir de groupes particuliers de vivre leur foi de façon intensive. Des communautés unissent ainsi de façon plus étroite et plus spécifique des familles spirituelles qui partagent une interprétation commune du rapport au monde et du mode de vie qu'implique la possession de la vérité. Les congrégations et ordres religieux, les mouvements, les confréries, les groupes de dévotion, les communautés dites «nouvelles» inscrivent leur propre régime de validation à l'intérieur du régime général de la validation institutionnelle. Cette revendication ne va pas sans de fréquents conflits avec les autorités en charge de la régulation de la vie religieuse ordinaire : l'histoire des fondations d'ordres religieux en porte particulièrement la trace. Le conflit prend un tour aigu, et peut même donner lieu à un schisme, lorsque la pratique de la validation communautaire du croire se développe de façon autonome, au sein de groupes ou courants radicaux mettant en question, au nom de la conversion que de vrais croyants doivent assumer, la valeur de la vie religieuse ordinaire à laquelle les institutions assignent leurs fidèles. Le régime de la validation communautaire du croire implique une démarche personnelle d'adhésion de la part des individus regroupés dans la communauté. Au sein du groupe des convertis, c'est l'intensité de l'engagement pris par chacun qui valide, pour les autres, les croyances partagées.

Contrairement à ce qu'on pourrait spontanément penser, la montée de l'individualisme religieux, qui rend chacun responsable de sa foi, a contribué à renforcer l'affirmation et la pluralisation des régimes communautaires du croire liant contractuellement des individus également impliqués dans leur vie religieuse, aux dépens des définitions institutionnelles du croire formellement (et mollement) partagées par un peuple de fidèles passivement soumis à l'autorité de ses pasteurs. Cette tendance s'est manifestée de façon exemplaire, dans l'histoire du christianisme, avec le développement des communautés et mouvements de la Réforme radicale. Mais la tension entre le régime institutionnel et les régimes communautaires de validation de la vérité (du «croire vrai») est présente dans toutes les institutions religieuses. Poussée à l'extrême, elle tend à isoler de la masse des fidèles de petits groupes d'individus «purs», capables de témoigner intégralement les uns pour les autres de la vérité qu'ils partagent, capables donc de se passer de la légitimation de l'institution. Le temps du «salut commun» identifié par Dupront comme la première étape de la trajectoire historique du christianisme fut typiquement celui de la validation institutionnelle du croire. La seconde étape, celle de l'affirmation, scellée par la Réforme, d'une conception individuelle du salut, fut celle du conflit entre un régime de validation institutionnelle du croire et des régimes multiples de validation communautaire du croire. La troisième étape est celle de la modernité religieuse, autrement dit celle de l'absorption de l'individualisme religieux dans l'individualisme moderne, qui consonne avec une conception intramondaine et subjectivisée du salut individuel. Elle est aussi celle de l'avènement d'un régime de validation mutuelle du croire, qui fait de l'échange des expériences personnelles le support de l'accès subjectif de chacun à «sa» vérité.

Essayons de résumer les traits de ces quatre régimes typiques de la validation du croire en fonction, dans chaque cas, de l'instance de validation (qui dit le croire vrai?) et du critère mis en œuvre (qu'est-ce qui fait la vérité du croire?).

Le régime de la validation institutionnelle du croire remet à l'autorité religieuse (les détenteurs autorisés du pouvoir de dire la vérité du croire) le soin de confirmer les croyances et pratiques des fidèles. Le critère retenu est celui de la conformité des croyances et des pratiques par rapport à la norme fixée par l'institution. La typologie des modèles de régulation religieuse établie par J.P. Willaime permet de repérer utilement, à l'intérieur de ce régime général, des modes d'organisation différents de la gestion du croire dans le christianisme. Dans le catholicisme, où prévaut un pouvoir religieux de type «institutionnel rituel», c'est un magistère institutionnel, dont l'évêque est le personnage garant, qui assume cette fonction. Dans le protestantisme, où s'impose un modèle «institutionnel idéologique» du pouvoir, le théologien a le premier rôle dans la régulation idéologique du croire[18]. Des différenciations plus fines de la régulation du pouvoir permettent de faire apparaître une série de variantes possibles. En régime de validation communautaire du croire, c'est le groupe comme tel qui constitue l'instance de légitimation. Dans ce cas, la cohérence des comportements de chacun des membres au regard des normes, des objectifs et plus largement du rapport au monde définis par le groupe constitue le critère principal de la vérité du croire partagé. L'égalitarisme de principe, supposé régir les relations au sein du groupe, ne signifie pas qu'aucun leader ne puisse émerger : mais celui-ci est toujours supposé s'exprimer au nom du groupe tout entier; il est la voix du groupe. En régime de validation mutuelle, c'est dans la confrontation intersubjective que s'opère la mise au jour de la vérité du croire. Le seul critère reconnu dans cet échange est celui de l'authenticité de la quête individuelle qui s'y exprime, pour chacun de ceux qui y sont partie prenante. Aucune instance exté-

Les communautés et l'individualisme religieux

rieure – ni institution, ni communauté – ne peut prescrire à l'individu l'ensemble des vérités à croire. Il n'y a de «croire vrai» que personnellement approprié. En régime d'autovalidation, toute instance de validation autre que l'individu lui-même disparaît. C'est en lui-même, dans la certitude subjective de posséder la vérité, qu'il trouve la confirmation de la vérité de la croyance.

Régime de validation	*Instance de validation*	*Critère de validation*
Institutionnel	l'autorité institutionnelle qualifiée	La conformité
Communautaire	le groupe comme tel	La cohérence
Mutuel	l'autre	L'authenticité
Autovalidation	l'individu lui-même	La certitude subjective

A ces différents régimes typiques de la validation du croire, qui peuvent éventuellement se combiner, il faut ajouter un autre dispositif de validation : celui qui passe par l'intervention et le témoignage de personnalités exceptionnelles que leur expérience (ou la révélation personnelle qu'ils ont reçue) qualifie pour servir de guides à ceux qui se reconnaissent en elles. Ces prophètes trouvent dans la «communauté émotionnelle» des disciples qui se rassemblent autour d'eux la confirmation de leur propre élection charismatique. Mais ce jeu de la reconnaissance réciproque peut s'inscrire aussi bien dans les règles de la validation communautaire du croire que dans celles de la validation mutuelle du croire. Le prophète peut définir des normes communautaires offertes à l'adhésion de chacun des adeptes. Il peut simplement ouvrir un chemin aux individus qui s'identifient à son expérience. Il peut même, dans le cas où il s'agit d'un charisme de fonction, s'inscrire en le renforçant dans un dispositif de validation institutionnelle du croire. La *validation charismatique* du croire ne constitue pas comme telle un régime spécifique de légitimation de la croyance : elle traverse en fait les régimes précédemment identifiés, en assurant notamment le passage de l'un à l'autre. L'extrême individualisation du croire qui caractérise le paysage religieux de la modernité avancée, l'affaissement des régimes institutionnels de la validation du croire et le besoin croissant de confirmation mutuelle et communautaire des «petites vérités» produites par les individus favorise considérablement le rôle de personnalités qui peuvent témoigner, par leur expérience personnelle, d'une antériorité sur le chemin de la vérité et donc d'une capacité d'initier ceux qui sont disposés à les suivre. De Desmond Tutu à l'abbé Pierre, en passant par Mère Theresa, le Dalaï Lama ou Jean-Paul II, des figures religieuses exercent une fascination sur l'opinion qui contraste singulièrement, notamment chez les jeunes, avec la faible confiance accordée par ailleurs aux institutions religieuses. L'aura qui entoure ces «héros spirituels» n'est pas sans rapport avec la spectacularisation généralisée de la vie sociale qui correspond à l'avènement de la civilisation des médias. Leur succès entretient également un lien certain avec une culture de la performance qui valorise tous ceux, quel que soit le domaine dans lequel ils déploient leurs activités, qui sont parvenus à sortir des sentiers battus, à s'arracher aux routines de la vie ordinaire et à «aller jusqu'au bout d'eux-mêmes». Certains – de Guy Gilbert, «curé chez les loubards» à Monseigneur Gaillot – font, avec un bonheur inégal, jouer ensemble ces différents registres possibles de la «charismatisation» moderne. Reste que la perte de plausibilité des systèmes de sens formatés par les institutions tend à conférer à des grands témoins constitués en hommes-sens (ou en femmes-sens) une «capacité validatrice» croissante. Ces figures charismatiques – prophètes, sages, gourous, bergers, etc. – qui relaient à différents niveaux les figures traditionnelles du pouvoir religieux – prêtres, pasteurs, anciens et autres chefs de communautés – constituent en même temps des maillons mobiles, qui assurent couramment le passage des individus d'un mode de validation du croire à un autre, et ceci dans tous les sens. Dans la perspective weberienne classique, qui fait du charisme «la force de changement des époques liées à la tradition», le «porteur d'un charisme prophétique» se distingue et s'affirme en se prévalant d'une «révélation personnelle» et neuve, qui inaugure, pour ceux qui la reçoivent, un nouveau mode de vie. Le succès des «personnalités charismatiques» tient avant tout, dans les sociétés gouvernées par la culture de l'individu, à ce que celles-ci font valoir une expérience vécue originale. L'intensité et la qualité de leur engagement définissent exactement leur capacité normative vis-à-vis d'autrui et l'étendue de la reconnaissance à laquelle elles peuvent prétendre. L'exigence de l'implication personnelle renvoie à la problématique moderne de la responsabilité de l'individu. Elle fait de ces personnalités les porteurs privilégiés du régime de la validation mutuelle du croire. Mais du fait même de l'autorité que ces «individus accomplis» constituent ainsi au titre de leur «aînesse spirituelle», ils peuvent cristalliser autour d'eux – et ceci au-dehors aussi bien qu'au dedans des grandes églises – des communautés de disciples au sein desquelles s'impose souvent, au moins au bout d'un certain temps, un régime communautaire de la validation du croire. Ils peuvent ainsi contribuer, par la seule vertu de leur aura, à faire évoluer un réseau spirituel fonctionnant en régime de validation mutuelle, vers un régime plus structuré de la validation communautaire du croire partagé, dont ils se posent alors en garants. La dynamique d'un certain nombre de communautés nouvelles au sein desquelles la personnalité du fondateur a progressivement concentré l'adhésion de membres réunis initialement par des affinités spirituelles partagées entre eux de façon égalitaire, voire relativement lâche, illustre bien ce mouvement[19]. Enfin, lorsqu'ils peuvent se prévaloir à la fois d'une autorité institutionnelle formelle et d'une capacité charismatique personnelle, ces leaders peuvent jouer un rôle dans la «mise en conformité» institutionnelle de groupes ou de réseaux organisés d'abord plutôt sur la base d'une validation communautaire ou mutuelle du croire commun. Un certain nombre de prêtres, de pasteurs ou de rabbins, reçus comme des «personnalités prophétiques» au sein de groupes aspirant à bénéficier de la communication de leur expérience, jouent clairement ce rôle de médiateurs institutionnels. Leur charisme personnel, en rechargeant l'efficacité de leur «charisme de fonction», permet, dans un certain nombre de cas, de restaurer un régime de validation institutionnelle du croire, par-delà la dissémination des petits récits croyants.

Eglise, secte, mystique
En faisant du régime de la validation du croire le principe de la différenciation des formes de la sociabilité

Les communautés et l'individualisme religieux

religieuse, on rencontre inévitablement la typologie classique des formes de communalisation chrétienne mise au point par Weber et Troeltsch. Le principe de différenciation que ceux-ci retiennent avant tout, c'est le rapport particulier que chacune entretient avec le monde, rapport qui trouve sa légitimité dans la prédication évangélique elle-même. Rappelons-en brièvement les termes. C'est à Max Weber que l'on doit la différenciation entre deux types de groupements religieux : *l'église*, communauté naturelle au sein de laquelle on naît, et la *secte*, groupement volontaire de croyants dans lequel on entre après une conversion personnelle. Mais c'est Ernst Troeltsch qui a donné toute son ampleur à cette opposition en la croisant – dans ses *Soziallheren* – avec une typologie historique des grandes périodes du christianisme : christianisme antique, christianisme médiéval, christianisme de la Réforme. «Institution de salut», l'église est en charge de la rédemption universelle. Elle assure pour tous les hommes la transmission de la grâce et doit, pour réaliser sa mission, embrasser toutes les sociétés et toutes les cultures. Institution sainte, dont la pureté ne dépend pas de celle de ses membres, elle n'impose à ses fidèles ordinaires que des exigences religieuses minimum et réserve l'intensité religieuse à un petit nombre de virtuoses, en même temps qu'elle requiert un corps de spécialistes spécialement formés à cet effet pour gérer et distribuer les biens de salut. Cette visée universelle et ce régime de «double éthique» la dispose à entretenir des liens de compromis avec la culture et la politique de son temps, afin d'étendre son emprise sur la société. A l'opposé de l'action «en extension» qui caractérise l'église, la secte est caractérisée par l'intensité de l'engagement quotidien qu'elle requiert de ses membres. Ceux-ci sont des croyants régénérés qui entrent dans le groupe en vertu d'un choix personnel. Aucune spécialisation ministérielle, aucune médiation du rapport aux Ecritures ne sont imaginables au sein d'une communauté égalitaire fondée sur le lien contractuel qui lie les convertis. La fidélité religieuse exige d'eux un travail permanent de purification et de sanctification personnelles. La sainteté du groupe dépend de la pureté de chacun et de la correction fraternelle qui s'exerce en son sein. Alors que l'Eglise s'efforce de s'incorporer le plus grand nombre possible de fidèles, la secte s'ouvre exclusivement à des individus «religieusement qualifiés» dont le témoignage collectif, simplement exemplaire ou activement militant, voire révolutionnaire, doit confondre la culture et la politique mondaines appelées à s'effacer devant l'ordre divin. Hors de tout compromis avec le monde profane, la secte affirme, en marge de la société, la radicalité de l'exigence évangélique.

La perspective troeltschienne fait bien apparaître la tension entre deux conceptions de la réalisation de l'idéal chrétien, qui induisent des rapports au monde différenciés – négociation ou sécession – et se cristallisent dans des formes opposées de «sociation» religieuse. Cette tension, présente dès l'origine du christianisme, se déploie, en se transformant en fonction des conditions sociales, économiques, politiques, culturelles et intellectuelles, sur toute la durée de son histoire. Mais, à ces deux types de groupements nettement différenciés, Troeltsch en ajoute un troisième, moins clairement identifiable car il se développe couramment

Les communautés et l'individualisme religieux

à l'intérieur même des églises et évolue souvent vers la secte lorsqu'il se stabilise. Il s'agit du type dit «mystique» *(«Spiritualismus»)*. Cette forme de regroupement chrétien trouve sa justification théologique dans le fait que Jésus lui-même n'a créé ni église, ni secte : il a rassemblé des individus qu'unissait leur choix personnel de suivre le Maître. Le temps de la Réforme, temps par excellence de l'individualisme religieux, a donné une forte impulsion à ce type de regroupement en réseau, réunissant des individus – pour l'essentiel des intellectuels – partageant l'idée que le Royaume est au-dedans de chacun. Chacun peut donc, de façon directe, personnelle et non médiatisée, faire l'expérience de cette présence. Fondée sur l'idée de la présence en chaque homme (chrétien ou pas) du principe divin, cette conception immédiate, sensible et antidogmatique de l'expérience chrétienne, rejette les formulations doctrinales figées, les pratiques rituelles stéréotypées, et plus généralement toute forme d'organisation communautaire, église aussi bien que secte. Elle privilégie l'échange individuel et le compagnonnage spirituel au sein de cercles intimes d'édification mutuelle. Dans la perspective troeltschienne, le type mystique cristallise le principe de la religiosité individuelle caractéristique de la modernité.

On voit bien qu'il est parfaitement possible de faire correspondre à chacun de ces types de groupements religieux, église, secte, réseau mystique, un régime dominant de légitimation des croyances. L'église met en œuvre un régime de validation institutionnelle du croire; la secte ne connaît que la validation communautaire, en référence directe à l'Ecriture; le réseau mystique enfin s'oriente vers la validation mutuelle du croire. Pourquoi, dès lors, ne pas s'en tenir aux catégories classiques?

Pour répondre à cette question, il faut d'abord rappeler que les notions de secte et d'église ont été forgées comme des types-idéaux des groupements *chrétiens* en combinant deux séries de traits distinctifs : d'une part, des caractéristiques touchant à l'organisation des groupes (dimension, conditions d'appartenance, structure du pouvoir, degré de perméabilité à l'environnement social, politique et culturel, etc.); de l'autre, des éléments qui engagent le contenu même de la croyance (conceptions du rôle de l'Eglise dans l'économie du Salut, théologie des sacrements, rapport au monde, etc.). Lorsqu'on utilise à tout va le mot «secte» pour désigner n'importe quel groupe religieux intensif réunissant un petit nombre d'adeptes que leurs croyances et leur mode de vie séparent du reste de la société, on oublie que les définitions établies par Weber et Troeltsh trouvent leur principe dans ces divergences théologiques irréductibles, qui concernent la conception même du salut chrétien. La «mise hors contexte» de la typologie classique élaborée pour penser les différenciations chrétiennes au temps de la Réforme, la fait servir, de façon tout à fait abusive, à une classification statique des groupes religieux, sans grand rapport avec le propos des deux sociologues allemands[20].

La typologie classique des groupes chrétiens superpose en fait deux principes de classement. Le premier différencie des modes d'affirmation du christianisme dans l'histoire; le second identifie des modes d'existence sociale du religieux. La typologie des formes de

Les communautés et l'individualisme religieux

validation du croire concerne exclusivement ce second registre. Son premier intérêt est donc de pouvoir fonctionner comme outil de mise en ordre de la réalité en dehors du champ chrétien. Indépendante des contenus religieux ou spirituels validés, elle peut s'appliquer au judaïsme ou à l'islam, servir à cerner les différents courants se référant au bouddhisme en Occident ou à différencier les logiques différentes des «nouvelles religions». Par ailleurs, dans la mesure où elle s'attache exclusivement aux logiques internes de la légitimation du croire et aux différentes formes possibles de la gestion de la vérité mises en œuvre par les groupes religieux, la typologie des régimes de validation peut servir autant à identifier des moments caractéristiques de la trajectoire d'un groupe religieux dans le temps qu'à identifier des formes stabilisées et distinctes de communalisation religieuse. Elle permet de marquer la perméabilité, caractéristique de la modernité religieuse, entre les réseaux régis par la validation mutuelle du croire et le régime purement individuel de l'autovalidation. Elle peut servir à mettre en évidence les passages dans tous les sens qu'un groupe peut effectuer d'un régime de validation à un autre, en fonction de sa dynamique interne, des dispositions de ses membres, des sollicitations de son environnement, etc. Elle autorise, plus généralement, à faire jouer, de façon souple, l'analyse de la combinaison possible entre ces différents régimes au sein même de groupes qui relèvent, du point de vue de leurs caractéristiques formelles (nombre, relation à l'environnement, organisation interne du pouvoir, etc.), plutôt du type «église» ou plutôt du type «secte». L'approche des formes de communalisation par les modes de validation du croire permet ainsi de repérer des dynamiques à l'œuvre dans le paysage éminemment mobile et fluide de la modernité religieuse.

Le double mouvement de la «désinstitutionnalisation» du religieux

L'affaissement des observances, le développement d'une religion «à la carte», la prolifération des croyances bricolées, la diversification des trajectoires de l'identification religieuse, le déploiement d'une religiosité pèlerine : tous ces phénomènes sont des indicateurs d'une tendance générale à l'érosion du croire religieux institutionnellement validé. Dans une France majoritairement catholique, ce phénomène atteint de façon particulièrement visible l'Eglise romaine. Mais toutes les églises chrétiennes et l'ensemble des institutions religieuses sont confrontées, de diverses façons, à l'affaiblissement de leur propre capacité régulatrice. La crise va beaucoup plus loin que la perte de leur emprise sur la société, une perte engagée de longue date et dont le cours se confond avec celui de la modernité elle-même. Elle engage la relation des individus croyants à une institution à laquelle est désormais contestée l'autorité exclusive de dire ce qu'il faut croire, et donc celle de fixer la définition ultime de l'identité communautaire. Si l'authenticité de la démarche spirituelle personnelle l'emporte désormais, aux yeux des fidèles eux-mêmes, sur la conformité croyante exigée d'eux par l'institution, c'est la légitimité de l'autorité religieuse qui se trouve atteinte, dans son fondement même.

On trouvera à bon droit que cette présentation de la «désinstitutionnalisation» contemporaine du religieux

Les communautés et l'individualisme religieux

force le trait. Les institutions religieuses survivent, elles rassemblent encore des fidèles et se font toujours entendre dans la société. Je ne suggère pas que le mouvement conduit à la désintégration pure et simple de la religion institutionnelle. Je souligne une tendance qui travaille les institutions religieuses et les transforme en profondeur en même temps qu'elle provoque une réorganisation globale du paysage religieux. Les institutions religieuses doivent composer, en leur sein, avec l'envahissement d'un régime de la validation mutuelle du croire qui dissout doucement, en imposant progressivement un «modèle faible» du croire vrai, les dispositifs traditionnels de la validation institutionnelle. Elles doivent en même temps faire face, à l'extérieur et à l'intérieur, à la pluralisation des petits régimes de la validation communautaire qui opposent au mouvement précédent la résistance de «modèles forts» de la vérité partagée. Ceux que ces modèles attirent sont généralement convaincus que la faiblesse des institutions, leur «laxisme» ou leur peur du conflit facilite la montée irrépressible de l'individualisation et de la subjectivisation du croire. Ils y font face en dressant autour du groupe qu'ils forment le mur d'une orthodoxie qu'ils définissent eux-mêmes.

Pour décrire plus précisément cette situation, on peut dire que le paysage religieux de la modernité contemporaine est, en France comme ailleurs, traversé par deux mouvements typiques en sens contraire. Un premier mouvement, en lien direct avec la culture de l'individu qui s'impose dans tous les domaines, tend à relativiser les normes croyantes et pratiquantes fixées par les institutions religieuses. En mettant l'accent avant tout sur la

La religion en mouvement

valeur de la recherche et de l'appropriation personnelles du sens, il dilue pratiquement et conteste parfois explicitement la notion d'«obligation» attachée à ces croyances et à ces pratiques. Si communauté il y a, elle a pour vocation non d'attester une homogénéité des croyances postulée par avance, mais de manifester la «convergence» mutuellement reconnue des démarches personnelles de ses membres. La reconnaissance acceptée des différences est aussi importante, dans cette perspective, que l'affirmation des références croyantes partagées au sein du groupe. Le lien communautaire est supposé se constituer et se reconstituer en permanence à partir du «crédit spirituel» que s'accordent des individus engagés dans la recherche d'une expression commune. L'identification des limites à l'intérieur desquelles cette expression commune reste possible est ainsi placée au principe d'une définition continuellement remaniée de l'identité communautaire. On remarque que cette conception, plus ou moins clairement formalisée, de la communauté est souvent associée avec l'idée d'une «convergence éthique» des grandes traditions religieuses, une convergence qui fixe l'horizon utopique d'une unification possible des «quêtes du sens» individuelles. Un autre mouvement, en sens radicalement contraire, oppose à cette conception «processuelle» de la communauté la solidité collectivement attestée de petits univers de certitudes, qui assurent efficacement la mise en ordre de l'expérience des individus. La communauté concrétise alors l'homogénéité des vérités partagées au sein du groupe, et l'acceptation de ce code du croire communautaire, qui embrasse croyances et pratiques, fixe en retour les frontières du groupe.

Les communautés et l'individualisme religieux

La conception «processuelle» d'une communauté toujours concrètement à faire correspond au régime de la validation mutuelle du croire. La définition «substantive» de la communauté s'accorde au régime communautaire de la validation du croire. Non seulement elles s'opposent directement l'une à l'autre, mais elles défient autant l'une que l'autre la vision institutionnelle qui fait de la «communauté» un garant transcendant, préexistant aux groupes concrets dans lesquels s'actualise, de façon variable, l'appartenance à la lignée croyante. En régime de validation institutionnelle, c'est l'ensemble des croyants passés, présents et futurs qui constitue la «communauté» authentique. Les petites communautés sont des condensations historiques de la lignée croyante. Elles n'épuisent pas la réalité de la «grande communauté» (le Peuple élu, l'Umma ou l'Eglise) qui est leur référence. L'autorité religieuse institutionnelle est celle à qui est reconnue le droit de parler légitimement au nom de la «grande communauté». Garante de la continuité et de l'unité de celle-ci, elle contrôle à ce titre les dynamiques centrifuges ou séparatistes qui peuvent surgir au sein des diverses communautés témoignant de leur affiliation à la lignée croyante. Lorsque cette régulation institutionnelle se délite, ou lorsqu'elle est inexistante, les dynamiques de l'individualisation et de la communautarisation développent leurs effets contradictoires. Bien plus, elles tendent à s'activer l'une l'autre, en accentuant la tension entre les régimes de la validation mutuelle et de la validation communautaire du croire dans un paysage religieux en voie de «désinstitutionnalisation». La tension entre les deux mouvements qu'on vient de décrire se

La religion en mouvement

manifeste à l'extérieur des «grandes institutions» où l'on observe à la fois l'expansion d'un monde de croyances individuellement bricolées et la prolifération de petites communautés – ordinairement appelées «sectes» – qui prétendent pour leurs membres au monopole de la vérité. Mais elle traverse également les «grandes institutions», déboutées, au moins partiellement, de leur légitimité à fixer pour l'ensemble de leurs ressortissants un régime uniforme du croire. Celles-ci s'emploient alors tant bien que mal à gérer la dissociation croissante entre deux impératifs contradictoires. Le premier impératif est d'alimenter un consensus théologique et éthique minimum, capable d'absorber et d'encadrer sans la briser la diversité des trajectoires de plus en plus individualisées de l'identification croyante. Le second est de maintenir, en même temps, un modèle suffisamment fort de la vérité partagée pour éviter d'être débordées par la poussée offensive des petits dispositifs communautaires prêts à offrir à des fidèles perturbés par l'absence ou la perte des repères collectifs la sécurité d'un «code de vérité» clés en mains.

Institutions en crise, laïcité en panne

La question du «pouvoir religieux»
Toutes les institutions religieuses doivent affronter le défi de la désinstitutionnalisation. Mais elles y font face dans des conditions différentes selon le type de régulation de la vérité et d'organisation du pouvoir religieux qui prévaut en leur sein. On peut penser spontanément que le catholicisme où la validation du croire est assurée par un magistère institutionnel offre une capacité de résistance plus forte aux deux mouvements contradictoires que l'on vient d'évoquer. Le régime catholique de la validation institutionnelle s'est inscrit historiquement dans la continuité d'une civilisation paroissiale où la mise en conformité des fidèles se réalisait à travers le culte et l'administration des sacrements. Inséparable à la fois de l'existence de communautés territorialisées et stables et de la présence d'un personnel religieux suffisamment nombreux pour les encadrer, ce modèle paroissial est aujourd'hui en complet remaniement. Ceci n'est pas seulement lié à la fin du monde rural qui en fut

La religion en mouvement

le support historique, ni à la dislocation des communautés naturelles, familiales et villageoises sur lesquelles elle était greffée. La mobilité et le développement des échanges ont certes miné les fondements sociaux et culturels de l'univers religieux paroissial. Mais c'est dans son principe même que cette forme d'organisation religieuse, incluant en droit tous les habitants d'un territoire donné, est aujourd'hui dévaluée. Le croyant moderne ne se contente pas de choisir sa foi : il entend en même temps choisir sa communauté, si du moins il éprouve le besoin d'en avoir une. Aujourd'hui, un catholique partage d'autant plus cette revendication qu'il se perçoit lui-même, dans un univers où les identités confessionnelles ont perdu beaucoup de leur consistance et où le catholicisme ne peut plus prétendre au statut de religion dominante, comme l'adhérent volontaire d'une religion statistiquement majoritaire, mais devenue culturellement et socialement minoritaire. En France, la vitalité de tous les mouvements de volontaires, anciens ou plus récemment apparus, contraste fortement avec l'atonie des paroisses rurales, les plus durement touchées par la fin des observances et la diminution du nombre des prêtres. Dans ce contexte nouveau, la pratique régulière elle-même est amenée à changer de signification. Elle devient une modalité d'«engagement» qui concerne un petit reste de fidèles fortement impliqués dans leur vie religieuse. La pratique «conformiste», vécue comme obligation et observance, s'efface devant une pratique militante, qui s'affiche comme témoignage personnel. Même s'il s'agit là d'une tendance croissante et non pas encore d'un fait général, la nature même de la sociabilité

Institutions en crise, laïcité en panne

paroissiale en est profondément transformée. La vocation associative de la paroisse l'emporte désormais sur sa dimension spatiale. La vie religieuse locale est couramment prise en charge par des groupes de laïcs volontaires qui relaient l'intervention cléricale sur tous les terrains de la vie pastorale à l'exception de l'administration des sacrements. Au-delà du caractère fonctionnel des opérations d'aménagement territorial rendues nécessaires par la diminution du nombre des prêtres[1], les mutations du tissu paroissial contribuent donc, à leur façon, au processus général d'essaimage des communautés électives qui est, on l'a vu, le revers inséparable de l'individualisation des croyances. Le développement des communautés nouvelles qui s'organisent en dehors des structures territoriales de la sociabilité catholique et suscitent leurs propres filiales radicalise la séparation croissante entre deux dispositifs concurrents de la sociabilité catholique : l'un organisé sur une base territoriale, et l'autre selon des réseaux d'affinités. Pour assurer leur propre reconnaissance dans l'institution, ces communautés multiplient fréquemment les gages d'allégeance à l'évêque du lieu où elles s'implantent. De leur côté, les autorités religieuses locales déploient des efforts pour les placer sous leur juridiction, en leur confiant au besoin la gestion de paroisses. Les communautés nouvelles acquièrent progressivement un statut canonique[2]. Cependant, l'institution peine à contrôler un processus qui remet en question le mode territorialisé d'exercice du pouvoir religieux. Longtemps considérée comme périphérique ou secondaire par rapport au modèle dominant de la civilisation paroissiale, la sociabilité de communautés et de réseaux électifs tend aujourd'hui à

La religion en mouvement

s'imposer, avec les régimes de validation du croire qui lui correspondent, au cœur même d'un système catholique qui figure pourtant, en principe, un modèle typique d'un régime de la validation institutionnelle.

Cette poussée des formes de regroupement par affinités ne constitue évidemment pas en elle-même un fait absolument nouveau dans le catholicisme. Pas plus que les problèmes de régulation qui surgissent à la rencontre de ces deux formes d'organisation de la sociabilité religieuse. Il suffit d'évoquer le rôle majeur et ancien des ordres et congrégations religieuses, des associations de prêtres ou de fidèles, ou celle des mouvements, réunis sur une base extra-géographique en vue de mobiliser religieusement des milieux sociaux, des catégories professionnelles ou des groupes d'âges, etc. Formellement, l'Eglise romaine dispose de moyens très efficaces de contrôle des réseaux communautaires qui sont toujours susceptibles de se développer en son sein, à partir des groupes organisés des plus engagés de ses fidèles. Mais la mise en œuvre de ce contrôle institutionnel est une source de conflits internes souvent aigus. Parmi beaucoup d'autres exemples possibles, on pourrait lire les crises récurrentes de l'Action catholique en France, des années 30 aux années 70, comme des conflits qui mettaient en présence des conceptions divergentes de la validation du croire. La question cruciale du caractère impératif ou non du «mandat» confié aux militants par les évêques et celle – inséparable de la précédente – de l'autonomie de l'engagement social et politique des militants, ont amplement illustré la tension entre deux approches irréconciliables du «témoignage à rendre à la vérité». D'un côté, la hiérarchie faisait valoir l'adhésion

Institutions en crise, laïcité en panne

nécessairement conforme des militants aux objectifs pastoraux définis par elle. De l'autre, ceux-ci revendiquaient, au nom de la cohérence de leurs choix religieux, l'autonomie des options sociales et politiques qui guidaient leur action dans le monde. La crise ultime des mouvements d'Action catholique au tournant des années 70 ne se résume pas entièrement à l'exacerbation de ce conflit entre conformité et cohérence, mais elle a certainement manifesté, au moins pour une part, l'affaiblissement de la capacité de la hiérarchie d'imposer par en haut un régime institutionnel de validation du croire[3].

Ce qui est aujourd'hui frappant, c'est la difficulté permanente de ces dispositifs régulateurs et leur impuissance croissante à opérer les arbitrages et compromis nécessaires pour assurer, par-delà les conflits, la pérennité d'un régime institutionnel de validation des croyances communes. Les efforts que doit actuellement déployer l'épiscopat français pour résister aux pressions de courants traditionalistes qui définissent de façon de plus en plus autonome leur conception de l'orthodoxie catholique illustrent bien cette situation. On l'a vu de façon particulièrement éclatante à l'été 1996, lors de la préparation de la commémoration du 1500[e] anniversaire du baptême de Clovis. A cette occasion, les évêques de France ont dû faire face, de façon d'ailleurs tardive, aux initiatives de quelques groupes qui voyaient dans l'événement une occasion de promouvoir diverses variantes d'un national-catholicisme propre, selon leurs vues, à contrer le déferlement d'un multiculturalisme menaçant à la fois l'identité religieuse et l'identité nationale des «Français de souche». Parmi ces initiatives, l'une des plus spectaculaires fut sans doute la promenade des cent huit statues des «Vierges pèlerines» parties du Puy à la fin de l'été 1995 et qui ont parcouru 2 millions de kilomètres à travers tout le pays, donnant lieu à 35 000 veillées de prière et mobilisant plus d'un million et demi de fidèles. A l'origine de cette étrange caravane qui associait le culte marial et la promotion des voitures Peugeot, il y avait deux laïcs «fous de Marie», reine de la France. Cette procession, décidée de façon strictement privée, se présentait comme une reterritorialisation sacrée de la France à laquelle le voyage pontifical paraissait offrir un achèvement miraculeux... «Reims 1996 : la France a rendez-vous avec son âme... Il y a 1 500 ans, la France choisissait le Christ» affirmaient les tracts très largement diffusés de la Confrérie Notre-Dame de France, présidée par le notaire E. Fricoteaux, à l'origine de l'opération. Trois évêques de la région Nord interdirent la circulation des Vierges dans leur diocèse. Quelques-uns applaudirent à cette entreprise de recatholicisation d'une France laïcisée en profondeur, et l'ont expressément encouragée. Le plus grand nombre a «accompagné» un mouvement qu'il ne pouvait ni empêcher, ni organiser, en marquant, plus ou moins nettement, sa distance[4]. Le projet de faire converger les cent huit Vierges pèlerines vers Reims, où devait être déposée aux pieds du pape, le 22 septembre 1996, une moisson de consécrations personnelles à la Vierge, sous forme d'engagements écrits, a suscité une réaction plus ferme. Rappelant, dans un document en date du 12 juin 1996, le statut privé de l'entreprise et le caractère inacceptable du «harcèlement» des fidèles et des prêtres et des collectes de fonds «sans contrôle

Institutions en crise, laïcité en panne

ecclésial», les évêques ont mobilisé la «figure solidaire» de saint Martin pour faire de la rencontre du pape avec les «blessés de la vie» à Tours le sommet d'un voyage ramené, par ce biais, à sa visée pastorale essentielle. Cette stratégie de recharge éthique du sens de la visite pontificale faisait efficacement passer au second plan le fameux baptême et ses significations politiques incertaines. Mais la complexité même du jeu stratégique déployé à cette occasion disait assez l'embarras de la hiérarchie, face à ces formes dévotionnelles de contournement de son autorité. Les techniques utilisées dans le passé – au premier rang desquelles la répression directe de la dissidence idéologique – sont inopérantes lorsque des individus et des groupes revendiquent de pouvoir exprimer leur propre «sensibilité religieuse». Confrontée à la fois aux revendications d'autonomie des sujets croyants et aux pressions de groupes qui entendent définir eux-mêmes les contours de l'identité catholique qu'ils revendiquent, l'institution apparaît considérablement fragilisée. En fait, le catholicisme français n'est pas seulement caractérisé, aujourd'hui comme hier, par une prolifération de «courants» spirituels et idéologiques socialement et culturellement différenciés. Il est travaillé, plus profondément, par la réorganisation du régime de la vérité en son sein, réorganisation inséparable du processus de «modernisation interne[5]» auquel, qu'il le veuille ou non, il est intensément soumis.

Les Eglises de la Réforme qui ont assimilé la logique de l'individualisation religieuse impliquée par la problématique protestante du salut et sont accoutumées depuis toujours à gérer la diversité des courants idéologiques et théologiques en leur sein sont-elles plus aptes à faire face à cette situation? Chez les protestants, la régulation du croire est assurée par le théologien, en charge d'un «magistère idéologique» qui règle, en principe, la diversité des interprétations individuelles et communautaires possibles de l'Ecriture. Mais la souplesse de ce dispositif de régulation est aussi ce qui fait la fragilité institutionnelle du protestantisme. Car le discours théologique éclate en de multiples courants qui prétendent tous donner la version authentique du christianisme[6]. Cette tendance structurelle à la pluralisation est susceptible de se renforcer jusqu'à l'atomisation, lorsqu'aucun courant théologique ne parvient à imposer son hégémonie et à incarner, en contrôlant notamment la référence autorisée à l'histoire, la fidélité à l'héritage doctrinal de la Réforme. Autrement dit : lorsqu'aucun courant ne réussit à prendre en charge la validation institutionnelle du croire, par-delà la diversité des sensibilités théologiques incarnées dans les communautés protestantes. Cette logique de pluralisation peut, à l'extrême, relancer la tendance, présente dans toute l'histoire du protestantisme, à la scission des églises. Celle-ci est évidemment favorisée par la désacralisation institutionnelle opérée par la Réforme. «Dès l'instant où l'institution ecclésiastique n'est plus considérée comme sainte en elle-même, rien ne s'oppose à ce que l'on crée d'autres organisations ecclésiastiques si l'on estime que l'Eglise n'est plus assez fidèle. La question de la fidélité, dans l'optique protestante, n'est plus une question institutionnelle mais une question herméneutique[7]». Cette situation ne donne pas toujours lieu à des phénomènes de «scissiparité ecclésiastique», mais elle peut

Institutions en crise, laïcité en panne

favoriser l'enfermement des communautés sur elles-mêmes, posant ainsi à l'unité même de l'Eglise des questions redoutables. L'exemple nord-américain montre quel degré peut atteindre la propension à la différenciation, mais aussi à la conflictualisation, des régimes communautaires de la validation du croire au sein du protestantisme dans le contexte d'une forte dérégulation, voire d'une pulvérisation du champ théologique[8]. La tendance à l'éclatement qui travaille structurellement le protestantisme est démultipliée par la concurrence qui s'exerce sur un marché ouvert des biens de salut. Cette situation favorise les initiatives multiples de «petits entrepreneurs religieux» protégés par un régime juridique ultra-libéral en matière de religion, à l'image de la multiplication des prédicateurs qui se produisent sur les chaînes de télévision aux Etats-Unis[9].

Ce risque d'éclatement existe-t-il aujourd'hui en France, alors que reflue le rayonnement de la pensée du théologien Karl Barth[10] qui a dominé la scène protestante française après la Seconde Guerre mondiale jusque dans les années 60? On peut penser que le protestantisme français demeure relativement protégé par la force identitaire que conserve, dans la conscience protestante nationale, la référence à une histoire commune fortement marquée par une tradition de résistance et de lutte : résistance aux persécutions subies au nom de la religion d'Etat, de la révocation de l'édit de Nantes en 1685 à l'édit de Tolérance de 1787; lutte constante, au nom de l'individu et de sa conscience, contre le monopole écrasant du catholicisme, et qui explique la vigueur du soutien protestant à la modernité laïque, en

La religion en mouvement

particulier dans le domaine scolaire. La référence à l'histoire joue, dans les Eglises de la Réforme, «un rôle proche de celui du rite dans le catholicisme» (celui d'une «légitimation extra-idéologique assurant la permanence de la légitimité au-delà de la fluctuation de la conjoncture[11]»). On comprend mieux alors l'enjeu majeur que représente la préservation de la mémoire protestante nationale et l'importance particulière que revêt la pratique commémorative pour les Eglises de la Réforme en France. On l'a vu, tout récemment, avec les différentes manifestations liées à l'anniversaire de la promulgation de l'édit de Nantes. Commémorer, dans ce contexte, ce n'est pas simplement rappeler l'histoire héroïque d'une minorité religieuse dans un pays massivement catholique. C'est activer le ressort même d'un mode de validation institutionnelle du croire capable de faire barrage à la dilution de la référence à des «valeurs protestantes», mutuellement validées de façon de plus en plus lâche au sein d'une «famille spirituelle» aux frontières incertaines[12]. Capable également de s'opposer à la cristallisation antagonique des sensibilités protestantes au sein de communautés autosuffisantes. Or ce dernier risque est loin d'être mince aujourd'hui. Le dynamisme des églises évangéliques qui entendent affirmer la spécificité d'une identité protestante mise à mal, selon elles, par la trop grande ouverture œcuménique de la Fédération protestante de France; la prolifération de petites églises charismatiques et néo-pentecôtistes; l'accentuation de la distance théologique, mais aussi sociale, entre un protestantisme qui valorise le rapport à l'Ecriture et un protestantisme à forte charge émotionnelle où fleurissent les pratiques de guérison : ces tensions défient sérieusement l'exercice d'un «magistère institutionnel idéologique» capable de maîtriser les risques conjugués de la dissémination croyante et du repli communautaire.

Ce risque n'est pas propre aux seules églises chrétiennes. Le modèle du judaïsme consistorial a été régulièrement contesté par les attentes communautaires portées par des vagues successives d'immigrants ashkénazes puis séfarades, et ceci dès le XIXe siècle. Les institutions du judaïsme français ne cessent pas aujourd'hui d'être confrontées à des courants qui font valoir d'autres définitions de l'identité juive. Elles doivent affronter également la dilution de l'identité communautaire juive dans un «judaïsme silencieux», vécu comme attache purement personnelle par des individus qui n'en manifestent rien publiquement[13]. Aucune confession religieuse organisée n'échappe, en fait, à cette tendance. De ce point de vue, le cas de l'islam, où l'absence d'institutions fédératrices laisse libre cours à un régime généralisé de validation communautaire, multiple et possiblement contradictoire, ne constitue pas une sorte d'aberration dans le paysage religieux français. Aberration qu'il faudrait soit traiter à part, soit faire entrer, à marche forcée, dans un processus d'institutionnalisation (d'«ecclésification», ou de «consistorialisation») considéré comme la voie exclusive de la normalisation religieuse. L'islam pourrait bien être, à plus d'un égard, le révélateur paradoxal de ce paysage religieux tout entier. Car la mosaïque des groupes et des associations qui forment l'«islam de la diaspora» révèle précisément un islam traversé de multiples tendances, des plus extrêmes aux moins orthodoxes[14]. Ces différents courants «interagissent continuellement entre eux,

La religion en mouvement

entremêlant religiosité populaire, réélaborations plus abstraites, sécularisation et raidissement doctrinal et moral. Chaque membre de la diaspora, en fonction de ses liens d'appartenance, de ses stratégies de vie et de sa formation religieuse, puise, dans ce réservoir d'expériences religieuses les plus variées, sa propre identification, structurant ainsi, par rapport au religieux, une relation correspondant à ses besoins et à ses aspirations[15]». Cette fluidité paralyse les demandes récurrentes des communautés musulmanes d'accéder à une pleine reconnaissance officielle de l'islam en France. Elle inquiète également les pouvoirs publics, toujours en recherche d'un interlocuteur représentatif de l'islam. Elle trouble enfin la gestion des relations institutionnelles interreligieuses. Si elle est liée aux spécificités organisationnelles et juridiques de l'islam, en même temps qu'aux ajustements procédant de la confrontation avec l'univers politique, culturel et religieux des sociétés d'accueil, cette plasticité met en lumière quelque chose de la condition globalement incertaine de la religion institutionnelle en modernité. Qu'observe-t-on en effet? La montée en puissance d'un régime communautaire de la validation du croire s'imposant à travers la prolifération de groupes d'adhérents qui mettent en avant, quelles que soient les croyances auxquelles ils adhèrent, un «modèle fort» de la vérité partagée d'une part; de l'autre, le déploiement d'un régime de la validation mutuelle du croire au sein d'une nébuleuse fluide de réseaux spirituels mouvants où prévaut un «modèle faible» de la vérité recherchée d'autre part. Ces deux tendances n'identifient pas telle ou telle confession religieuse particulière. Elles travaillent conjointement l'ensemble du

Institutions en crise, laïcité en panne

paysage religieux. Le danger interne qu'elles comportent pour toutes les institutions religieuses est plus insidieux sans doute, mais elle n'est pas moins réelle pour elles que la «menace extérieure» qui vient de la sécularité même du monde social dans lequel elles se meuvent.

Parler de «menace», c'est évidemment se placer dans la perspective des institutions religieuses elles-mêmes. On pourra, du point de vue des sujets croyants, lire au contraire ces tensions internes au champ religieux institutionnel comme les signes prometteurs de leur émancipation individuelle et collective. La pression du pouvoir clérical se desserre. Des croyants majeurs sont désormais capables de s'apporter le témoignage mutuel de leur foi sans passer par le crible des normes prescrites par les autorités religieuses. Des communautés autonomes fixent librement les conditions dans lesquelles elles décident d'exprimer les vérités partagées par leurs membres. La modernité religieuse est enfin advenue... Il n'est pas dans mon intention de soutenir la cause des institutions, pas plus que celle de la «désinstitutionnalisation libératrice». Le problème n'est pas de savoir si la crise généralisée des dispositifs institutionnels de la validation du croire religieux est une catastrophe pour la religion ou un bienfait pour les croyants. Il est de tenter d'en analyser quelques-unes des implications sociales et culturelles. Et la première d'entre elles est paradoxalement la désorganisation qui affecte le fonctionnement de la laïcité.

La laïcité : un système de régulation institutionnelle du religieux dans la République
«La France est une République indivisible et laïque.» La première phrase de la Constitution du 27 octobre

La religion en mouvement

1946, reprise par la Constitution de 1958, marque avec solennité que la laïcité de l'Etat est une composante fondamentale de la tradition républicaine. Lorsqu'on est amené à évoquer la question de la laïcité devant des interlocuteurs étrangers, on constate que la formule est souvent perçue comme mystérieuse – le mot même de laïcité est intraduisible – et incongrue. Elle paraît même parfois scandaleuse lorsqu'elle est associée, dans l'esprit de certains, à l'idée d'un combat contre la religion qui entre en conflit avec l'idéal de tolérance d'une société pluraliste. Pour éviter des malentendus prévisibles, il faut alors expliquer ce que fut la genèse historique de la laïcité à la française. Il faut rappeler que ce n'est pas d'abord à la religion en tant que telle que la laïcité s'est opposée, mais à la tutelle cléricale que l'institution religieuse entendait faire peser sur le pouvoir politique. Il n'est pas inutile, pour notre propos présent, de retracer à très grands traits cette trajectoire. A la veille de 1789, le catholicisme était partout présent dans la société française. Il légitimait les institutions politiques, il régissait le temps et l'espace de la vie collective, il contrôlait l'état-civil, l'enseignement, la médecine et les institutions sociales. En quelques mois (entre mai et septembre 1789), l'Ancien Régime s'écroule, et la monarchie constitutionnelle qui lui succède se caractérise par la laïcisation immédiate du régime politique. La légitimité de la monarchie perd son fondement religieux : elle repose désormais sur un contrat passé entre le roi et la nation[16]. Le citoyen se définit par son appartenance à la collectivité nationale, et nul ne peut être empêché de participer à la vie politique du fait de son appartenance confessionnelle. La proclamation du principe de la liberté religieuse par l'article X de la Déclaration des droits de l'Homme de 1789 est une étape décisive dans cette mutation politique. Les minorités religieuses – protestante et juive – reçoivent progressivement tous les droits associés à la citoyenneté. La Constitution adoptée le 3 septembre 1791 garantit comme «droit naturel et civil» la liberté pour chaque citoyen «d'exercer le culte auquel il est attaché». Mais l'affirmation de la liberté religieuse pose en même temps la question du statut du catholicisme dans la nation. Et c'est cette question qui provoque la rupture avec l'Eglise catholique. A plusieurs reprises, l'Assemblée refuse que le catholicisme soit reconnu comme religion d'Etat. Toute la construction moderne de la laïcité, qui aboutira au principe de la séparation des Eglises et de l'Etat en 1905, est contenue en germe dans cette première mise en place des rapports entre l'Etat et les religions. Elle correspond à une «conception politique impliquant la séparation de la société civile et de la société religieuse, l'Etat n'exerçant aucun pouvoir religieux, et les églises aucun pouvoir politique[17]».

Pourquoi ce processus de dissociation du religieux et du politique, qui caractérise tous les pays modernes, a-t-il revêtu, en France, pendant plus d'un siècle, un caractère aussi intensément conflictuel? La raison principale est que la symbiose historique entre l'institution catholique et la monarchie absolue donna au processus de modernisation politique, acquis pourtant avec l'appui d'une partie du clergé, la dimension d'un véritable conflit religieux, qui traversa l'Eglise elle-même. La radicalisation des positions en présence imposait, de

La religion en mouvement

part et d'autre, l'exclusion de l'adversaire. La République ne pouvait triompher qu'en abaissant l'Eglise, mais ce fut «la victoire d'une moitié de la France sur l'autre[18]». En rompant le contrat passé avec la nation lors de sa fuite à Varennes en 1791, le roi mit à mal le premier équilibre établi par la Constituante, et provoqua l'instauration de la République. Face aux tentatives visant à restaurer le régime ancien, les mesures laïcisatrices s'en prirent alors directement à la puissance sociale de l'Eglise : l'état-civil, qui était tenu par le clergé, fut placé entre les mains des municipalités; le mariage, contrat civil, fut nettement séparé de sa célébration religieuse. Les diocèses et les paroisses furent découpés comme des circonscriptions administratives; la désignation des évêques et des curés se fit par élection. Les révolutionnaires de 1791 ne remettaient pas pour autant en cause l'importance de la religion dans la vie sociale. Mais leur objectif était de «régénérer[19]» l'institution ecclésiastique, de «lui faire épouser la société civile pour qu'elle puisse toujours être source de morale sociale[20]». Promulguée en 1790, la Constitution civile du clergé qui obligeait les prêtres à prêter serment au nouveau régime, fut l'instrument de cette politique. Sa mise en application, en divisant le clergé entre prêtres «jureurs», ralliés au nouveau régime, et «prêtres réfractaires», immédiatement suspectés d'être des opposants politiques, a contribué à la radicalisation irrémédiable du conflit. Le catholicisme français se scinda dès lors en deux fractions égales et opposées : l'une rejoignit le nouveau régime; l'autre s'enferma dans une opposition de plus en plus résolue à l'ordre instauré par la Révolution. Le durcissement de cette opposition, la répression qui s'abattit sur les prêtres réfractaires, la radicalisation autoritaire et la dérive religieuse du régime issu de 1789 – l'instauration des cultes révolutionnaires intervint en 1793, en même temps que le début de la Terreur – engagèrent la France dans une guerre de religions d'une incroyable violence. Les excès de la lutte antireligieuse et ceux des courants menés par les courants contre-révolutionnaires invoquant la défense de la foi catholique ont durablement coupé la France en deux. Ils ont créé les conditions de cette «guerre des deux France[21]» qui marque toute l'histoire nationale jusqu'à la Première Guerre mondiale, et dont les traces ne sont pas encore effacées de la mémoire collective.

Déclaré «religion de la majorité des Français» par le Concordat de 1801, le catholicisme ne recouvrit pas pour autant un statut de religion d'Etat. L'Etat prend en charge la protection des cultes qui concourent à assurer la moralité publique et il entretient matériellement leurs ministres. Ceux-ci sont des fonctionnaires dont les obligations sont définies sur un mode purement administratif. Ce système assura l'autonomie de l'Eglise catholique par rapport à Rome, mais il ne résolvait pas le déséquilibre entre les religions minoritaires et un «culte catholique» qui est celui de la très grande majorité des Français, et qui prétendait, toujours à ce titre, incarner «la religion» à l'intérieur de la nation. A l'intérieur du catholicisme, un courant libéral issu de l'Eglise constitutionnelle et nourri des traditions gallicane et janséniste chercha le compromis avec le monde nouveau issu de la Révolution. Il s'opposa à un catholicisme intransigeant qui visait au contraire à reconstruire l'emprise historique de l'Eglise romaine sur la société et qui l'emporta finalement. Les tribulations politiques du XIXe siècle, avec son alternance de chocs révolutionnaires et de raidissements conservateurs, et l'ampleur des mouvements sociaux liés à l'industrialisation et à l'urbanisation accélérée de la France produisirent une simplification et une nouvelle radicalisation des positions en présence. L'Eglise catholique apparaît liée définitivement au «parti de l'ordre» en même temps que s'opère, au milieu du XIXe siècle, ce que G. Le Bras décrivit comme «le grand chassé-croisé des classes sur les chemins de l'Eglise[22]». La bourgeoisie libérale et voltairienne s'appuie sur l'institution catholique pour défendre la propriété, alors qu'une partie des masses populaires se détachent de l'Eglise en même temps qu'elles se déplacent des campagnes vers les usines des villes. Cette période correspond au raidissement intransigeant de l'Eglise romaine tout entière mobilisée par la lutte contre la modernité libérale et les libertés individuelles qu'elle promeut. Mais elle marque aussi un renouveau spirituel intensif pour un catholicisme français fortement identifié aux racines rurales de la nation, qui se réapproprie avec ferveur la mémoire du passé chrétien de la France contre les turbulences du monde moderne[23]. Au-delà du problème toujours aigu de la régulation juridique des rapports entre l'Etat et l'Eglise, c'est l'affrontement de deux visions du monde, de deux univers de valeurs et de deux systèmes de normes qui se cristallisa dans ce long conflit. Sur le plan politique, celui-ci s'inscrit dans l'affrontement entre l'institution catholique, forteresse assiégée qui aspirait à récupérer ses pouvoirs perdus, et les républicains qui entendaient aller jusqu'au bout du processus d'émancipation religieuse de l'Etat et de la société. Dans ce processus, la lutte contre la puissance des congrégations religieuses revêtit une importance symbolique et pratique majeure. Alors que le clergé diocésain acceptait peu à peu le ralliement à la République prôné par Léon XIII, les congrégations demeuraient un pivot des courants antirépublicains et antidémocratiques. En interdisant l'enseignement aux membres des congrégations, les républicains, fils de l'*Encyclopédie* et des Lumières, se proposaient d'en finir avec ce que le protestant Fernand Buisson, inspirateur et théoricien de l'école laïque, appela «la liberté d'accaparement des consciences» laissée aux ordres religieux catholiques. En expulsant par la force les congrégations, le gouvernement du radical Emile Combes, qui succéda en 1902 à un président du Conseil plutôt conciliateur, transforma le conflit entre la France cléricale et la France laïque en une véritable bataille rangée. Ancien séminariste, celui que Pie X appelait le «satanique Monsieur Combes» incarnait une conception extrémiste de la lutte anticléricale. De son côté, le successeur de Léon XIII s'identifiait avec une version également dure de l'intransigeantisme catholique. Les faux pas de la papauté et la surenchère anticléricale des radicaux et des socialistes rendirent inévitable la loi de Séparation, promulguée le 11 décembre 1905.

Votée dans «une atmosphère de guerre de religions»[24], la loi de Séparation de 1905 peut paradoxalement être considérée comme un dispositif médiateur qui permit la régulation et l'apaisement des passions contraires entrées, à la fin du XIXe siècle, dans une phase paroxystique. Dans le nouveau régime religieux qui s'instaure en 1905, la religion est considérée comme une affaire privée : la liberté religieuse fait partie des libertés publiques. L'Etat garantit à chaque citoyen la liberté de professer une religion s'il en a une, et des peines sévères sont prévues pour ceux qui tenteraient de faire obstacle à l'exercice normal de la vie cultuelle. Mais la religion est une affaire strictement personnelle et optionnelle. La République, quant à elle, «ne reconnaît, ne salarie, ni ne subventionne aucun culte» (art. 2 de la loi de 1905). La privatisation de la religion est ainsi, en France, le résultat d'une politique autant que l'aboutissement d'un processus culturel attesté, par ailleurs, dans toutes les sociétés modernes. La mise en œuvre de cette politique, à laquelle la hiérarchie de l'Eglise catholique s'opposa d'abord de toutes ses forces, donna lieu à des affrontements violents, à l'occasion notamment des inventaires des biens ecclésiastiques préalables à leur remise à des associations cultuelles de droit privé. Cependant, malgré la condamnation du pape, la loi trouva des soutiens du côté de personnalités catholiques considérant qu'elle pouvait constituer un instrument de médiation juridique du conflit inexpugnable entre les deux France, et ce fut effectivement le cas. Deux éléments ont joué dans ce sens. Le premier est que la loi elle-même constitue un texte de compromis entre plusieurs conceptions concurrentes de la laïcité[25]. Combes rêvait d'un démantèlement de toutes les églises, en leur interdisant de s'organiser au plan national. La loi de Séparation, rédigée par le protestant Méjean, et marquée par l'influence des socialistes Jaurès et Briand, a fait prévaloir une ins-

Institutions en crise, laïcité en panne

piration libérale qui respecte l'organisation interne des églises. Le système instauré par la loi de 1905 unit, dans une visée pacificatrice, les différentes traditions du camp laïc : l'esprit des Lumières de Voltaire, Diderot ou Condorcet; le positivisme scientiste d'Auguste Comte; les différents courants de la franc-maçonnerie. Il répond également aux attentes des minorités protestante et juive profondément méfiantes à l'égard des prétentions de la religion dominante. Celles-ci ont d'ailleurs contribué de façon décisive à la médiation du conflit en assurant, face à la volonté de totalisation catholique, l'acculturation religieuse des idéaux laïcs et l'acculturation républicaine des idéaux religieux. En valorisant l'individu et sa liberté, les protestants français, nombreux parmi les grandes figures de la pensée laïque, ont joué un rôle majeur dans l'élaboration des conceptions républicaines de la morale, de la responsabilité éducative et de la civilité. Mais le texte de 1905 convient aussi à un catholicisme libéral qui entend concilier la religion et les principes de 1789 : un catholicisme marginalisé par les orientations romaines depuis le milieu du XIXe siècle, mais qui conserve une présence et une vitalité intellectuelle dans la vie religieuse de la France. Le second élément est qu'au cours du XIXe siècle, le peuple catholique s'est progressivement rallié, dans son immense majorité, au régime républicain. Au début du XXe siècle, la nature – monarchique ou républicaine – du régime cesse d'être au centre du débat. Les passions religieuses, autant que les passions anticléricales, s'apaisent. La guerre de 1914-1918, en montrant la possibilité d'une «union sacrée» des laïcs et des catholiques contre l'ennemi extérieur, conduisit le processus à son

La religion en mouvement

terme. La «guerre des deux France» s'est achevée, d'une certaine façon, dans les tranchées.

Après la laïcité d'affrontement, l'après-Seconde Guerre mondiale ouvrit une nouvelle période : celle d'une laïcité de compromis. L'Eglise acceptait de plus en plus complètement les principes de liberté et de pluralisme qui sont ceux de la société démocratique moderne. La laïcité perdait, du même coup, une bonne part de sa passion anticléricale, et pouvait devenir «une solution de neutralité, permettant de faire vivre ensemble des enfants appartenant à des familles différentes et respectables[26].» Cela ne signifie pas, à beaucoup près, que des univers distincts de sensibilités et d'orientations politiques, morales et spirituelles se soient miraculeusement homogénéisés. Ils gardent au contraire, pour les Français d'aujourd'hui, une capacité d'identification symbolique forte. Le contenu à donner au pacte républicain n'a pas cessé de faire l'objet de discussions. La question scolaire demeure toujours susceptible – on l'a vu en 1984, puis en 1994 – de cristalliser des clivages et de réactiver des conflits idéologiques qu'on croyait apaisés. Le présent demeure, sur ce terrain sensible, encore «encombré par l'histoire[27].» Néanmoins, le système original mis en place par la loi de 1905 fait désormais l'objet d'un consensus très large et il assure, de fait, une gestion pacifiée des relations entre l'Etat, l'Eglise catholique et les autres institutions religieuses.

Ce système repose, pour l'essentiel, sur une définition confessionnelle de ces institutions, elle-même fondée sur un double postulat : le premier est celui du caractère privé des choix religieux individuels; le second est celui de la modalité essentiellement rituelle et cultuelle selon laquelle ces choix sont supposés s'exprimer normalement, de façon collective. C'est ce double postulat qui gouverne le cadre à l'intérieur duquel l'activité religieuse est, dans le contexte français, justiciable d'une reconnaissance de la part de la puissance publique. Le modèle si spécifiquement français du judaïsme consistorial instauré par Napoléon en 1808 en illustre parfaitement la mise en œuvre. C'est le renoncement au contenu national de l'identité juive, renoncement inséparable de l'intégration plénière des juifs dans la nation française, qui assura également la reconnaissance du judaïsme comme l'une des «religions officielles de la France». Pour que le judaïsme puisse compter au nombre des religions accréditées auprès de l'Etat, il fallait qu'il se constitue comme une confession dotée d'une autorité centrale et définissant un culte particulier. Il fallait, autrement dit, qu'il se coule dans un cadre organisationnel démarqué, pour l'essentiel, de celui de l'Eglise catholique. Aux termes de la loi de 1905, la République ne reconnaît plus formellement aucun culte. Mais elle pérennise cette conception confessionnelle de la religion qui définit la communauté religieuse en la réduisant, en dernière instance, à l'assemblée des fidèles réunis pour le culte. Or cette définition confessionnelle de la communauté religieuse, compatible avec le modèle assimilationniste de l'identité nationale hérité des Lumières et de la Révolution française, s'ajuste fort bien avec le modèle institutionnel rituel de l'Eglise catholique, tel qu'il se réalise dans une civilisation paroissiale dont le rassemblement cultuel est précisément la clé de voûte. En fait, elle en

La religion en mouvement

dérive directement. Se révèlent ici en même temps l'affinité qui existe, par-delà leur concurrence historique, entre le dispositif catholique d'un pouvoir religieux hiérarchisé et territorialisé, inséparable d'une stricte division du travail religieux entre prêtres et laïcs, et le modèle universaliste et administratif que la République met en œuvre dans tous les domaines. Ce n'est pas seulement du fait de sa domination historique dans l'espace national que le modèle de l'Eglise romaine a été constitué, dans le cadre de la laïcité à la française, comme la référence organisationnelle de toute religion. C'est aussi parce que la construction institutionnelle rituelle qu'elle incarne constitue la référence implicite de la construction institutionnelle rituelle de la République elle-même. La laïcité a contenu la puissance sociale et symbolique de l'institution catholique en lui opposant symétriquement son propre dispositif social et symbolique : le réseau territorial des écoles publiques, face au réseau des paroisses; la figure d'autorité du maître d'école face à celle du prêtre; la représentation de la communauté citoyenne face à la représentation de la communion catholique, etc. La République n'a pu combattre et vaincre la puissance de l'Eglise catholique qu'en lui opposant le contre-modèle d'une «véritable religion civile[28]», qui comporte, comme le souligne P. Nora, son Panthéon, son martyrologe, sa liturgie, ses mythes, ses rites, ses autels et ses temples. La définition confessionnelle de la religion dans les limites de la République qu'elle impose à l'Eglise catholique et à l'ensemble des institutions religieuses procède également de ce jeu de miroirs. Elle emprunte en fait ses références au modèle catholique dont elle vise à contenir les prétentions. Cette affinité paradoxale peut être considérée comme l'une des clés de la «conciliation laïque» qui a pu se réaliser, le temps aidant, entre les adversaires d'hier. Mais pour que ce système fonctionne au-delà du catholicisme, il est nécessaire que les institutions religieuses puissent entrer dans ce moule confessionnel. Il faut notamment qu'elles soient en mesure de mettre en avant, face à la puissance publique, des «interlocuteurs» qualifiés, susceptibles d'être reconnus par les fidèles comme fondées à s'exprimer légitimement en leur nom. Pour que cette seconde condition se réalise, les institutions religieuses doivent être capables d'imposer en leur sein un régime de validation du croire qui fasse de l'autorité institutionnelle le garant ultime de la vérité partagée par les fidèles. La désorganisation institutionnelle du paysage religieux contribue à déstabiliser le modèle de la laïcité à la française, ébranlé, par ailleurs, par des évolutions politiques, économiques et culturelles qui atteignent en leur principe les valeurs sur lesquelles il repose[29].

La question de l'islam
La tendance à la désinstitutionnalisation qui travaille les institutions chrétienne et juive entre en jeu dans cette désorganisation. Mais elle ne compromet pas, au moins pour l'instant, le dispositif des relations entre ces institutions et l'Etat. La capacité interne des institutions de régler le croire commun s'affaiblit, mais ceci ne remet pas encore fondamentalement en question la représentativité externe des autorités religieuses. Le président de la Conférence épiscopale, le président de la Fédération protestante de France, le Grand Rabbin de France

La religion en mouvement

demeurent des interlocuteurs reconnus par la puissance publique, lorsqu'il s'agit de traiter des affaires religieuses. Le dispositif de la gestion publique du religieux se fragilise cependant à la marge. On le mesure, par exemple, à la difficulté de traiter, dans ce cadre, les revendications de courants juifs orthodoxes concernant les rythmes scolaires et l'obligation faite à tous les enfants scolarisés de se rendre à l'école le samedi. On le perçoit aussi dans les conflits qui surgissent localement à propos des carrés juifs ou musulmans dans les cimetières. On peut également s'en faire une idée lorsque se manifeste, sous une forme éventuellement violente, comme ce fut le cas au Chamblac dans l'Eure en 1997, la revendication de groupes catholiques traditionalistes de disposer d'une église (propriété de l'Etat) pour célébrer, en contradiction avec les décisions de l'évêque du lieu, une messe selon le rite de saint Pie V. Au Chamblac, la revendication émanait conjointement de membres de la Fraternité Saint-Pie X (schismatiques) et de fidèles «romains» du curé défunt, tacitement autorisé par l'évêque à célébrer selon le rite ancien. Dans cette situation, le préfet manifesta – c'est le moins qu'on puisse en dire – quelques incertitudes sur la manière de faire face à un problème d'ordre public dans lequel s'inscrivaient des enjeux théologico-politiques hors de sa portée. Mais que pouvait-il faire, non seulement lorsque l'évêque lui demanda de rétablir l'ordre public, mais lorsqu'un maire (catholique) mit sa mairie à la disposition des courants traditionalistes pour leur servir de sacristie, au motif que ses administrés ne pouvaient pas comprendre que le droit à la liberté d'expression ne leur soit pas assuré? Après des affrontements violents

226

Institutions en crise, laïcité en panne

(effraction d'églises, interruption d'offices, etc.) qui divisèrent la population locale sans conduire les autorités civiles à intervenir, une formule de compromis fut envisagée, qui consista à désaffecter une église de hameau (non paroissiale), et à prévoir une convention entre le maire de la commune concernée et la Fraternité Saint-Pie X. Solution qui ne régla pas le problème des mouvements catholiques traditionalistes – Notre-Dame de Chrétienté, Chevaliers de Saint-Lazare – demeurés dans l'Eglise romaine et qui réclament à l'évêque le droit de célébrer régulièrement en rite tridentin. Une pétition en ce sens fut d'ailleurs diffusée pour signature dans toute la région. Au Chamblac même, la célébration anniversaire de la mort de l'ancien curé donna lieu, le 30 novembre 1997, sous la surveillance de forces de police nombreuses, à des manifestations religieuses concurrentes et animées, mettant en présence le clergé et la population catholique locale, et les courants traditionalistes militant au-dedans et au-dehors de l'Eglise, en une mise en scène exemplaire de la dérégulation du religieux. Le cas du Chamblac annonce des conflits qui sont susceptibles de se multiplier, mais pour l'instant, s'agissant du catholicisme à l'échelle nationale, le dispositif de la gestion publique du religieux fonctionne encore.

Les implications d'un non-fonctionnement de ce système apparaissent par contre dans toute leur ampleur à la lumière des questions posées par la présence d'une population musulmane devenue la seconde religion en France. Certes, la présence musulmane en France n'est pas en elle-même une réalité inédite. La mosquée de Paris fut inaugurée en 1926, rappelons-le, pour marquer

La religion en mouvement

la reconnaissance de la patrie à l'égard des nombreux musulmans tombés pour la défendre en 1914-1918. C'est elle qui constitua d'ailleurs, jusqu'en 1981[30], la «vitrine» officielle de l'islam en France. Pourtant tout se passe comme si les Français «découvraient» aujourd'hui l'existence de l'islam parmi eux. Cette prise de conscience inquiète est évidemment liée au choc psychologique de la montée des mouvements islamistes dans tous les pays d'islam, et particulièrement en Algérie, pays sensible, par excellence, aux Français. Mais l'essentiel du phénomène tient avant tout à la transformation, dans ces trente dernières années, de la condition des immigrés venus du Maghreb pour travailler en France, à la sédentarisation définitive des familles dans le pays d'accueil et à l'arrivée à l'âge adulte de générations d'origine musulmane nées en France. Ces jeunes sont actuellement les plus touchés par les difficultés de l'intégration sociale et professionnelle. Ils sont aussi les plus vulnérables aux menaces d'exclusion. L'expérience du déni d'identité sociale qu'ils vivent quotidiennement les conduit à faire de la religion le lieu de la conquête possible de leur dignité et de la construction de leur individualité. Ils revendiquent de vivre publiquement et collectivement un islam qu'ils s'approprient comme une dimension fondamentale de leur identité culturelle et sociale : le seul bien culturel et symbolique qu'ils puissent spécifiquement revendiquer face aux «Français de souche», et qui leur permet – on l'a vu – de transformer l'exclusion subie en une différence volontairement assumée.

Cette revendication identitaire s'exprime d'autant plus facilement dans la diversité de ses variantes que l'islam n'a ni clergé, ni institution, au moins en France, qui puisse prendre en charge la régulation institutionnelle idéologique des communautés. L'islam français est éminemment polycentrique et la concurrence est intense entre les différents groupes qui entendent donner la définition de l'islam authentique en même temps qu'ils s'efforcent de contrôler ses implantations concrètes : mosquées, écoles, radios, espace télévisuel attribué à l'islam dans les émissions religieuses du dimanche matin, journaux, associations, communautés locales, etc. Bruno Etienne distingue, dans l'islam en France, trois niveaux de structures concurrentes. Le premier est celui des «toutes petites communautés s'organisant localement, pratiquement sans lien les unes avec les autres, qui cherchent tout simplement à organiser la vie des musulmans sur le plan cultuel». Le second regroupe des «associations mises en place par les Etats étrangers qui entendent contrôler leurs nationaux». Le troisième niveau est celui des «ligues islamiques qui soutiennent la problématique des minorités musulmanes telle qu'elle est définie par l'orthodoxie islamique[31]». «Chacune de ces structures produit des clercs, prêcheurs, imams plus ou moins autonomes» et leur concurrence se joue notamment dans le contrôle des mosquées et salles de prière. Confrontée à une mosaïque de groupes idéologiquement, ethniquement et nationalement différenciés, pour partie placés sous le contrôle d'organismes concurrents[32], l'Etat français est impuissant à faire jouer des mécanismes régulateurs qui postulent l'existence, en face de lui, d'un interlocuteur institutionnel unique et repérable, capable de parler au nom de la «confession musulmane» rassemblée. Des initiatives ont été prises par les gouvernements de gauche et de droite pour susciter ce répondant. Des appels sont régulièrement lancés pour une «consistorialisation» de l'islam en France. Sans succès. L'islam résiste à l'institutionnalisation confessionnelle et il révèle par là même les limites de la régulation laïque des relations entre les religions et l'Etat. La décision de créer, au sein de l'université française, un Centre national d'études sur l'islam, à la charnière de l'enseignement et de la recherche, apte à former une élite religieuse éclairée (et non pas des imams), constitue, du point de vue du gouvernement, une première étape. «Bien loin de renoncer à la présence d'un interlocuteur légitime, l'Etat agréera celui qui lui sera proposé, pour peu qu'il puisse être considéré comme tel par le plus grand nombre», souligne le communiqué du ministre de l'Intérieur, en date du 19 mai 1998. «S'il faut mettre le temps, l'Etat n'a pas pour autant renoncé à intervenir, dans le cadre de la laïcité républicaine, pour offrir à nos compatriotes musulmans une reconnaissance de leur culture et le moyen de mettre fin aux discriminations[33]». L'intention est posée, mais l'échéance de cette «régularisation» de l'islam demeure, compte tenu des divisions internes de la population musulmane, lointaine.

La situation est évidemment propice au déchaînement des passions contraires. Certains, au plus fort de l' «affaire du voile», ont évoqué une «nouvelle affaire Dreyfus». Pourtant, l'événement qui fut à l'origine de l'extraordinaire déferlement de passions qu'a connu la France pendant de longs mois peut sembler très mineur à quiconque considère les faits de l'extérieur. En juin 1989, le conseil d'administration d'un collège secondaire de la grande banlieue Nord de Paris accueillant des élèves de vingt-cinq nationalités différentes prend acte du fait qu'un groupe important d'enfants de confession juive a pris l'habitude de manquer systématiquement l'école le samedi et lors des fêtes juives. Les enseignants décident de faire figurer dans le projet d'établissement une rubrique «laïcité» qui précise que 1) les absences au cours pour raisons religieuses ne seront plus admises à partir de la rentrée suivante, et 2) que la discrétion est requise en matière de port de signes religieux distinctifs. Des professeurs évoquent, à ce propos, le cas de trois jeunes filles musulmanes portant le *hijeb*. A la rentrée, l'accès aux salles de classes est refusé aux jeunes filles portant le voile islamique. Le proviseur notifie leur exclusion provisoire des cours à trois élèves qui refusent de s'en défaire. Un compromis est finalement trouvé à l'issue d'une réunion du conseil d'administration du collège avec les parents des trois élèves, les présidents des amicales laïques tunisienne, marocaine et algérienne, et les représentants des associations de parents d'élèves : les jeunes filles garderont leur foulard dans l'enceinte de l'école, mais l'enlèveront pendant les cours en le laissant tomber sur leurs épaules. Elles s'engagent par ailleurs à assister à tous les cours, y compris ceux de sciences naturelles et de sport.

Mais dans l'intervalle, la presse locale d'abord, puis nationale, donne un large écho à l'affaire. La dramatisation médiatique se développe parallèlement à l'amplification idéologique de la controverse à l'échelle nationale. Le ministre socialiste – et protestant – de l'Education nationale, L. Jospin, adopte une position nuancée qui demeurera sa ligne de conduite : «Il s'agit – dit-il – de respecter la laïcité de l'école en n'affichant pas de façon ostentatoire les signes de son appartenance religieuse.» Mais il ajoute : «L'école est faite pour accueillir les enfants, non pour les exclure.» Propos confirmé lors de son discours devant l'Assemblée nationale le 25 octobre 1989 : la laïcité n'a plus besoin d'être «une laïcité de combat. Elle doit être au contraire une laïcité bienveillante, faite précisément pour éviter les guerres, y compris les guerres de religion». «Ce serait – ajoute-t-il – une faute grave, en adoptant une attitude rigide, de souder par réflexe de solidarité autour de quelques éléments isolés, l'ensemble de cette communauté. Ce n'est pas par le refus, en pratiquant l'exclusion, qu'on favorisera l'évolution de l'islam dans le monde occidental. Qui vous dit que dans dix ans, ces jeunes musulmanes qui défraient aujourd'hui la chronique porteront encore le foulard, qu'elles ne seront pas émancipées?» Cette position tempérée est clairement soutenue par le Président Mitterrand, et par le Premier ministre, également protestant, M. Rocard. Mais elle se heurte à la radicalisation des positions qui s'affrontent désormais sur la scène publique. Sur le terrain, la logique de la provocation et celle de l'exclusion se rencontrent en se renforçant mutuellement. A Creil, lieu symbolique du conflit, les collégiennes rompent le compromis en remettant leur foulard pendant les cours. Ce revirement fait suite à l'entretien que leurs pères ont eu avec un représentant de la Fédération nationale des musulmans de France qui défend l'idée, par la bouche de l'un de ses responsables, Daniel Youssef Leclerc, que le port du voile est «une affaire de pudeur» et «qu'il ne peut y avoir de compromis avec la religion». Elles sont immédiatement exclues des cours, mais accueillies dans l'école, à la bibliothèque. Un comité de soutien aux jeunes filles de Creil est constitué, et une plainte déposée pour «discrimination raciale». Mais une manifestation de rue organisée à Paris le 22 octobre par deux organisations musulmanes intégralistes, et qui ne réunit pas plus de six cents personnes, est désavouée par la Grande Mosquée de Paris et par la Fédération nationale des musulmans de France.

Cette division des associations musulmanes sur la stratégie à adopter par rapport à des mesures dont elles dénoncent le caractère «discriminatoire» et «intolérant» met en lumière un fait plus général : celui de la division qu'introduit l'«affaire du voile» dans toutes les familles de pensée politiques, religieuses, et idéologiques, ainsi que chez les intellectuels qui mettent leur plume au service de la dramatisation du conflit. Du côté des organisations laïques, les positions sont loin d'être unifiées. Alors que les éléments les plus durs réclament l'interdiction générale du port du voile, les courants rénovateurs plaident au contraire pour une «laïcité ouverte». M. Morineau, secrétaire national de la Ligue de l'Enseignement, organisation phare des courants laïcs, interroge : «Est-ce que ces jeunes filles ont manifesté vraiment le désir d'influencer leurs condisciples? Ont-elles fait ostensiblement leurs prières en classe, exprimé leur hostilité à l'égard des catholiques, des protestants, israélites ou incroyants? Ont-elles refusé de participer à certains cours? Si non, qu'elles gardent leur foulard! Un règlement n'est ni sacré, ni éternel, et la laïcité ne consiste pas dans le maintien à tout prix de l'ordre établi[34].» La FCPE, association de parents d'élèves nettement orientée à gauche et fermement attachée à la laïcité de l'école publique, manifeste également ses doutes : «Que prôner? Certainement pas l'exclusion qui rejette les intéressées dans une attitude plus tranchée, certainement pas une règle de conduite stricte nationale. Il faut prendre la voie étroite entre le rejet, solution de facilité, et l'abdication, solution pernicieuse[35].» Les syndicats d'enseignants manifestent, à l'inverse, une position rigoureusement opposée à toute conciliation, au nom du barrage qu'il faut opposer à la montée de tous les intégrismes religieux, et au nom de l'égalité des sexes bafouée par le port obligé du foulard. C'est également en vertu des droits des femmes que les associations féministes se mobilisent contre la position trop conciliante, selon elles, du gouvernement et du ministre de l'Education nationale. Le Grand Orient de France se situe sur la même ligne. Mais les organisations antiracistes et les associations de défense des droits des immigrés sont divisées. SOS-Racisme, plutôt marquée à gauche, refuse les termes du débat : «La vraie question, souligne son président Harlem Désir, n'est pas d'être pour ou contre le foulard à l'école publique, mais de savoir à quelle école iront ces enfants et comment réussir leur intégration[36]»; alors que le président de France-Plus, d'orientation libérale, somme Lionel Jospin «d'imposer d'urgence le respect de la laïcité face aux foulards, aux kippas ou tout autre signe religieux qui risquent de menacer la paix et l'école[37].» Du côté des institutions religieuses non musulmanes, les positions sont nuancées. Les organisations juives apportent leur soutien aux revendications d'une expression libre des croyances religieuses à l'école, pour autant «qu'il n'y a pas risque de déstabilisation de la société». Les protestants pensent «qu'il n'y a aucune raison d'interdire le port du voile à l'école pour peu qu'il ne serve pas à un quelconque prosélytisme, mais le respect de la laïcité doit être absolu[38].» L'Eglise catholique partage le même point de vue et cherche surtout, par la voix de Mgr. Lustiger, cardinal-archevêque de Paris, à dédramatiser le dossier : «Le port du voile n'a peut-être qu'une signification oppositionnelle, un peu comme la coiffure rasta. Ne faisons pas la guerre aux adolescentes beurs. Halte au feu! Ne confondons pas le problème de l'islam et celui de l'adolescence. Arrêtons cette discussion tant que les autorités musulmanes ne nous auront pas expliqué de façon précise la signification du voile, de façon que l'on comprenne si oui ou non cela contredit ce qui est la définition française de la laïcité[39].» Dans le processus de radicalisation idéologico-politique d'un débat, qui fit parfois se rencontrer, dans une sorte de convergence contre-nature, l'intransigeance de certains courants laïcs antireligieux et le rejet opposé à l'islam des immigrés par certains courants de la droite conservatrice et nationaliste, les intellectuels porteurs de visions antagoniques de la «mission de la gauche» ont eu également leur part. Certains se demandent «si l'année du Bicentenaire aura vu le Munich de l'école républicaine[40]»... Les autres affirment que l'exclusion fait le lit de l'intégrisme et celui du Front national et se demandent si «ceux qui évoquent aujourd'hui le Munich de l'école républicaine ne suscitent pas le Vichy de l'intégration des immigrés[41]». La controverse suscite une énorme masse d'écrits, d'articles et de mani-

La religion en mouvement

festes. Des prises de position apaisantes s'expriment pourtant : elles visent à dédramatiser l'enjeu du conflit à évaluer le rôle régulateur de l'islam en France[42], ou encore à poser le problème sur le terrain pédagogique et éducatif, en demandant, par exemple, comment aider les jeunes musulmanes, souvent obligées à porter le voile contre leur gré par leurs pères et surtout par leurs frères, à acquérir, dans le cadre de l'école, une véritable autonomie personnelle. Ces efforts de rationalisation sont de peu de poids face aux déchaînements des anathèmes.

Dans ce contexte de guerre idéologique, le ministre de l'Education nationale tente donc une médiation «par en haut». Il demande un avis au Conseil d'Etat, avis rendu le 27 novembre 1989. L'avis est nuancé : «Le port d'insignes religieux par les élèves n'est pas incompatible avec la laïcité», précise le texte, à condition que ces signes ne revêtent pas «un caractère ostentatoire ou revendicatif». Cet avis laisse donc aux responsables des établissements «le soin d'apprécier, au cas par cas et sous le contrôle des juges, les limites de cette tolérance». Le ministre publie alors une circulaire qui reprend les principes énoncés par le Conseil d'Etat. Il donne la priorité au dialogue en cas de port de signes religieux des élèves, à condition que ces marques vestimentaires ne tendent pas à promouvoir une croyance religieuse, mais il prône la fermeté si les principes de neutralité et d'assiduité sont menacés. Cette tentative pour favoriser un règlement cas par cas des «affaires du voile» ne parvint pas à susciter la dynamique de discussion souhaitée par le ministre. Son «ambiguïté» suscite les critiques des syndicats de professeurs, peu désireux

Institutions en crise, laïcité en panne

de voir la responsabilité principale de la décision incomber aux enseignants. On observe de vives réactions parmi les tenants les plus rigoureusement anti-communautaires de la laïcité, et du côté des courants féministes. Mais on remarque également que la droite politique, cherchant à contrecarrer l'attraction montante exercée sur la fraction la plus conservatrice de son électorat par un Front national qui brandit sans cesse la menace de «l'invasion islamique», se saisit également des «affaires du voile» pour dénoncer globalement le «laxisme» du gouvernement et mettre en cause la politique d'intégration menée en direction des immigrés. En l'absence d'une pratique cohérente de négociation, les années 1991-1992 sont marquées à la fois par la multiplication et la banalisation des «affaires du voile». Selon une logique répétitive, les cas d'exclusion (quelques dizaines depuis 1989) sont portés par les familles devant les tribunaux administratifs, qui confirment en général la décision d'exclusion. Cet arrêt est porté en appel devant le Conseil d'Etat, qui annule les règlements intérieurs des établissements donnant une portée générale à l'interdiction. Cet arbitrage par les tribunaux peut permettre de trancher, au cas par cas, les situations des jeunes filles : soit qu'elles acceptent en fin de compte de retirer leur voile, soit qu'elles optent pour l'enseignement par correspondance, soit encore qu'elles soient accueillies avec leur voile, mais en s'engageant à éviter tout prosélytisme... dans l'enseignement privé catholique. Notons qu'à Creil, c'est l'intervention directe du roi du Maroc – Commandeur des Croyants – demandant expressément aux jeunes filles marocaines de retirer leur voile et d'accepter la

237

La religion en mouvement

règle du jeu de la laïcité à la française, qui permit leur réintégration au collège...

La dramatisation de «l'affaire du voile» et l'échec des tentatives de médiation tendant à promouvoir une solution négociée du conflit se déploient sur l'arrière-fond d'un conflit social et culturel beaucoup plus fondamental encore, qui est celui de la place à donner, dans une société démocratique déstabilisée par le chômage, aux communautés immigrées et donc à l'islam auquel celles-ci se réfèrent[43]. Cette interférence des deux problèmes apparaît de façon encore plus claire dans la seconde phase chaude des affaires du voile, celle qui s'ouvre à la rentrée 1993 au collège Xavier-Bichat de Nantua dans l'Ain, avec l'exclusion de quatre jeunes filles turques qui refusaient d'ôter leur voile pendant les activités sportives. Au-delà du problème scolaire proprement dit, la crise révèle le rejet dont fait l'objet, dans cette région du Jura, une communauté turque nombreuse, dont le repli sur elle-même est renforcé par la langue (à la différence des communautés maghrébines qui parlent le français) et dont l'affirmation religieuse cristallise l'attachement à ses traditions propres. Mais «l'affaire de Nantua» met au jour la dimension directement politique du conflit. Celle-ci s'exprime avec vigueur dans des prises de position associant directement l'interdiction totale du voile à l'école, la limitation de l'immigration et l'expulsion des immigrés clandestins. Peu de temps après, à l'Assemblée nationale, le ministre centriste de l'Education du gouvernement de la droite revenue au pouvoir, François Bayrou, est sommé par des éléments de l'aile la plus conservatrice de sa majorité de mettre fin au «vandalisme institutionnel»

Institutions en crise, laïcité en panne

favorisé par la loi Jospin de 1989, qui encouragerait la poursuite d'une «djihad insidieuse» de la part des musulmans au sein de l'école. Pour desserrer cette pression, et rassurer les chefs d'établissement qui redoutent l'annulation judiciaire de leurs décisions, F. Bayrou publie, le 27 octobre 1993, une circulaire qui reprend, pour l'essentiel, les termes de la circulaire Jospin et l'avis du Conseil d'Etat de novembre 1989. Les principes fondamentaux sont rappelés et le texte insiste fermement sur la responsabilité propre des chefs d'établissement, en les invitant à réagir rapidement et fermement, face aux actes de pression, de provocation et prosélytisme susceptibles de troubler l'ordre public. Après le durcissement de quelques conflits locaux, une seconde circulaire datée du 20 septembre 1994 va plus loin en définissant le port d'insignes religieux comme des «signes qui sont en eux-mêmes des éléments de prosélytisme», et en demandant aux chefs d'établissement de «bien vouloir proposer aux conseils d'administration, dans la rédaction des règlements intérieurs, l'interdiction des signes ostentatoires, sachant que la présence de signes plus discrets traduisant l'attachement à une conviction personnelle ne peut faire l'objet des mêmes réserves». Il est clair que la notion de «signes ostentatoires» vise ici expressément le foulard islamique, alors que croix et kippas sont considérées comme des «signes discrets» : prise sous la pression d'une majorité politique qui défend une certaine conception de l'identité française menacée, selon elle, par l'immigration, la seconde circulaire Bayrou a pour effet de systématiser, en les banalisant, les procédures d'exclusion. Le ministre voulait, comme son prédécesseur socialiste, «convaincre

La religion en mouvement

sans contraindre», mais le bilan de son intervention apparaît tout aussi mitigé. De 1989 à 1996, si mille cinq cents jeunes filles ont choisi d'abandonner leur foulard, cent cinquante autres avaient été exclues de leur établissement. Ce nombre significatif d'exclusions ne signe pas seulement l'échec d'une «certaine idée de l'école». L'impossibilité de mettre en place une procédure permettant d'aboutir à des solutions différenciées selon les comportements des jeunes musulmanes à l'égard du voile[44] marque aussi l'échec de la régulation laïque du religieux[45]. L'islam est-il, par nature, «inassimilable» par la République? Souvent posée, la question interroge autant l'islam lui-même que les «règles d'assimilabilité» que la République impose aux religions présentes sur le sol national. Car ces règles définissent, de fait, un régime implicite des cultes reconnus directement pris en défaut par la dérégulation présente de la scène religieuse.

La religion «incontrôlable» : le cas des sectes
La situation d'incertitude qui entoure le modèle laïc de la gestion publique des confessions religieuses apparaît de façon encore plus criante lorsqu'il s'agit de régler la situation de groupes qui revendiquent eux-mêmes d'être traités comme des «religions» et de bénéficier, à ce titre, des libertés que la Constitution garantit aux différents cultes dans la République. Le problème du contrôle des sectes cristallise, de ce point de vue, tous les enjeux de la régulation du religieux. Les conditions passionnelles dans lesquelles il est continuellement posé, devant l'opinion aussi bien que sur la scène politique, n'en favorisent évidemment pas le règlement paisible. De quoi s'agit-il exactement? Du point de vue de la puis-

Institutions en crise, laïcité en panne

sance publique, il faut empêcher que des groupes, constitués en général en associations selon les termes de la loi de 1901, ne contreviennent à la loi en quelque domaine que ce soit. Jusqu'ici, les choses sont assez simples : si des délits ou des crimes sont constatés, ils peuvent et doivent faire l'objet de poursuites pénales. Le droit civil et pénal fixe également un certain nombre de bornes aux exigences qu'un groupe quelconque peut imposer à ses adhérents. Les lois protégeant les libertés individuelles, l'enfance, les biens des personnes, l'héritage, l'assistance à autrui, la santé publique, etc. constituent les garde-fous juridiques qui limitent en principe les prétentions d'un groupe quelconque à régir totalement la vie de ses membres. Mais, en dehors de ces limites, les possibilités d'intervention directe de la puissance publique s'arrêtent. Nul ne peut empêcher un individu adulte de choisir non seulement ses croyances, mais le mode de vie selon lequel il entend vivre, dès lors qu'il ne sort pas du cadre de la loi. Bien plus, le droit à la radicalité religieuse librement consentie doit aussi être protégé, tant l'air du temps est propice à la diffusion d'un modèle normatif des conduites «religieusement correctes». Un individu adulte doit pouvoir décider de vivre pauvre et chaste pour des raisons religieuses sans que la «folie» de ce choix lui vaille d'être personnellement tenu pour un déséquilibré mental et mis en tutelle à ce titre! Par ailleurs, nul ne peut empêcher une association légalement constituée de diffuser ses idées si son prosélytisme demeure compatible avec les règles de droit régissant cette matière.

Or précisément, l'opinion demande plus. Les suicides collectifs et assassinats perpétrés à Guyana, à

La religion en mouvement

Waco et sur les sites de l'Organisation du Temple solaire ont révélé la puissance de l'emprise exercée sur les individus par des associations de pensée qui proposent à leurs adeptes un reformatage intégral de leur vie. Traumatisée, l'opinion réclame une action préventive, destinée à contrer, en amont, l'action de ces groupes. Les associations anti-sectes, où s'investissent en nombre des individus souvent personnellement concernés par l'entrée d'un proche dans ce type de groupes, ne demandent pas seulement l'application intégrale de la loi. Ils attendent qu'un dispositif législatif les place hors la-loi avant que leur pouvoir de nuisance ne trouve à s'exercer. La notion de «nocivité» déborde très largement, dans ce cas, la notion d'«illégalité». Cette conception de la défense contre les sectes trouve un large écho parmi les politiques, particulièrement soucieux de la représentation de l'opinion sur ce terrain sensible. D'où les passions qui surgissent lorsqu'est publiquement discuté le point de savoir si les «sectes» peuvent se prévaloir de la protection due à la liberté religieuse. La laïcité de l'Etat lui interdit de fournir une réponse à cette question. Il peut seulement prendre acte du fait que des groupes socialement désignés comme des sectes affichent des croyances communes, qu'ils disent eux-mêmes «religion», et que la liberté de croyance, comme telle, est absolue. La cour d'appel de Lyon qui a statué, dans un arrêt rendu le 28 juillet 1997, sur le cas de l'Eglise de scientologie n'a rien fait d'autre que de reconnaître cette situation. Le tribunal observe que «dans la mesure où une religion peut se définir par la coïncidence de deux éléments, un élément objectif, l'existence d'une communauté même réduite, et un élé-

Institutions en crise, laïcité en panne

ment subjectif, une foi commune, l'Eglise de scientologie peut revendiquer le titre de religion, et développer en toute liberté, dans le cadre des lois existantes, ses activités, y compris ses activités missionnaires, voire de prosélytisme (...)[46]». L'Eglise de scientologie a acclamé ce jugement comme lui donnant droit de cité parmi les religions respectables. Les adversaires du jugement – les associations anti-sectes aussi bien que l'Eglise catholique – ont dénoncé la reconnaissance religieuse accordée par le tribunal à l'Eglise de scientologie. Ces deux lectures distordent en fait le sens des attendus du jugement. L'Eglise de scientologie revendiquait d'être traitée comme une religion, afin de pouvoir invoquer la loi qui garantit la liberté religieuse. C'est en réponse à ce moyen de défense que les magistrats se sont prononcés. N'ayant aucun moyen juridique de déterminer si l'Eglise de scientologie se revendique *légitimement* comme une religion, ils ont d'abord posé que la question de savoir si l'association en question est une religion ou une secte est, en elle-même, vaine. Dès lors le tribunal ne «reconnaît» pas juridiquement l'Eglise de scientologie comme une religion. En suivant d'ailleurs la jurisprudence en la matière, il a fait la seule chose qu'il pouvait faire. Il prend acte du fait que les intéressés se désignent eux-mêmes comme une «religion» et qu'ils partagent effectivement des croyances communes. Mais son devoir de défendre le caractère absolu de la liberté de croyance ne l'empêche en rien d'établir que les activités pratiquées au titre de ces croyances s'exercent ou non «dans le cadre des lois existantes». Sur ce dernier point, sa réponse fut clairement négative et l'Eglise de scientologie à nouveau condamnée.

La religion en mouvement

Les débats qui ont entouré cette décision de justice situent la contradiction devant laquelle l'Etat se trouve placé, dès lors qu'est posé le problème non seulement de la répression, mais de la prévention des excès sectaires. La réponse offerte par le rapport d'une commission d'enquête parlementaire sur les sectes, publié le 10 janvier 1996 et adopté à l'unanimité par l'Assemblée nationale[47], met parfaitement à nu les termes du dilemme. Au nom du respect nécessaire de la neutralité de l'Etat garant de la liberté de conscience, de religion et d'expression, le rapport écarte l'idée d'une «loi antisectes» dont l'existence même contreviendrait au principe de l'égalité des cultes établi par la loi de 1905. Cette proposition confirme que la question des sectes ressortit bien au problème général de la gestion de la religion dans l'espace public. Elle implique également que l'Etat, fondamentalement «indifférent» aux religions, ne se préoccupe pas de donner une définition juridique de la religion qui permettrait d'exclure *a priori* tel ou tel type de groupe du bénéfice des libertés qu'il garantit. Mais le rapport se propose néanmoins d'identifier des associations pouvant être repérées comme des sectes, à partir de dix «critères de dangerosité» : «rupture avec l'environnement social», «exigences financières exorbitantes», «discours anti-social», etc. Pour qu'une de ces associations soit considérée comme une «secte dangereuse», il suffit qu'elle réponde à l'un au moins d'entre eux. Ne nous attachons pas ici à la critique de ces critères, dont le caractère incertain et la réversibilité au regard de l'histoire ont déjà été largement mis en évidence, mais à la logique de la démarche adoptée elle-même[48]. Si la question des «sectes» est bien une affaire de religion (puisque la protection de la liberté religieuse et la règle d'égalité des cultes excluent une loi générale anti-sectes) et si c'est la «dangerosité» («dangers pour les libertés individuelles, la santé, l'éducation, les institutions démocratiques») qui caractérise la secte socialement nocive, le rapport fournit au moins une définition pratique de la «religion dangereuse». Le rapport ne se contente pas en effet de faire la liste de pratiques illégales susceptibles de poursuites pénales ou civiles. Il souligne des traits, voire des tendances qui laissent présumer, en dehors de toute faute constatée, la nocivité de l'association examinée. Poussons le raisonnement jusqu'au bout : dans un Etat où la liberté religieuse est garantie – où toute vie religieuse n'est donc pas considérée comme «mauvaise» et donc proscrite –, la désignation publique d'une «religion mauvaise» postule que la définition d'une «religion bonne», ou au moins «socialement tolérable», puisse lui être opposée. La laïcité de l'Etat excluant qu'il prenne en charge la définition juridique de la religion, ce n'est pas sur le terrain du droit que cette désignation positive de la religion est produite, c'est sur le terrain social lui-même. Les religions socialement tolérables, ce sont, en fin de compte, les religions que l'opinion accepte comme telles; autrement dit celles qui s'inscrivent *grosso modo* dans le cadre des «religions historiques». On pourra remarquer que cette appréciation à caractère extra-juridique est susceptible de variations qui finissent par développer des effets sur le terrain du droit : l'Armée du Salut fut, dans le passé, stigmatisée comme un groupe nuisible. Elle bénéficie aujourd'hui, en même temps que d'une large reconnaissance publique de son action humanitaire, d'un statut de «congrégation[49]». Depuis 1988, le Conseil d'Etat admet en effet que des congrégations non catholiques – bouddhistes et orthodoxes notamment – puissent être reconnues en droit.

Le souci légitime de contrôler les agissements pernicieux de groupes qui s'affichent comme des «religions» renvoie donc à une question plus large qui est celle de savoir comment l'Etat peut réguler des manifestations qui se donnent pour religieuses et qui n'entrent pas dans ce cadre implicite de la gestion du religieux. A cette question, la Commission répond en établissant la liste de groupes à placer sous haute surveillance. Le problème posé par cette réponse n'est pas seulement celui de la faible opérationnalité d'une telle liste, sachant que des groupes peuvent y figurer sans raison valable[50], ou qu'il suffit à d'autres de changer de raison sociale pour échapper à l'inventaire. La faiblesse principale de la réponse tient à ce qu'elle confirme, de façon au moins implicite, l'existence d'un régime de fait des cultes reconnus, dont on ne peut que constater qu'il entre en contravention formelle avec les termes de la loi de 1905. Cette conclusion s'impose d'autant plus que la Commission a décidé d'écarter *a priori* de son examen les groupes liés aux «Eglises historiques», qu'elle désigne elle-même comme les «différentes religions reconnues»! Cette disposition, sur laquelle le texte ne fournit pas d'explication, épargnait à la Commission d'avoir à justifier la raison pour laquelle elle ne pouvait envisager de classer dans les «sectes dangereuses» – au motif par exemple de la «rupture avec l'environnement d'origine» – non seulement certaines communautés

Institutions en crise, laïcité en panne

nouvelles, charismatiques ou autres, mais également tous les noviciats des ordres religieux! Ce serait cependant réduire l'analyse que de ne voir dans ce tri effectué avant examen entre la «bonne» et la «mauvaise» religion que la mise en œuvre d'une politique implicite de marginalisation, voire de persécution des minorités religieuses, soutenue en sous-main par les «Eglises historiques» et particulièrement par l'Eglise catholique qui a fourni plusieurs des experts entendus par la Commission. On a parfois suggéré que les choses auraient pu être différentes si la Commission avait consulté les «bons» experts, historiens et sociologues, capables de formuler, sur ces phénomènes, un avis objectif et extérieur aux passions qui parasitent le débat public. Ceux-ci auraient sans doute pu utilement démontrer l'inanité pratique d'une démarche d'inventaire, à reprendre à l'infini. Ils auraient vraisemblablement souligné la faiblesse des critères retenus et mis en évidence, de façon plus large, les contradictions de l'approche de ces phénomènes par la dangerosité. Mais il ne leur revenait en aucune manière de sortir le débat de son enlisement proprement juridique. L'expert, par définition, ne saurait dire le droit. Le dilemme fondamental trouve sa source dans la logique de la laïcité elle-même, enracinée dans une problématique institutionnelle et confessionnelle du religieux qui renvoie, en dernière instance, au face-à-face avec l'Eglise romaine qui a présidé à sa construction historique. La capacité régulatrice de l'Etat en matière de religion, capacité qu'il subordonne à sa nécessaire neutralité, s'exerce en fait dans un espace institutionnel du religieux prédélimité par des religions reconnues en fait, sinon en droit. En dehors de cet espace, l'Etat n'a rien à dire sur la religion, sinon à s'efforcer de mettre en œuvre efficacement les moyens d'identifier et de réprimer les abus de la liberté religieuse qu'il garantit. La «politique des sectes» actuellement en cours d'élaboration s'oriente dans un sens nettement répressif. En avril 1998, un rapport préparé à l'intention du Premier ministre par l'Observatoire interministériel de lutte sur les sectes propose, outre une série de mesures destinées à améliorer la lutte contre les agissements délictueux ou criminels, un véritable dispositif judiciaire d'action anti-secte, instaurant notamment une section judiciaire spécifique reprise du modèle anti-terroriste, et prévoyant un «privilège de juridiction» pour les infractions commises en relation avec les sectes. Le renforcement du dispositif pénal à l'égard des associations lois de 1901 qui servent ordinairement de couverture aux sectes est également prévu[51]. Une circulaire, en date du 1er décembre 1998 et adressée à tous les procureurs, souligne la difficulté de choisir la qualification pénale des faits la plus appropriée pour poursuivre utilement les groupes délictueux et criminels. Il demande qu'une collaboration étroite soit engagée, sur ce terrain, avec les associations anti-sectes «jugées sérieuses», l'UNADFI (Union des associations pour la défense des familles et de l'individu) et le CCMM (Centre de documentation, d'éducation et d'action contre les manipulations mentales). Dans chaque tribunal, un magistrat du parquet spécialisé est désormais chargé de la coordination avec les autres juridictions et services administratifs. Au 1er mai 1998, 153 dossiers étaient ouverts, 47 en cours d'instruction et 17 avaient donné lieu à une condamnation. Il faut évidemment souhaiter que ce dispositif protège efficacement les citoyens et parvienne à calmer, du même coup, les angoisses et les passions de l'opinion. Mais il laissera entiers, en tout état de cause, les problèmes posés à la laïcité par la dérégulation du religieux, dérégulation qui s'exprime précisément dans la prolifération des groupes qui se revendiquent comme «religieux», hors de toute référence aux systèmes institutionnellement validés du croire religieux qui lui fournissent sa définition inavouée de la religion.

Un problème plus large
L'idée selon laquelle l'affaiblissement de la capacité régulatrice des institutions religieuses a sa part dans l'affaiblissement de la laïcité ne va pas de soi. On peut tenir, en sens inverse, que la libéralisation interne des institutions religieuses et particulièrement de l'Eglise catholique est un facteur important de pacification de la laïcité. L'Eglise n'est plus un bloc. La pluralité politique des catholiques français est désormais définitivement attestée[52]. Dans le domaine éthique même, les fidèles – y compris les plus engagés – revendiquent une autonomie qui les conduit à faire valoir leurs choix personnels, en se plaçant en contradiction éventuelle avec les prescriptions de la hiérarchie. La liberté avec laquelle les catholiques se situent par rapport aux normes de l'autorité romaine en matière sexuelle et familiale tend à démontrer que l'Eglise est devenue, au moins en France, une «Eglise d'individus». Cette modernisation interne du corps catholique est inséparable du mouvement par lequel la laïcité s'y est désormais imposée comme le cadre institutionnel normal de la vie publique

La religion en mouvement

et de l'exercice religieux. On peut aujourd'hui considérer que l'Eglise catholique de France a accompli la plus grande part d'un ralliement culturel à la laïcité qui complète enfin la trajectoire engagée avec son ralliement politique à la République. Le mouvement a fonctionné dans les deux sens. L'acculturation des catholiques à l'univers de la laïcité a constitué un indiscutable encouragement à la libéralisation interne de l'institution. En sens inverse, la pluralisation interne de la sphère catholique est une composante importante de l'acclimatation de l'Eglise à la laïcité. Tant que la diversité des expressions religieuses demeure contenue à l'intérieur des espaces religieux institutionnellement contrôlés, fût-ce de façon formelle, la gestion laïque du religieux peut s'exercer et s'en trouve même considérablement facilitée. C'est le temps d'une «laïcité positive» qui peut d'autant mieux offrir à des institutions religieuses libéralisées le support de la neutralité bienveillante de l'Etat que celles-ci n'ont plus ni les moyens, ni même le projet de requérir de leurs fidèles une conception et une pratique communes de l'obéissance.

En posant, au-delà du seul catholicisme, la question des implications de la désinstitutionnalisation du point de vue de la gestion laïque du religieux, on ne conteste pas l'évidence de cette évolution. On se place à un moment ultérieur du parcours : celui où la combinaison de la dérégulation interne des institutions et de la diversification externe du paysage religieux tend à transformer les conditions d'exercice du rôle de l'Etat en matière de religion. La dérégulation institutionnelle et la prolifération des phénomènes religieux «hors institutions» tendent conjointement à brouiller la délimitation

Institutions en crise, laïcité en panne

des espaces au sein desquels les institutions religieuses, d'un côté, et l'Etat, de l'autre, exercent respectivement leur puissance. La neutralité étatique qui doit prévaloir en principe est difficile à tenir lorsque des conflits proprement religieux – et dont le règlement ne peut pas être renvoyé, conformément à une jurisprudence constante, au droit propre des églises[53] – débordent sur la scène publique. Le fait que l'Etat soit pris à témoin, au nom de la liberté religieuse dont il est le garant dans une société démocratique, par des associations revendiquant leur autonomie d'intervention sur une scène religieuse ouverte à la concurrence ne concerne pas seulement le cas embrouillé des nouvelles «sectes». Cette possibilité s'étend désormais à des groupes et courants formellement reliés à des institutions religieuses, mais dont les initiatives échappent pratiquement à leur tutelle, ou dont celles-ci refusent de se porter garantes. La crise de la validation institutionnelle du croire favorise la multiplication des systèmes du croire régulés communautairement, à l'intérieur aussi bien qu'à l'extérieur des grandes églises. Les questions que pose à la laïcité l'actuel développement des sectes porte en germe toutes celles que peut fait surgir, du côté des «grandes religions», le processus d'éparpillement communautaire qu'induit la tendance présente à la désinstitutionnalisation. On n'évacuera pas le problème en décidant *a priori*, comme l'a fait la Commission parlementaire d'enquête sur les sectes, que les groupes en liaison avec les «religions reconnues» (sic) seront tenus à l'écart de l'investigation. Il ne suffira pas non plus de s'abriter derrière le droit en rappelant que l'activité de toute association à vocation cultuelle est régie, si elle est

251

régulièrement constituée comme telle, soit par la loi de 1901-1907, soit par la loi de 1905. Il faut, d'une façon ou d'une autre, repenser, en fonction des problèmes nouveaux que fait surgir la désinstitutionnalisation du religieux, un modèle de laïcité qui fut entièrement structuré par le projet de contenir, sur tous les terrains, les prétentions d'une Eglise catholique en situation de quasi monopole religieux.

Conclusion :
Pour une laïcité médiatrice

La laïcité a-t-elle les moyens de cette révision? On sait qu'elle est aujourd'hui remise en question par des évolutions qui fragilisent l'idéal universaliste sur lequel elle repose. Le triomphe des logiques libérales dans tous les domaines de la vie économique, sociale et culturelle, la dévaluation du rôle de l'Etat, l'appauvrissement de la conception moderne de l'autonomie du sujet absorbée par la revendication purement individualiste de l'indépendance de chacun dans sa vie privée, la résignation collective devant les phénomènes d'exclusion et le durcissement corrélatif des corporatismes de tous ordres etc. : tous ces processus concourent ensemble à l'ébranlement de la laïcité. Le foyer de ce séisme est la crise de l'institution scolaire, qui pulvérise le mythe de l'égalité par l'école et met à mal le dispositif idéologique et symbolique par lequel les valeurs républicaines étaient supposées devenir le bien partagé de la communauté des citoyens[1]. Il n'est évidemment pas question ici de détailler les implications multiples de ce désenchantement du modèle de l'intégration citoyenne, mais de remarquer que le processus de dérégulation de la laïcité qu'il induit croise, en l'aggravant, celui de la dérégulation du religieux. Le terrain privilégié de cette rencontre est celui des formes multiples de replis identitaires et ethniques que favorise la fragmentation sociale et culturelle de notre société. Ces communautarismes s'alimentent d'autant plus aisément au réservoir des ressources symboliques et idéologiques constitué par les grandes religions que l'accès à ce stock est plus libre et échappe largement aux efforts de contrôle des institutions[2]. Ainsi s'établit une spirale du bricolage : la perte de plausibilité sociale des idéaux de la laïcité favorise les constructions ethnico-religieuses les plus variées; la multiplication de ces bricolages active en retour la dérégulation du religieux en démultipliant les instrumentalisations identitaires des pièces et morceaux empruntés aux traditions des grandes religions. Dans ce mouvement, les valeurs et symboles de la laïcité sont d'ailleurs susceptibles de mobilisations aussi diverses que le sont les valeurs et symboles religieux. L'«affaire du voile» a bien montré, sur le terrain hautement symbolique de l'école, de quelles instrumentalisations politiques contradictoires ces valeurs laïques pouvaient devenir l'objet, dès lors que le problème de l'acculturation de l'islam à la modernité était parasité par le débat sur l'immigration et sur l'intégration des immigrés dans la société française[3].

Un «tournant coopératif» dans les relations entre les familles spirituelles et l'Etat
Le constat de ce flottement généralisé des dispositifs régulateurs, tant du côté de la laïcité que de celui des

Conclusion : Pour une laïcité médiatrice

institutions religieuses, ne constitue pas cependant le dernier mot de la description du paysage religieux en mouvement à laquelle on s'est attaché au long de ce livre. Si cette situation incertaine fait émerger, on l'a vu, des formes inédites d'expérience et de sociabilité religieuses, elle favorise également des recompositions qui peuvent dessiner, à terme, une configuration nouvelle du «pacte laïc» lui-même[4]. Les menaces qui pèsent sur les valeurs de la laïcité suscitent en effet un travail d'inventaire et de renouvellement de ce capital symbolique, qui mobilise ensemble les différentes «familles de pensée» et qui engage l'Etat. Les adversaires d'hier, confrontés au risque de dissolution du lien social, sont conduits à mettre en commun un certain nombre de ressources symboliques constituées dans le conflit historique qui les a opposés, afin de contribuer à la sauvegarde et à la recharge d'une mémoire collective, indispensable à l'émergence d'une volonté de vivre ensemble. La République laïque ne se contente pas seulement de veiller, avec le plus grand soin, à l'entretien et à la valorisation du patrimoine commun que constituent les églises et bâtiments religieux de France. Elle tend aujourd'hui à incorporer explicitement la mémoire religieuse nationale dans la formation et la célébration de la continuité culturelle de la nation : une pratique galopante des commémorations en est régulièrement l'occasion. On a assisté, à l'occasion de la célébration du bicentenaire de la Révolution française, à la manifestation solennisée d'un «œcuménisme des droits de l'homme[5]» qui contrastait singulièrement, en dépit de quelques tensions localisées[6], avec les affrontements idéologiques entre républicains et cléricaux auxquels

La religion en mouvement

avait donné lieu la célébration du premier centenaire. En retour, les autorités catholiques veillent avec une attention marquée à tenir les célébrations d'événements religieux historiques à l'intérieur d'un espace de références compatibles – au moins relativement – avec celles d'une laïcité ouverte. On le vit, lors de la commémoration du baptême de Clovis en septembre 1996, dans l'insistance mise par l'épiscopat à éviter (et à faire éviter par le pape) toute mention d'un «baptême de la France», susceptible d'alimenter à la fois un renforcement nationaliste de l'identité catholique et une recharge religieuse de l'identité nationale. En août 1998, lors des Journées mondiales de la jeunesse, c'est la République qui s'est employée, par la voix d'un Premier ministre d'origine protestante et d'un ministre de l'Intérieur non suspect de sympathies bigotes, à signifier l'intérêt porté, de l'intérieur de la laïcité, à un rassemblement témoignant d'un attachement fort aux valeurs de tolérance, d'égalité entre les peuples et de fraternité. Face à cette convergence éthique mise en scène par la «chaîne de la Fraternité» placée tout autour de Paris et qui se voulait sans référence religieuse particulière, la courte manifestation anticatholique organisée au même moment par des groupes laïcs intransigeants place Clichy pesa de peu de poids. Cet unanimisme d'ensemble suscite, de part et d'autre, des réactions d'agacement ou des contestations indignées : celles-ci demeurent, pour l'essentiel, de peu de portée.

Dans la même direction, le débat vaste et pacifique qui s'est ouvert depuis quelques années sur l'«inculture religieuse» des élèves, la nécessité d'introduire à l'école publique un enseignement des différentes «cultures reli-

Conclusion : Pour une laïcité médiatrice

gieuses» et le besoin de réévaluer la place consacrée aux faits religieux dans les différentes matières de l'enseignement secondaire ne constitue pas un épisode anecdotique, noyé dans le flot des projets de réforme de l'enseignement[7]. Il marque un tournant coopératif dans la relation entre les différentes familles de pensée. Cette coopération ne concerne pas seulement la préservation de la mémoire commune. Elle fonctionne également à l'occasion de grands débats éthiques touchant au devenir de la société et de l'humanité, s'agissant par exemple de la gestion des progrès de la recherche en biologie et en génétique ou encore de la lutte contre le Sida. Les «familles spirituelles» sont représentées dans le Comité consultatif d'éthique pour les Sciences de la vie et de la santé, créé en 1983, et au Conseil national du Sida créé en 1989. Cette convergence se développe également sur le terrain de l'action sociale et de la solidarité, les pouvoirs publics reconnaissant le rôle majeur des institutions religieuses dans ce domaine et faisant expressément appel à elles dans la lutte contre l'exclusion sociale. Banale dans beaucoup de pays, cette légitimation mutuelle de l'action sociale de l'Etat et de celle des églises constitue un élément nouveau dans le paysage français. Ce rapprochement coopératif ne signifie pas que des rapports définitivement iréniques règnent désormais entre les courants de pensée enracinés dans la tradition de la laïcité et les grands courants religieux. L'école demeure, comme on l'a vu en 1984 puis en 1994, un terrain ultra-sensible[8]. Les débats touchant à l'avortement ou à la procréation médicalement assistée ont montré l'existence de clivages dont on mesure à nouveau la profondeur avec les discussions auxquelles

La religion en mouvement

donne lieu le PACS (Pacte civil de solidarité) qui étend aux couples non mariés, sans distinction de sexe, des droits liés au mariage. La question particulièrement délicate de la reconnaissance du concubinage homosexuel est de nature à réactiver des conflits de valeurs qui n'ont pas été balayés – à beaucoup près – par la multiplication des expressions officielles d'un œcuménisme des valeurs face aux grandes questions éthiques et sociales du monde contemporain. Reste qu'un cours nouveau des relations entre la laïcité et les religions est ouvert, dès lors que la perspective d'une contribution commune des traditions religieuses au renouvellement de la pratique citoyenne a remplacé l'affrontement, ou la coexistence méfiante, d'univers de pensée se pensant comme irréconciliables.

Rien, dans tout cela, ne suggère une quelconque «reconnaissance» des religions, au sens qu'avait ce mot avant la loi de 1905. Le principe fondamental de la laïcité qu'est l'autonomie politique de l'Etat par rapport à toutes les confessions ne saurait davantage être remis en question. Il ne s'agit pas non plus d'opposer aux invocations dramatisées de la pureté laïque la vision molle d'une laïcité transformée en synthèse pluraliste des apports des différentes familles spirituelles. Mais on n'en observe pas moins que les rapports entre la République laïque et les religions peuvent se déplacer et même passer d'un régime de neutralité relativement pacifiée à celui d'une coopération raisonnée en matière de production des références éthiques, de préservation de la mémoire et de construction du lien social. Un consensus parfait demeure un horizon qu'il n'est probablement ni nécessaire, ni souhaitable d'atteindre un

Conclusion : Pour une laïcité médiatrice

jour. L'existence d'une diversité de «rapports au monde» ne constitue pas seulement une richesse culturelle précieuse, elle dessine aussi un espace de débats indispensable à l'innovation normative et symbolique que requiert une société complexe et intensément soumise au changement. Néanmoins les effets de convergence sont aujourd'hui suffisants pour induire, dans la sphère religieuse comme dans l'espace politique, des dynamiques de changement significatives.

La dynamique des relations interreligieuses et la recomposition de la laïcité
Le développement des relations interreligieuses est sans doute, parmi ces dynamiques, l'une des plus intéressantes qu'on puisse aujourd'hui souligner. Douze ans après la rencontre d'Assise et la mise en valeur éclatante des orientations formulées dans la Déclaration conciliaire *Nostra Aetate* – que l'on peut considérer, du côté catholique, comme la charte du dialogue avec les autres religions – on assiste en France à une étonnante prolifération des initiatives tendant, au ras des communautés, à donner un contenu concret à la découverte et à l'échange de l'expérience spirituelle des différentes traditions. Bénéficient de l'appui d'une recherche théologique en plein essor, celles-ci alimentent en retour des réactions de défense patrimoniale de la «tradition vraie», chez les catholiques comme chez les protestants. Dans le catholicisme, ces réactions ne sont pas le seul fait des courants intégristes ou néo-traditionalistes qui ont fait du combat contre l'esprit d'Assise la pierre d'angle de la défense de l'orthodoxie catholique. Elles se manifestent aussi, sous des formes moins violem-

ment agressives, dans des milieux qui ont le sentiment de perdre, face à ce mouvement de reconnaissance des «valeurs salutaires[9]» des autres religions, leurs repères identitaires. La crainte exprimée le plus volontiers est que le dialogue interreligieux n'ouvre la voie aux syncrétismes et aux diverses formes du relativisme caractéristique de la culture moderne de l'individu, ou qu'il ne débouche au mieux que sur des synthèses inconsistantes. Ces risques ne sont pas inexistants. Mais l'enjeu du débat se trouve ailleurs. Au-delà des dérives redoutées du relativisme et du subjectivisme religieux, c'est la question même du statut de la vérité et celle de la prétention d'une révélation particulière à l'embrasser tout entière qui sont posées. Ce mouvement fait surgir, du côté des théologiens et des fidèles chrétiens qui y sont engagés, un ensemble de questions dérangeantes. Que signifie, pour les croyants d'une confession particulière, la dés-absolutisation de la vérité à laquelle ouvre la confrontation des différentes traditions? Quel sens peut être donné, dans ce contexte, à l'enracinement personnel et communautaire dans une lignée croyante particulière? Quelle conception de l'autorité propre à chaque tradition en découle? Ces interrogations vécues – qui sont la substance même du «dialogue» interreligieux – présentent un grand intérêt du point de vue sociologique. Lorsqu'on étudie les pratiques interreligieuses, on remarque en effet qu'elles sont loin d'induire et d'amplifier les phénomènes d'éclatement individualiste des croyances, mais constituent au contraire une forme émergente et innovatrice de régulation des identifications croyantes à des traditions particulières. Les fidèles semblent être d'autant plus enclins à reconnaître la spé-

Conclusion : Pour une laïcité médiatrice

cificité de l'apport de leur propre tradition à l'expérience religieuse de l'humanité qu'ils attestent et valorisent la pluralité des révélations portées par les traditions des autres. Dans le même temps, les initiatives interrreligieuses contribuent puissamment à relayer les initiatives plus officielles tendant à signifier, sur divers terrains, la convergence éthique des grandes «lignées croyantes» religieuses et laïques. La protestation commune face à la montée des manifestations de racisme et d'antisémitisme constitue actuellement l'axe principal de ces inititiatives. Un exemple récent est celui de la «Déclaration interreligieuse à propos de la vie politique française actuelle» signée conjointement par le président de la Conférence des évêques de France, le recteur de la Grande Mosquée de Paris, le président du Comité inter-épiscopal orthodoxe de France, le président du Consistoire central israélite, le président de la Fédération protestante de France et le Grand Rabbin de France, immédiatement après les élections régionales de mars 1998 et les alliances passées entre la droite républicaine et l'extrême-droite qui leur ont fait suite. Evoquant «la période où certaines dérives idéologiques et l'indifférence de tant de pouvoirs ont contribué à rendre possible la Shoah», les représentants des grands courants religieux manifestaient ensemble, en cette année du 50e anniversaire de la Déclaration universelle des droits de l'homme, leur inquiétude devant «la place désormais prise dans la vie politique française par un parti qui n'a pas caché ses thèses racistes, xénophobes et antisémites». Ils entendaient «attirer l'attention des Français sur la nécessité absolue de retrouver les valeurs fondatrices de la démocratie, dont la première est l'absolu respect de la dignité de tout homme[10]». Intervenant en même temps que les déclarations du président de la République et du Premier ministre condamnant dans des termes très proches les thèses racistes et xénophobes du Front national, cette Déclaration rend visible le socle éthico-politique sur lequel peut s'établir un nouveau type de relations entre les différents courants religieux et la laïcité. Ce sous-bassement commun délimite aussi l'espace à l'intérieur duquel peut jouer – et cette fois de façon parfaitement compatible avec les principes de 1905 – une pratique de la «reconnaissance» de la présence des différentes traditions religieuses dans la vie publique et dans la culture. Cette reconnaissance ne procède pas du droit, mais du crédit éthique et politique accordé à des familles spirituelles qui font la démonstration de leur capacité à œuvrer positivement pour la défense et le développement de *toutes* les libertés publiques, hors desquelles la liberté religieuse qu'elles revendiquent pour elles-mêmes n'aurait aucun sens. La capacité d'entrer dans la dynamique de la coopération interreligieuse sur ce terrain constitue, dans cette perspective, un critère majeur de l'accès à cette reconnaissance.

Pour une laïcité médiatrice
La liberté religieuse ne peut être revendiquée comme un droit absolu que dans la mesure où cette revendication vaut attestation absolue que les droits de l'homme font système. En réclamer le bénéfice, c'est, pour un groupe quelconque, accepter de se placer lui-même dans la dépendance de ce système. Il importe peu de savoir si un groupe qui invoque la liberté religieuse inscrite dans

Conclusion : Pour une laïcité médiatrice

la loi a un titre légitime à se déclarer «religieux». La seule chose qui compte, dès lors qu'il réclame ce dû démocratique, est de savoir dans quelle mesure les valeurs qu'il diffuse et les pratiques qu'il met en œuvre sont compatibles non seulement avec l'Etat de droit, mais également avec l'univers de valeurs qui peut, seul, lui assurer l'exercice effectif du droit qu'il revendique. Sur le premier point, le juge dispose, au civil et au pénal, des instruments de contrôle et de sanction. Sur le second, il reste à inventer une instance médiatrice qui puisse être saisie des «litiges sur les valeurs» que fait surgir la prolifération des régimes communautaires de la validation du croire, une instance qui élaborerait, au cas par cas, une définition pratique (et non pas juridique) des limites acceptables de la liberté religieuse pratiquée dans une société démocratique. Sa mission ne serait pas de statuer, mais d'organiser le débat et d'en rendre publics les termes, dans tous les cas où cet exercice de la liberté suscite des conflits qu'il ne revient pas au droit de régler, mais qui engagent néanmoins les principes fondamentaux de la vie collective. Aujourd'hui, ce débat a lieu de la façon la plus anarchique qui soit, par médias interposés, eux-mêmes soumis aux pressions contraires des différentes parties au débat. La dérégulation institutionnelle et la pluralisation du religieux n'obligent pas seulement l'Etat laïc à réorganiser le dispositif de répression des abus commis au nom de la liberté religieuse. Si l'Etat a pu longtemps renvoyer la question de la croyance au domaine de la vie privée des individus et affirmer sa parfaite neutralité vis-à-vis de toutes les religions, c'est parce qu'il savait, par ailleurs, pouvoir compter sur la capacité d'encadrement

La religion en mouvement

du croire des institutions religieuses représentatives. La désinstitutionnalisation actuelle du religieux fait exploser cette fiction. Dans la mesure où l'existence d'un régime implicite des cultes reconnus ne supplée plus à l'absence d'une définition juridique de la religion elle-même, elle impose à l'Etat de prendre en charge la rationalisation du débat que suscite la délimitation pratique de l'exercice de cette liberté. En acceptant ou refusant le principe de cette médiation étatique, les différentes familles spirituelles et l'ensemble des groupes et mouvements qui revendiquent pour eux-mêmes le bénéfice de la liberté religieuse donneraient d'ailleurs à voir, en même temps, leur acceptation ou leur refus du cadre démocratique à l'intérieur duquel cette liberté peut être invoquée.

La parabole néo-calédonienne
Allons jusqu'au bout du raisonnement. Il n'est pas impossible d'imaginer que la reconnaissance de la contribution démocratique des différentes familles spirituelles puisse, en retour, se développer comme un enrichissement de la laïcité, au point de constituer un vecteur possible de médiation dans des conflits qui sont à la fois l'expression et le résultat de la crise de la normativité républicaine. Cette perspective est beaucoup moins utopique qu'il n'y paraît, car la démonstration de sa plausibilité a déjà été faite. Ce livre s'ouvrait sur une parabole de la modernité religieuse. Une autre parabole pourra servir, en guise de conclusion, à illustrer la direction dans laquelle peut s'engager, dans le contexte de cette modernité elle-même, la recherche d'une nouvelle pratique de la laïcité. La manière dont a été apportée, en

Conclusion : Pour une laïcité médiatrice

1988, une solution au conflit violent qui opposait les communautés mélanésienne et européenne en Nouvelle-Calédonie en offre la matière exemplaire.

Il vaut la peine de préciser quelque peu les termes de cette «étude de cas», sans essayer cependant de restituer de façon détaillée les origines anciennes du conflit entre une population mélanésienne présente sur le territoire avant 1853, et une population allochtone implantée depuis un peu plus d'un siècle, qui descend des colonisateurs du XIXe siècle et qui tient les leviers du pouvoir économique et social. La crise économique des années 70 a révélé brutalement les clivages ethniques et socio-économiques qui perduraient sous la façade de l'expansion économique de l'île. La revendication d'indépendance kanake est l'aboutissement de l'opposition entre un pouvoir multi-centré (celui des chefferies traditionnelles) et le pouvoir d'Etat, mais ce serait réduire le conflit que d'y voir une simple lutte d'émancipation coloniale. Car la population allochtone qui revendique la mise en valeur économique du pays est elle-même composite, faite d'apports multiples issus des anciens colonisateurs, mais venus aussi d'Asie et d'Océanie et formant des communautés fortement structurées. En 1983, le gouvernement socialiste réunit en France les représentants des principales communautés, pour tenter de traiter cette situation. Celles-ci reconnaissent ensemble par une déclaration commune leur identité et leurs droits respectifs[11]. Une mission, dirigée par l'ancien ministre du général de Gaulle, Edgard Pisani, se rend sur place en vue d'installer un dispositif de régionalisation permettant aux Kanaks, là où ils sont majoritaires, de mettre en place les politiques de

La religion en mouvement

développement, dans les domaines agricoles et scolaires notamment, correspondant à leurs besoins spécifiques. Le retour qui s'amorçait à la paix civile est brutalement interrompu par la décision du gouvernement Chirac (lors du retour de la droite au pouvoir de 1986 à 1988) d'accélérer le processus sur le terrain institutionnel. L'idée était que, pour résoudre le problème de ces terres lointaines, il fallait leur octroyer une autonomie de gestion aussi large que possible. Une telle politique revenait en fait à consacrer la distribution inéquitable du pouvoir territorial au profit d'une communauté sur l'autre, sous couvert de majorité légale. L'annonce d'un référendum sur le nouveau statut promulgué le 22 janvier 1988 met le feu aux poudres. Le 22 février, un commando du FLNKS (Front de libération national kanak socialiste) prend en otage neuf gendarmes. La libération de ceux-ci par la force donne lieu à de nombreuses arrestations. Le 22 avril, dans l'attaque d'une gendarmerie à Fayaoué, quatre gendarmes sont tués, vingt-deux sont pris en otage ainsi qu'un magistrat. Sous la pression de l'aile droite de sa majorité et du Front national, Jacques Chirac refuse l'intervention d'un médiateur demandée par les leaders du FLNKS, Jean-Marie Tjibaou et Léopold Jorédié, mais le président Mitterrand, partisan de la médiation, s'oppose à la dissolution du FLNKS. La Nouvelle-Calédonie bascule dans la guerre civile. A l'élection présidentielle d'avril 1988, François Mitterrand est très largement réélu. Mais le 5 mai, avant la nomination du nouveau gouvernement socialiste, le gouvernement Chirac encore en fonction ordonne aux parachutistes, gendarmes et marins de donner l'assaut à la grotte d'Ouvéa où se sont réfugiés les

266

Conclusion : Pour une laïcité médiatrice

preneurs d'otages : deux gendarmes et dix-neuf indépendantistes trouvent la mort dans cette opération.

Ces données chronologiques sont indispensables pour comprendre la portée de l'initiative que prend le nouveau Premier ministre Michel Rocard. Dès sa nomination, il nomme une mission de six personnes chargée d'«apprécier la situation et de rétablir le dialogue en Nouvelle-Calédonie». Cette mission, qui doit rester un mois sur place, n'a pas de consignes précises : c'est à elle de créer les contacts et de poser les gestes de conciliation indispensables au rétablissement du dialogue entre les communautés. Le choix des membres de cette mission est particulièrement intéressant. Son coordinateur, chargé de la rédaction du rapport final destiné à éclairer le gouvernement, est le préfet Christian Blanc, bras droit d'Edgard Pisani pendant la première mission, qui connaît très bien le dossier calédonien. A côté de lui, on trouve deux autres «grands commis de l'Etat» : le premier est le sous-préfet Pierre Steinmetz, proche collaborateur de Raymond Barre, dont la présence montre clairement que le règlement de l'affaire calédonienne doit transcender les clivages politiques habituels; le second est Jean-Claude Périer, ancien Directeur de la Gendarmerie, dont l'action intelligente fut très appréciée en Mai 1968 : conseiller d'Etat, il est une garantie pour l'armée et les forces de l'ordre. Ces trois représentants de la République sont entourés de trois membres des «familles spirituelles» fortement présentes sur le territoire calédonien. Le premier est Monseigneur Paul Guiberteau, recteur de l'Institut catholique de Paris, ancien directeur de l'enseignement catholique et acteur de premier plan lors du conflit sur l'école privée de 1984.

La religion en mouvement

Seul membre de la mission sans expérience calédonienne, il est une personnalité marquante du catholicisme français. Outre que les Européens calédoniens sont mojoritairement catholiques, sa présence dans la mission permet également à Michel Rocard de manifester que la querelle scolaire appartient au passé. Le second est le pasteur Jacques Stewart, président de la Fédération protestante de France, dont la présence est d'autant plus importante que les Mélanésiens appartiennent en grand nombre aux églises évangéliques (presbytérienne notamment). Le troisième est Roger Leray, ancien Grand Maître du Grand Orient de France, déjà pressenti comme médiateur par François Mitterrand dans la phase antérieure du conflit : la franc-maçonnerie est très présente sur l'île, et les deux leaders indépendantiste (Jean-Marie Tjibaou) et loyaliste (Jacques Lafleur) sont l'un et l'autre francs-maçons. L'arrivée de la mission est accueillie avec scepticisme et même avec froideur, du côté de FLNKS et de celui du RPCR (Rassemblement pour la Calédonie dans la République), branche calédonienne du parti de Jacques Chirac, dans lequel les Européens calédoniens se reconnaissent massivement.

Le travail de la mission comporte deux phases distinctes. La première, du 20 au 28 mai 1988, vise deux objectifs principaux : renouer le dialogue entre les différentes communautés de la Nouvelle-Calédonie et l'Etat en restaurant la légitimité discréditée de la République dans l'île d'une part; d'autre part, établir un diagnostic social et politique de la situation. Le fait le plus marquant est la place qui fut donnée, dans cette phase, à des gestes symboliques plutôt qu'à des discussions. Après des rencontres préalables avec les repré-

Conclusion : Pour une laïcité médiatrice

sentants des communautés, des églises et des organisations politiques, syndicales et socio-professionnelles, les «missionnaires» commencent leur parcours sur le terrain à Ouvéa, territoire peuplé de Mélanésiens. Ils rencontrent les chefs coutumiers, pratiquent l'échange de la parole selon la coutume, et se rendent à la fosse commune où sont enterrés les dix-neuf preneurs d'otages tués lors de l'assaut de la grotte, et où flotte le drapeau kanak[12]. Cette démarche, qui soulève l'indignation chez les loyalistes, ouvre l'espace du côté des indépendantistes. Elle marque le départ d'un parcours symbolique où la gestion du silence eut autant d'importance que les échanges verbaux. A la grotte même, le préfet Blanc déclare seulement : «il s'est passé ici des choses très dures. Je ne veux pas vous faire un discours. Nous sommes venus partager le silence avec vous». Même silence à la gendarmerie de Fayaoué où quatre gendarmes ont été massacrés en avril. Le respect rendu à tous les morts est la première condition du dialogue. Le 26 mai, la mission rencontre Jean-Marie Tjibaou, dans son village de Hienghène. Cette rencontre avec celui qui demeure, malgré les pressions des plus durs des partisans de l'indépendance, le symbole de la lutte kanak, annonce l'entrée de la médiation dans une seconde phase : celle de la négociation. Après les visites aux chefs coutumiers, et le déjeuner des missionnaires dans la tribu, Tjibaou ouvre la porte au dialogue : «On peut mettre un terme aux troubles – déclare-t-il – si on a des lueurs d'espoir. Il faut se rencontrer pour poser les problèmes, et chacun alors exprimera ses inquiétudes, ses revendications, ses droits sur le futur. On pourra ainsi sérier les problèmes, voir ce qui peut être discuté,

La religion en mouvement

les solutions qu'on peut proposer et les étaler dans le temps. Chacun fera des concessions. Au début, chacun arrive en mettant la barre le plus haut possible, c'est normal. Et puis, dans les discussions, on voit si les intérêts des uns et des autres sont négociables. Il faut absolument, autour d'une table, qu'on trouve un exutoire à la revendication canaque[13]». La mission recueille les propositions du Front indépendantiste. Dans le même temps, elle rencontre les jeunes, les «broussards» (paysans loyalistes), les représentants des communautés calédonienne, wallisienne, futunienne, polynésienne, vietnamienne, etc. Sur le terrain, la situation reste extrêmement tendue, mais les entretiens collectifs que la mission engage avec tous les groupes sociaux créent les conditions de confiance minimales pour l'entrée dans une phase de discussions. Celle ci dure du 26 mai au 6 juin. J. C. Périer partage une journée des gendarmes mobiles. Le pasteur Stewart s'entretient, à la demande de Jean-Marie Tjibaou, avec les comités de lutte kanaks. Le chanoine Guiberteau prend part au premier pèlerinage organisé toutes communautés confondues par l'ensemble des églises. Christian Blanc et Pierre Steinmetz rencontrent secrètement les deux leaders indépendantistes, Tjibaou et Yeiwéné Yeiwéné, puis, également hors de la présence des médias, Jacques Lafleur, leader des Calédoniens européens. Le 1er juin, Jacques Lafleur se déclare, à la radio, prêt pour le dialogue. Pour la première fois, il reconnaît la dimension ethnique de la question calédonienne, admettant que si des sacrifices sont demandés à ceux qui réclament l'indépendance «au nom du premier occupant», «nous devons donner aussi et librement consentir des sacrifices

Conclusion : Pour une laïcité médiatrice

«. Le 4 juin, à l'issue de ces multiples concertations, la mission entreprend la rédaction du rapport que le préfet Blanc remet à Michel Rocard. Elle propose un nouveau statut pour ce territoire : une partition de l'espace en districts fédéraux ou régions autonomes respectant la répartition des populations; un référendum dans dix ans par lequel les deux districts fédéraux se prononceront pour le maintien dans l'ensemble français ou pour l'indépendance. De retour en France le 7 juin, la mission est reçue par le Premier ministre. Celui-ci estime que le travail de la mission est porteur d'espérance et ouvre «des perspectives pour un dialogue direct entre les communautés, avec l'arbitrage et sous l'autorité de l'Etat». S'engage à partir de ce moment un processus accéléré de navettes et de rencontres entre les différents partenaires. Les accords Matignon sont signés le 26 juin, avec deux jours d'avance sur le calendrier prévu.

Salués par l'opinion unanime comme la réussite d'une méthode politique originale, ces accords n'ont pas réglé, à beaucoup près, tous les problèmes de la Nouvelle-Calédonie. Mais la mission dirigée par Christian Blanc a rétabli les conditions de l'ordre public et contribué à dessiner les voies d'une paix civile. Elle a, à coup sûr, mis en route une dynamique qui a trouvé un premier aboutissement avec la signature, en avril 1998, des accords de Nouméa sur l'avenir de la Nouvelle-Calédonie, par le Premier ministre, L. Jospin, J. Lafleur, président du Rassemblement pour la Calédonie dans la République, et R. Wamytan, president du FLNKS indépendantiste. Intervenant dans une situation de crise aiguë, elle a restauré, non seulement pour les Néo-Calédoniens mais pour l'ensemble des

La religion en mouvement

citoyens français, la crédibilité des idéaux républicains, par-delà le conflit idéologique entre les courants politiques favorables à l'achèvement immédiat de la décolonisation, au mépris de la réalité sociale sur place, et les courants de la préservation intransigeante de l'unité du territoire, fût-ce au prix de la violence. Il n'est pas utile de souligner le caractère inédit de cette démarche, dans le contexte sur-idéologisé de la vie politique française. Mais son intérêt ne réside pas simplement dans l'approche pragmatique de la réalité qu'elle a impliquée. Il tient surtout au type de mobilisation éthique que la mission a permis de placer au centre de l'action politique. Les envoyés du gouvernement n'étaient pas chargés de proposer un programme pour la Nouvelle-Calédonie. Ils étaient là pour écouter et prendre au sérieux ce que les acteurs avaient à dire. La mission a invité ceux-ci à produire les valeurs qui pouvaient servir à renouer le dialogue entre eux, en leur offrant le témoignage de la «convergence républicaine» des traditions incarnées par chacun des membres de la mission : tradition du service public, tradition de l'armée, traditions des églises chrétiennes, traditions de la libre pensée rationaliste, etc. Ces traditions dessinent, en fonction des données propres à la Nouvelle-Calédonie[14], la constellation d'une laïcité déconflictualisée, devenue dispositif de production de valeurs communes et pluralistes.

Le processus de la médiation laïque mis en œuvre dans ce cas a consisté à ouvrir au maximum la possibilité offerte aux acteurs d'exprimer leur vision propre du monde, afin de restaurer, de renouer ou d'établir, à partir de la diversité et des contradictions qui se manifestent entre ces expressions, des liens entre tous ceux qui sont

Conclusion : Pour une laïcité médiatrice

impliqués dans le conflit. La conciliation des points de vue que la présidence arbitrale du représentant de la République avait pour fonction de faire aboutir ne s'est pas inscrite dans la rédaction d'une motion de synthèse plus ou moins molle. Elle a opéré à travers un travail de reconstitution d'un tissu social permettant que s'établissent des rapports de confiance et de coopération entre les différents protagonistes. Ce travail les a rendus aptes à produire eux-mêmes le compromis concret que requiert la vie des différentes communautés. Les agents médiateurs, et notamment les représentants des grandes familles spirituelles, ne sont pas intervenus de l'extérieur dans la discussion, au titre de la représentation d'un point de vue idéologique ou d'intérêts particuliers. Ils se sont impliqués personnellement dans un processus non déterminé à l'avance de production du «cadre de valeurs» permettant d'organiser et d'orienter l'expression publique des aspirations des groupes en présence. Un exercice de ce type pourrait-il être répété pour traiter d'autres problèmes dans lesquels est engagée la définition même des fondements du lien social : logiques d'exclusion, place de l'étranger, rapport au travail, relations entre les générations, redéfinition de la conjugalité, rénovation de l'éducation, etc.? On peut penser, en tout cas, que la méthode mise en œuvre à cette occasion a dessiné à la fois les voies d'un renouvellement possible de la pratique de la laïcité et celles d'une coopération interreligieuse qui pourrait devenir la base d'une «reconnaissance» originale de la contribution des différentes «familles spirituelles» à la vie publique. Il n'est pas interdit de rêver que cette expérience puisse en nourrir d'autres.

Notes

Introduction

1. Cette approche du «croire» est reprise de M. de Certeau, «L'institution du croire. Note de travail,» dans *Le Magistère. Institutions et Fonctionnements. Recherche de sciences religieuses* (numéro spécial), Paris, 1983.

2. P. L. Berger, *Affrontés à la modernité*, Paris, Le Centurion, 1980, p. 198.

3. J.-P. Vernant, *Entre mythe et politique*, Paris, Le Seuil, 1996, p. 205-206.

4. J.-P. Vernant, *ibid.*, p. 245.

5. J.-L. Schlegel, *Religions à la carte*, Paris, Hachette, 1995

6. «On peut se demander légitimement s'il n'existe pas du religieux en vadrouille, hors des institutions religieuses, et éventuellement dans le domaine profane lui-même : religions implicites, religions de remplacement, religions analogiques, religions séculières», J. Séguy, «Religion, modernité, sécularisation», *Archives de sciences sociales des religions*, n° 61 (2), avril-juin 1986.

7. D. Hervieu-Léger, *La Religion pour mémoire*, Paris, Le Cerf, 1993.

8. M. Augé, *Non-lieux. Introduction à une anthropologie de la surmodernité,* Paris, Le Seuil, 1992.

La religion en mouvement

I
La religion éclatée
Réflexions préalables sur la modernité religieuse

1. Marcel Gauchet ressaisit, à partir de la singularité française, la trajectoire historique de cette construction moderne du politique, inséparable de la «sortie de la religion», *La Religion dans la démocratie. Parcours de la laïcité*, Paris, Gallimard – *Le Débat*, 1998.

2. G. Balandier, *Le Désordre. Eloge du mouvement*, Paris, Fayard, 1988, p. 37-38.

3. M. Weber, *L'Ethique protestante et l'esprit du capitalisme*, Paris, Plon, 1964 *(1905)*.

4. M. Gauchet, *Le Désenchantement du monde. Une histoire politique de la religion*, Paris, Gallimard, 1985.

5. R. Aron, *Les Désillusions du progrès*, Paris, Calmann-Lévy, 1969.

6. E. Hamberg, «Religion, secularization and value change in the welfare state», Communication à la 1st. European Conference for Sociology, Vienna, août 1992. Cette situation est replacée dans le contexte d'une évolution historique et culturelle concernant l'ensemble des pays scandinaves par G. Gustaffson, «Religious change in the five scandinavian countries, 1930-1980», *Comparative Social Research*, 1987, Vol. 10, 145-181.

7. K. Dobbelaere et L. Voyé « D'une religion instituée à une religiosité recomposée», in Voyé, Bawin, Kerkhofs et Dobbelaere, *Belges, heureux et satisfaits. Les valeurs des Belges dans les années 90*, De Boeck/FRB, Bruxelles, 1992, p. 159-238.

8. R. Campiche, A. Dubach, C. Bovay, M. Krüggeler, P. Voll, *Croire en Suisse(s)*, Lausanne, Genève, 1992.

9. Ces remarques, et les données qui suivent, sont reprises deY. Lambert, «Un paysage religieux en profonde évolution», in H Riffault (éd.), *Les Valeurs des Français*, Paris, PUF, 1994, p. 123-162.

10. Soit 46% des Français, à supposer que tous les autres aient répondu non.

11. Y. Lambert, *ibid.*

12. F.A. Isambert, *Rite et efficacité symboliquee*, Paris, Le Cerf, 1979.

Notes

13. D. Boy et G. Michelat, «Croyances aux para-sciences : dimensions sociales et culturelles», *Revue française de sociologie*, 1986, n° 27, p. 175-204.

14. F. Champion, «La nébuleuse mystique-ésotérique. Orientations psycho-religieuses des courants mystiques et ésotériques contemporains», in F. Champion et D. Hervieu-Léger (eds.), *De l'émotion en religion*, Paris, Centurion, 1990, p. 17-69.

15. G. Davie, *La Religion des Britanniques. De 1945 à nos jours*, Genève, Labor et Fides, 1996.

16. R. Campiche, «Dilution et recomposition confessionnelle en Suisse», in G. Davie et D. Hervieu-Léger (eds.), *Identités religieuses en Europe*, Paris, La Découverte, 1996, p. 89-109.

17. O. Riis, «Religion et Identité nationale au Danemark», in G. Davie et D. Hervieu-Léger (eds.) *Ibid.* 1996, p. 113-130.

18. P. Michel, *Politique et religion. La grande mutation.* Paris, Albin Michel, 1994.

19. Selon la formule de Benjamin Constant, *De la liberté chez les Modernes. Ecrits politiques.* Textes choisis et présentés par M. Gauchet, Paris, Poche/Pluriel, 1980.

II
La fin des identités religieuses héritées

1. Cf. L. Roussel, *La Famille incertaine*, Paris, Odile Jacob, 1989; F. de Singly, *La Famille. L'état des savoirs,* Paris, La Découverte, 1991; *Sociologie de la famille contemporaine*, Paris, Nathan, 1993; *La Famille en question. Etat de la recherche.* Paris, Syros, 1996.

2. Cf. I. Théry, *Le Démariage.* Paris, Odile Jacob, 1993.

3. Cf. P. Bourdieu et J.C. Passeron, *Les Héritiers. Les étudiants et leurs études*, Paris, Minuit, 1964; *La Reproduction*, Paris, Minuit, 1965; P. Bourdieu, *La Noblesse d'Etat. Grandes écoles et esprit de corps*, Paris, Minuit, 1989. Cf. également R. Boudon, *L'Inégalité des chances. La mobilité sociale dans les sociétés industrielles*, Paris, A. Colin, 1973.

4. F. Dubet, *La Galère : jeunes en survie,* Paris, Fayard, 1987; *Les Lycéens*, Paris, Le Seuil, 1991.

La religion en mouvement

5. Cf. Y. Lambert, «Un paysage religieux en profonde évolution», in H. Riffault (éd.), *Les Valeurs des Français*, Paris, PUF, 1994, p. 123-162.

6. La sociologie de la mémoire de Maurice Halbwachs constitue, sur ce terrain, la plus précieuse des références pour une sociologie des phénomènes religieux.

7. M. Weber, *Le Savant et le politique*, Paris, 10/18, p. 92

8. proposition qui rejoint, à certains égards, la perspective de F. Dubet, *Sociologie de l'expérience*, Paris, Le Seuil, 1994.

9. G. Davie et D. Hervieu-Léger (éds.), *Identités religieuses en Europe*, Paris, La Découverte, 1996.

10. R. Campiche (ed.), *Cultures jeunes et religions en Europe*, Paris, Le Cerf, 1997. Les considérations sur Taizé (présentées au chapitre suivant) ont été développées dans le cadre du programme collectif dont cet ouvrage est issu.

11. Y. Lambert et G. Michelat (éds.), *Crépuscule des religions chez les jeunes? Jeunes et religions en France*, Paris, L'Harmattan, 1992.

12. E. Durkheim, *Les Formes élémentaires de la vie religieuse*, Paris, PUF, 1968 *(1912)*.

13. anticipée symboliquement par le miracle de Pentecôte, où chacun venu des extrémités de la terre entend la prédication *dans sa propre langue*. (Ac.2, 1-13).

14. *Coran*, Sourate 85 : 22.

15. Marcel Gauchet parle de «sortie de la religion» (plutôt que de «sécularisation» ou de «laïcisation») pour désigner le processus historique par lequel la religion a perdu, dans les sociétés occidentales, sa capacité de structurer la société, et particulièrement la forme politique de cette société. La notion de «sortie de la religion» concerne ici les processus par lesquels se dissout, dans les sociétés modernes, la référence individuelle et collective à la continuité d'une tradition légitimatrice, référence qui caractérise en propre le croire religieux. Les deux mouvements ne sont évidemment pas sans lien.

16. Le premier eut lieu à Rome en 1985. Le rassemblement de Compostelle en 1989 réunit 600000 jeunes pèlerins; celui de Czestochowa en Pologne en 1991 fut le plus nombreux avec 1,5 million de participants; après Denver (Colorado) (1993) et Manille

Notes

(1995), on a vu à Paris, en août 1997, le rassemblement de 850 000 pélerins.

17. D. Hervieu-Léger, «Religion, Memory and Catholic Identity: Young People in France and the "New Evangelization of Europe"», in J. Fulton and P. Gee, *Religion in Contemporary Europe*, London, The Edwin Mellen Press, 1994.

18. En 1997, l'Eglise catholique évaluait à 208 000 le nombre de ces jeunes qui entrent en relation au moins une fois par an avec elle, à l'occasion d'un rassemblement national ou diocésain, d'un camp d'été, etc., *La Croix*, 27-28 juillet 1997.

19. Pour une synthèse sur les identités religieuses et croyances des jeunes Européens, cf. R. Campiche (ed.) *op.cit.*, chap. II et III.

III
Figures du religieux en mouvement : Le pélerin

1. G. Le Bras, *Introduction à l'histoire de la pratique religieuse en France*, Paris, PUF, vol. 2, 1945.

2. Y. Lambert, *Dieu change en Bretagne. La religion à Limerzel de 1900 à nos jours*, Paris, Le Cerf, 1985.

3. D. Hervieu-Léger, *De la mission à la protestation*, Paris, Le Cerf, 1973.

4. J. Baubérot, *Le protestantisme doit-il mourir?* Paris, Le Seuil, 1988.

5. Si on dénombre environ 700 000 protestants en France, une enquête a montré que 1,7 million de personnes se déclaraient «proches du protestantisme», et parmi elles une proportion élevée de catholiques qui ne songent pas, pour autant, à abandonner leur confession d'origine mais qui se reconnaissent spirituellement dans le protestantisme. (Enquête, *CSA, La Vie, ARM, Réforme, Christianisme au XXe siècle*, 1995).

6. G. Michelat et M. Simon, *Classe, religion et comportement politique*, Paris, FNSP/Editions Ouvrières, 1977.

7. Il est évidemment question de «participer» et non d'«assister» à la messe : cette expression, longtemps habituelle, est pratiquement tombée en désuétude.

8. L'œuvre d'A. Dupront constitue, dans ce vaste ensemble de travaux, une référence majeure.

9. Cf., à titre de document, *Taizé et les jeunes. Que se lève une confiance sur la terre*, Paris, Centurion, 1987, qui trace le «programme» de Taizé vis à vis des jeunes.

10. Ainsi : Cologne, 1984; Barcelone, 1985; Rome, 1986; et, depuis la chute du mur de Berlin : Wroclaw, 1989; Prague, 1990; Budapest, 1991; Vienne, 1992; Munich, 1993. Ces rencontres réunissent – «hors les murs» – de 20 000 jeunes (au commencement des rencontres) à 120 000 jeunes (pour les plus récentes). Ils furent 100 000 à Paris en 1994, 80 000 à Vienne en 1997, 100 000 à Milan en 1998.

11. Bulletin mensuel qui assure le lien entre ceux qui sont venus sur la colline bourguignonne ou qui ont participé aux rencontres annuelles.

12. Identifié par Y. Lambert à travers les enquêtes sur les croyances des Français, in H. Riffaut, *op. cit.*

13. Roger Schütz a résisté longtemps à l'idée de construire une église «en dur», plus adaptée aux besoins de l'accueil des jeunes que la petite église romane du vieux village de Taizé. L'Eglise de la Réconciliation, achevée en 1962, s'est rapidement révélée trop étroite pour l'afflux des pèlerins, mais la communauté n'a jamais voulu envisager un agrandissement. Une structure de toile a donc été dressée dans le prolongement de l'église, dont un mur a été abattu : cette tente couvre un vaste espace de tapis, sur lequel les jeunes présents s'assoient, comme les membres de la communauté, par terre ou sur leurs talons.

14. Un ouvrage de R. Schütz intitulé *Dynamique du provisoire* et publié en 1974 aux Presses de Taizé a joué un rôle important dans la formalisation théologique du projet de la communauté.

15. Cf. R. Schütz, *Unanimité dans le pluralisme*, Presses de Taizé, 1966.

16. *Taizé et les jeunes, op. cit.*, p. 29.

17. Cf. A. Piette, *Le Mode mineur de la réalité*, Louvain, Peeters, 1992; *Ethnographie de l'action. L'observation des détails*, Paris, Métailié, 1996.

18. Pardons en Bretagne, ostensions en Limousin, «rapport» en Argonne (cf. S. Bonnet, *Histoire de l'ermitage et du pèlerinage de Saint-Rouin*, Paris, Librairie Saint-Paul, 1956).

Notes

19. 300 000 à la messe d'ouverture, le mardi 19 août; 500 000 lors de l'«accueil du pape» le jeudi 21 août, 750 000 à la veillée baptismale du 23 août, 1 million à la messe de clôture à Longchamp, le dimanche 24 août.

20. Cf. D. Hervieu-Léger, «Le pélerinage de l'utopie», in J. Séguy et al., *Voyage de Jean-Paul II en France*, Paris, Le Cerf, 1988.

IV
Figures du religieux en mouvement : Le converti

1. On remarquera seulement que ces conversions, toujours évaluées avec une grande circonspection dans le judaïsme, ont été encouragées (sinon requises) et accueillies longtemps avec une grande faveur dans le catholicisme. Le fait qu'on insiste aujourd'hui plus volontiers non seulement sur l'importance de l'authenticité personnelle de telles conversions, mais éventuellement sur la signification spirituelle de la mixité assumée du couple est l'indice, à sa mesure, d'une réorientation significative de la problématique catholique de l'appartenance religieuse. La question de l'engagement personnel des individus tend à prendre le pas – en cette matière comme en d'autres – sur le primat attaché à la continuité de l'identité catholique, en jeu ici pour la progéniture à naître.

2. Il y a 150 000 bouddhistes français de souche sur 600 000 bouddhistes en France. Cf. B. Etienne et R. Lioger, *Etre bouddhiste en France aujourd'hui*, Paris, Hachette, 1997.

3. Cf. V. Périgne, *De Jésus à Mohammad : l'itinéraire des Français convertis à l'islam*, Thèse de l'Ecole des Hautes Etudes en Sciences Sociales (sous la direction d'E. Terray), 1997.

4. F. Khosrokhavar donne une description très fine de ce processus à partir d'enquêtes menées à Dreux et dans les banlieues parisiennes et strasbourgeoises, dans *L'islam des jeunes*, Paris, Flammarion, 1997. Cf. également : C. Saint-Blancat, *L'islam de la diaspora*, Paris, Bayard, 1997; L. Babès, *L'islam positif. La religion des jeunes musulmans en France*, Paris, Ed. de l'Atelier, 1997; J. Cesari, *Musulmans et républicains. Les jeunes, l'islam et la France*, Paris, ed. Complexe, 1998.

La religion en mouvement

5. Ces chiffres sont ceux d'une enquête réalisée par le Service national du Catéchuménat en 1996.

6. F. Khosrokhavar, *op. cit.*; Herbert Dantzger, *Returning to Tradition. The Contemporary Revival of Orthodox Judaism*, New Haven & London, Yale University Press, 1989.

7. S. Nizard, «L'économie du croire. Une anthropologie des pratiques alimentaires juives en modernité». Thèse de l'Ecole des Hautes Etudes en Sciences Sociales (sous la dir. de D. Hervieu-Léger), 1997.

8. R.P. Droit, *Le Culte du néant. Les philosophes et le Bouddha*, Paris, Le Seuil, 1997.

9. F. Gugelot, *Conversions au catholicisme en milieu intellectuel 1885-1935*, Paris, Presses du CNRS, 1998.

10. F. Dubet, *La Galère. Jeunes en survie*, Paris, Fayard, 1987.

11. F. Khosrokavar, *op. cit.* p. 67-77.

12. Récits recueillis par F. de Lagarde, *Convertis et baptisés*, Paris, Nouvelle Cité, 1996.

13. Article écrit par l'intéressé dans la revue du catéchuménat : *Croissance de l'Eglise*, n° 106

14. F. de Lagarde, *op. cit.*

15. F. de Lagarde, *ibid.*

16. Entretion avec Serge Laffitte, *Actualités religieuses dans le monde*, n° hors série, *Le Défi bouddhiste*, octobre 1997.

17. J. Beckford et M. Levasseur, «New Religious Movements in Western Europe», in J. Beckford, *New Religious Movements and Rapid Social Change*, Londres, 1986, p. 29-54.

18. D.E. Van den Zandt, *Living in th Children of God*, Princeton N.J., Princeton University Press,1991.

19. B. Wilson et K. Dobbelaere, *A Time to Chant. The Soka Gakkaï Buddhists in Britain*, Oxford, Oxford University Press, 1994.

20. F. Khosrokhavar, *op. cit.*, p. 196-197.

21. Dont l'identification religieuse s'effectue selon le modèle de «l'ethnicité élective» mis au jour par R. Azria, «Les juifs et le judaïsme dans le monde d'aujourd'hui», Religions sans frontières?, Roma, Presidenza del Consiglio dei Ministri, Dipartimento per l'Informazione e l'Editoria, 1994, p. 50.

22. Selon une logique qui correspond très exactement au schéma weberien classique de l'affinité entre l'éthique puritaine et l'esprit du capitalisme...

Notes

23. Comme dans le cas de cette jeune femme dont la conversion a coïncidé avec son entrée au Carmel.
24. F. Gugelot, *op. cit.* p. 550 et s.
25. E. Fouilloux, «La naissance des intellectuels catholiques», *Vingtième siècle*, n° 53, mars 97, p. 16.
26. F. Gugelot, *op. cit.*, p. 549.
27. E. Durkheim, *De la division du travail social*, 4e ed. Paris, Alcan, 1922, p. 143-144.
28. S. Tank, *Une double alliance. Préliminaires à une sociologie de la conversion : le cas du judaïsme*, Mémoire de DEA de l'Ecole des Hautes Etudes en Sciences Sociales (sous la direction de D. Hervieu-Léger), 1997; Cf. J.C. Attias, «Le prosélyte : un voyageur sans bagage?», in E. Benbassa (ed.), *Transmission et passage en monde juif*, Paris, Publisud, 1997; «Du prosélyte en monde juif . une impossible inclusion?», in J.C. Attias, *De la conversion*, Paris, Le Cerf, 1997.
29. S. Nizard, *op. cit.*
30. Cf. *Archives de Sciences Sociales des Religions*, «Approches comparées des pentecôtismes», n° 105 (mars 1999).
31. Parmi ces communautés nouvelles, le mouvement dit Néo-Catéchuménat ou Chemin néo-catéchuménal, fondé en 1965 à Madrid, est le fer de lance de cette tendance. Fort de 10 000 communautés implantés dans 90 pays, il comptait 250 000 membres en 1995. Il a conduit 50 000 jeunes pèlerins aux Journées mondiales de la jeunesse à Paris, en août 1997.
32. La montée des confirmations dans l'Eglise d'Angleterre traduit un mouvement très parallèle à celui des baptêmes d'adultes dans le catholicisme français. En 1996, 43 000 personnes ont été confirmées, dont 17 000 hommes (39%) et 26 000 femmes (61%). Cette répartition par sexe est aussi celle des catéchumènes français (2/3 de femmes, 1/3 d'hommes), dont 80% ont entre 20 et 40 ans. (Chiffres : enquête du Service national du catéchuménat, 1996).
33. Un rite liturgique d'accueil dans l'Eglise marque l'entrée dans le processus catéchuménal. Le rituel du baptême a lieu très souvent lors de la nuit de Pâques. Il est précédé par le rite liturgique de l'appel décisif (lors de la messe du 1er dimanche de Carême) et des trois «scrutins» (ou exorcismes pénitentiels) les 3e, 4e et 5e dimanches de Carême.

La religion en mouvement

V
Les communautés sous le règne de l'individualisme religieux

1. M. Weber, *Sociologie des religions*, Paris, Gallimard, 1996, p. 431.

2. Cf. C. Froidevaux, *Christianisme, politique, histoire : christianisme et modernité selon Ernst Troeltsch*, Thèse de l'Ecole des Hautes Etudes en Sciences Sociales (sous la direction de M. Gauchet), 1997. La citation de Troeltsch (*Soziallheren des christichen Kirchen und Gruppen*, Tubingen, Mohr, 1912, note 330, p. 635) est reprise en français de cette thèse, à paraître aux PUF en 1999.

3. F. Champion, «Religieux flottant, éclectisme et syncrétismes», in J. Delumeau, *Le Fait religieux*, Paris, Fayard, 1993, p. 741 à 772. La description qui suit s'appuie largement sur ce texte.

4. J. Delumeau, *Rassurer et protéger. Le sentiment de sécurité dans l'Occident d'autrefois*, Paris, Fayard, 1989.

5. La remarquable synthèse réalisée par J.-P. Jossua, *Seul avec Dieu. L'aventure mystique*, Paris, Gallimard, 1997, met particulièrement bien en évidence ce parcours. Les citations de saint François de Sales et du frère convers carme Laurent de la Résurrection (comme, plus haut, celle de Plotin) lui sont empruntées.

6. Cette «facilité» a cristallisé l'hostilité violente des opposants au «quiétisme», supposé encourager un abandon passif à la volonté divine et une conception également entièrement passive de la prière. La controverse du quiétisme culmina avec la mise à l'Index en 1689 du livre de Jeanne Guyon : *Le Moyen court et très facile de faire oraison*.

7. Cf. H.J. Schrader, article «Piétisme», *Encyclopédie du protestantisme*, Le Cerf/Labor et Fides, 1995, p. 1156.

8. Cf. R. Mauzi, *L'Idée du bonheur dans la littérature et la pensée françaises au XVIIIe siècle*, Paris, Albin Michel, 1994 (1re éd. Armand Colin, 1979).

9. R. Mauzi, *ibid.*, p. 120.

10. A. Dupront, *Qu'est-ce-que les Lumières?* Paris, Folio, 1996. «Lumières et religion : la religion de Voltaire», p. 137-230.

11. La construction déiste de Voltaire est inséparable de son intérêt pour l'histoire des religions, dans laquelle il trouve l'évidence d'un fonds commun religieux, présent derrière la diversité des religions historiques.

12. A. Dupront, *op. cit.*, p. 210-211.

13. La trajectoire du jansénisme au XVIIIe siècle, dont C. Maire a mis au jour tous les ressorts, constitue en un sens, à travers la flambée convulsionnaire induite par les appropriations populaires des constructions théologiques figuristes, une forme exacerbée de la crise qui procède de cette absence sociale d'un Dieu qui n'agit plus qu'en prenant possession des corps des individus. *De la cause de Dieu à la cause de la Nation. Le jansénisme au XVIIIe siècle*, Paris, Gallimard, 1997.

14. Je remercie Pierre-Antoine Fabre de ses remarques précieuses sur cette dialectique de la proximité et de l'éloignement divin.

15. G. Vattimo, *Espérer croire*, Paris, Le Seuil, 1998.

16. C. Mopsik, *Cabale et cabalistes*, Paris, Bayard, 1997. p. 235 et s.

17. A. Dupront, «Province et Lumières : l'exemple de Lyon», *ibid.*, p. 88-136.

18. J.-P. Willaime, *La précarité protestante. Sociologie du protestantisme contemporain*, Genève, Labor et Fides, 1992, Chapitre I.

19. Le reproche de «sectarisation» adressé à certaines communautés charismatiques, qui protestent, en retour, de leur pleine et entière insertion dans l'Eglise, trouve ici sa source. Cf. à ce propos le livre de T. Bafoy, A. Delestre et J. P. Sauzet, *Les Naufragés de l'esprit. Des sectes dans l'Eglise catholique*, Paris, Le Seuil, 1996.

20. Ajoutons que l'emploi péjoratif et même stigmatisant du mot «secte» dans le langage courant contribue encore à la confusion, et oblige les sociologues à de multiples précautions oratoires chaque fois qu'ils se servent de ce terme, et particulièrement lorsqu'ils se risquent (fort hasardeusement) à en étendre l'utilisation au-delà du cadre historique de validité fixé par Weber et Troeltsch...

VI
Institutions en crise, laïcité en panne

1. J. Palard, «Les recompositions territoriales de l'Eglise catholique, entre singularité et universalité. Territoire et centralisation», *Archives de Sciences sociales des religions* (à paraître).

2. Cf. Comité catholique français des religieux, *Vie religieuse, érémitisme, consécration des vierges, communautés nouvelles*, Paris, Le Cerf, 1993.

3. Cf. D. Hervieu-Léger, *De la mission à la protestation*, Paris, Le Cerf, 1973.

4. Cf. B. Vandeputte, «Des Vierges divisent les diocèses», *La Croix*, 29 août 1996.

5. Processus qu'il faut rapprocher de celui de la «sécularisation interne» du christianisme, analysé par F.A. Isambert, «La sécularisation interne du christianisme», *Revue française de sociologie*, 17, 1976.

6. J. P. Willaime, *La Précarité protestante*, Genève, Labor et Fidès, 1992.

7. J. P. Willaime, *ibid.* p. 20.

8. J. D.Hunter, *Culture Wars, The Struggle to Define America*, New York, BasicBooks, 1991; *Before the Shooting Begins. Searching for Democracy in America's Culture War*, New York, The Free Press, 1994.

9. Cf. sur les conditions du fonctionnement de ce marché religieux en matière de télévangélisme, J.Gutwirth, *L'Eglise électronique. La saga des télévangélistes*, Paris, Bayard Editions, 1998.

10. La pensée du théologien suisse Karl Barth (1886-1968), se fonde sur le rappel – face à la théologie libérale inspirée par Schliermacher, Harnack, etc. qui plaçait au centre de la réflexion l'homme et ses interrogations – de la précédence absolue de Dieu dans son rapport à l'homme. La rénovation doctrinale barthienne et la conception de l'ouverture au monde et à l'humain qu'elle permettait de fonder ont permis le développement d'un véritable mouvement barthien dont l'influence a été immense dans le monde protestant et dans les milieux œcuméniques, particulièrement en France. Le monopole du barthisme dans le champ théologique est aujourd'hui entamé, notamment par des recherches moins centrées sur la dogmatique et plus perméables au développement des sciences sociales et historiques.

11. J. P. Willaime, *op. cit.*, p. 27.

12. J. Baubérot, *Le protestantisme doit-il mourir? La différence protestante dans une France multiculturelle*, Paris, Le Seuil, 1988.

Notes

13. Cf. R. Azria, «Juifs des villes, juifs des champs», *Nouveaux Cahiers*, n° 1, 1998.

14. C. Saint-Blancat, *L'islam de la diaspora*, Paris, Bayard Editions, 1995.

15. C. Saint-Blancat, *ibid.* p. 174.

16. C. Langlois, «Permanence, renouveaux et affrontements (1830-1880)», in Lebrun, F. (ed.) *Histoire des catholiques en France*, Paris, Privat/Hachette, 1980, p. 321-406.

17. H. Capitant (ed.),*Vocabulaire juridique*, Paris, PUF, 1936.

18. M. Winock, «Les combats de la laïcité», in *L'Histoire*, n° 128, décembre 1989.

19. M. Ozouf, M., *L'Homme régénéré. Essais sur la Révolution française,* Paris, Gallimard, 1989.

20. J. Baubérot, *La Laïcité, quel héritage? De 1789 à nos jours*, Genève, Labor et Fides, 1990.

21. E. Poulat, *Liberté, laïcité. La guerre des deux France et le principe de la modernité*, Paris, Cujas/Le Cerf, 1987.

22. G. Le Bras, *Introduction à l'histoire de la pratique religieuse en France*, vol. II, Paris, PUF, 1945, p. 61-65.

23. C. Langlois, *op. cit.*

24. R. Rémond, *Introduction à l'histoire de notre temps*, vol. 2, le XIXe siècle, 1815-1914, Paris, Le Seuil, 1974.

25. J. Baubérot, *La Laïcité, quel héritage?, op. cit.* Le développement qui suit reprend cette analyse.

26. M. Winock, *art. cit.*

27. R. Rémond, «Le présent encombré par l'histoire», *Le Monde*, 3 mars 1984.

28. P. Nora (ed.), *Lieux de mémoire*, vol. 1 : *La République* (tome I); *La Nation* (tomes II, III, IV), Paris, Gallimard, 1984 et 1987.

29. Cf. M. Gauchet, «Sécularisation, laïcité : sur la singularité du parcours français», *Les Idées en mouvement. Mensuel de la Ligue de l'Enseignement*, supplément au n° 58, Avril 1998.

30. Date à laquelle fut promulguée la loi du 9 octobre, levant le décret du 12 avril 1939 qui restreignait le droit des étrangers à s'associer dans le cadree de la loi de 1901. A partir de cette date, les associations se sont multipliées, dont les deux tiers (sur près de 2000) gèrent les 1500 lieux de culte recensés en France. Par

ailleurs, un grand nombre d'associations qui réunissent des jeunes musulmans sont enregistrées sous une raison sociale non spécifiquement religieuse (sportive, culturelle, musicale, etc.) ou sont des associations de fait.

31. B. Etienne, *L'islamisme radical*, Paris, Hachette, 1987. Le Livre de Poche, p. 308-309.

32. Ainsi : la Grande Mosquée de Paris, la Fédération nationale des Musulmans de France, l'Union des organisations islamiques de France, l'association Foi et Pratique (Jamah-al-Tabligh).

33. *Le Monde*, 21 mai 1998.

34. *Le Monde*, 26 octobre 1989.

35. Déclaration du 24 octobre 1989.

36. Déclaration du 15 octobre 1989.

37. Déclaration du 15 octobre 1989.

38. Déclaration de la Fédération protestante de France du 24 octobre 1989.

39. Entretien à l'Agence France-Presse du 19 octobre 1989.

40. «Profs, ne capitulons pas!», lettre signée par E. Badinter, R. Debray, A. Finkielkraut, E. de Fontenay, C. Kintzler, *Nouvel Observateur*, 2 novembre 1989.

41. Lettre signée par J. Kaufmann, H. Désir, R. Dumont, G. Perrault, et A. Touraine, *Politis*, n° 79, 9-15 novembre 1989.

42. M. Roux, «Vers un islam français», *Hommes et Migrations*, n° 1129-1130, février-mars 1990.

43. J. P. Willaime, «La laïcité française au miroir du foulard», *Le Supplément*, n° 181, juillet 1992.

44. Il existe en effet parmi elles une gamme d'attitudes (rejet, adoption forcée, adoption distanciée, adoption volontaire comme signe d'engagement personnel, adoption militante, etc.) à l'égard du voile. Cf. F. Gaspard, F Khosrowkhavar, *Le Voile et la République*, Paris, La Découverte, 1995.

45. Pour tenter de faire évoluer cette situation, une médiatrice nationale, Mme Harrifa Cherifi, a été nommée en novembre 1994. De façon discrète, elle s'efforce, au cas par cas, de dépasser une gestion purement disciplinaire du voile et de construire, en fonction des données propres du dossier, un compromis acceptable par les parties en présence : jeunes filles, familles et enseignants. (Entretien accordé au *Monde*, 10-11 janvier 1999). Une affaire

Notes

rècente, dans un collège de Flers (Orne) en janvier 1999, a montré, une fois de plus, toute la difficulté de la tâche.

46. *Le Monde*, 30 juillet 1997.

47. Assemblée nationale, Rapport fait au nom de la Commission d'enquête sur les sectes, Président : M. A. Gest, Rapporteur : M. J. Guyard, n° 2468, 1996.

48. Voir en particulier, sur ce point et pour une analyse d'ensemble de la logique du texte, J. Baubérot, «Le rapport de la commission parlementaire sur les sectes, entre neutralité et "dangerosité" sociale», in M. Introvigne et J. Gordon Melton (eds), *Pour en finir avec les sectes. Le débat dur le rapport de la commission parlementaire*, Turin, Cesnur-Di Giovanni, 1996.

49. Sur les différents statuts juridiques, cf. J. Boussinescq, *La Laïcité française*, Paris, Le Seuil-Points, 1994.

50. Comme par exemple l'Eglise évangélique de Pentecôte de Besançon, qui fait partie de la mouvance des églises pentecôtistes libres, et dont on voit mal pour quelle raison le rapport a bien pu la faire figurer au nombre des «sectes dangereuses»...

51. *Le Figaro*, 23 avril 1998.

52. Cf. J. M. Donegani, *La Liberté de choisir. Pluralisme religieux et pluralisme politique dans le catholicisme français contemporain*, Paris, Presses de la Fondation nationale des Sciences politiques, 1993.

53. J. Boussinescq, *op. cit.*, p. 52.

Conclusion
Pour une laïcité médiatrice

1. D. Schnapper *La Communauté des citoyens, Sur l'idée moderne de nation*, Paris, Gallimard, 1994.

2. D. Schnapper, «Le sens de l'ethnico-religieux», *Archives de sciences sociales des religions*, 81, janvier-mars 1993, p. 149-163.

3. L'affaire de Flers, a montré notamment, avec le soutien affiché de Bruno Mégret aux adversaires les plus déterminés du port du foulard à l'école, la capacité de pollution du débat public dont fait preuve l'extrême droite en cette matière. Il faut ajouter que le leader en rupture du Front national dut quitter la place sous les

La religion en mouvement

huées des deux parties, accordées pour refuser l'instrumentalisation raciste de la «question du voile».

4. J. Baubérot, *Vers un nouveau pacte laïque?* Paris, Le Seuil, 1990.

5. J. P. Willaime, «Laïcité et religion en France», in G. Davie, G., et D. Hervieu-Léger (eds.), *Identités religieuses en Europe*, Paris, La Découverte, 1996.

6. A propos, notamment, de l'accueil au Panthéon des cendres de l'abbé Grégoire, qui prêta serment à la Constitution civile du clergé et incarnait ainsi, mais de façon abusive aux yeux de la hiérarchie catholique, le ralliement de l'Eglise catholique aux idéaux de la Révolution française.

7. F. Messner, (ed.), *La Culture religieuse à l'école*, Paris, Le Cerf, 1995.

8. En 1984, le projet du gouvernement socialiste de créer un grand service public unifié et laïc de l'Education nationale fit descendre dans la rue des milliers de catholiques, évêques en tête. En 1994, le projet du gouvernement de droite d'autoriser les collectivités locales à financer les dépenses d'investissement des établissements privés au-delà des 10% prévus par la loi provoqua, du côté des laïcs, une mobilisation d'une égale ampleur.

9. La formule est du théologien dominicain Claude Geffré.

10. *La Croix*, 29-30 mars, 1998.

11. Déclaration de Nainville-les-Roches, 12 juillet 1983.

12. «Nous sommes venus saluer les morts – déclarent-ils – pas un drapeau. Et si cet emblème est celui d'une identité et d'une dignité revendiquée, pourquoi devrait-on en être choqué? N'est-ce pas mieux de se battre avec un drapeau qu'avec un fusil?» (*Libération*, 26 mai 1988).

13. *Le Figaro*, 27 mai 1988.

14. Ainsi, l'absence de représentant du judaïsme s'explique par l'inexistence d'une communauté juive en Nouvelle-Calédonie. C'est une question intéressante de se demander si sa présence aurait dû – du point de vue de la logique de la démarche adoptée – être assurée malgré tout, ou si les conditions concrètes du dialogue à engager justifiaient cette absence.

Table des matières

Introduction ... 9

La religion éclatée
Réflexions préalables sur la modernité religieuse ... 29

La fin des identités religieuses héritées ... 61

Figures du religieux en mouvement. Le pélerin ... 89

Figures du religieux en mouvement. Le converti ... 119

Les communautés sous le règne
de l'individualisme religieux ... 157

Institutions en crise, laïcité en panne ... 201

Conclusion : Pour une laïcité médiatrice ... 253

Notes ... 275

*Achevé d'imprimer en juillet 2007
sur les presses de l'imprimerie Maury Eurolivres
45300 Manchecourt*

N° d'éditeur : L01EHQNFH0017C003.
Dépôt légal : février 2001.
N° d'imprimeur : 07/07/130180.

Imprimé en France